Pfändungsschutz nach § 851 ZPO

Schriften zum Wirtschafts- und Medienrecht, Steuerrecht und Zivilprozeßrecht

Herausgegeben von Jürgen Costede
und Gerald Spindler

Band 19

PETER LANG
Frankfurt am Main · Berlin · Bern · Bruxelles · New York · Oxford · Wien

Malte Abel

Pfändungsschutz nach § 851 ZPO

Speziell die Pfändung zweckgebundener Forderungen

PETER LANG
Europäischer Verlag der Wissenschaften

Bibliografische Information Der Deutschen Bibliothek
Die Deutsche Bibliothek verzeichnet diese Publikation in der Deutschen Nationalbibliografie; detaillierte bibliografische Daten sind im Internet über <http://dnb.ddb.de> abrufbar.

Zugl.: Kiel, Univ., Diss., 2004

D 8
ISSN 1614-2071
ISBN 3-631-53887-1

www.peterlang.de

Vorwort

Die vorliegende Arbeit ist im Wintersemester 2004 / 2005 von der Christian-Albrechts-Universität zu Kiel als Dissertation angenommen worden. Ich bedanke mich bei Herrn Professor Dr. jur. Stefan Smid für die stets sehr angenehme Betreuung und die rasche Erstellung des Erstgutachtens. Herrn Professor Dr. jur. Werner Schubert bin ich für seine schnelle Zweitkorrektur dankbar. Besonderen Dank schulde ich meiner gesamten Familie für immer bereit stehende Hilfe und Unterstützung. Die Arbeit widme ich meinem Großvater Walter Greune.

Frankfurt am Main, 1. Februar 2005

Malte Abel

Inhaltsübersicht

Inhaltsverzeichnis

Literaturverzeichnis

Axer, Peter: Die Widmung als Schlüsselbegriff des Rechts der öffentlichen Sachen, Diss. Bonn, 1994.

Bamberger, Heinz Georg; Roth, Herbert: Kommentar zum Bürgerlichen Gesetzbuch, Bd. 1, §§ 1 – 610, München 2003.
Bd. 3, §§ 1297 – 2385, EGBGB, CISG, München 2003.

Bauer, Karl-Heinz: Die Zulässigkeit von Globalpfändungen durch die Finanzverwaltung, DStR 1982, S. 280 ff.

Baumann, Jürgen; Brehm, Wolfgang: Zwangsvollstreckung, 2. Auflage, Bielefeld 1982.

Baumbach, Adolf; Lauterbach, Wolfgang; Albers, Jan; Hartmann, Peter: Zivilprozessordnung, 61. Auflage, München 2003.

Baur, Fritz; Stürner, Rolf: Zwangsvollstreckungs-, Konkurs- und Vergleichsrecht, Bd. 1, 12. Auflage, Heidelberg 1995.

Bauer, Hellmuth: Die Zwangsvollstreckung in Baugelder, JurBüro 1963, S. 65 f.

Becker, Siegfried: Sind Untermietforderungen pfändbar?, NJW 1954, S. 1595 f.

Bitter, Georg: Pfändung des Dispositionskredits? – Anmerkungen zum Urteil des BGH vom 29.3.2001 -, WM 2001, S. 889 ff.

Blaum, Matthias: Das Abtretungsverbot nach § 399 2. Alt. BGB und seine Auswirkungen auf den Rechtsverkehr, Diss. Freiburg, 1983.

Blomeyer, Arwed: Zivilprozeßrecht, Vollstreckungsverfahren, Berlin 1975.

Borggräfe, Joachim: Die Zwangsvollstreckung in bewegliches Leasinggut, Diss. Bonn, 1976.

Brandi-Dohrn, Matthias: BB – Kommentar, BB 2001, S. 1115 f.

Braun, Johann: Der Taschengeldanspruch des Ehegatten, AcP 195 (1995), S. 311 ff.

Breit, James: Einiges zum Baugeldvertrag nach heutigem Recht, JW 1909, S. 349 ff.

Breit, James: Nochmals die Pfändbarkeit der Baugeldforderungen, JW 1909, S. 403 ff.

Brox, Hans: Handels- und Wertpapierrecht, 16. Auflage, München 2003.

Brox, Hans; Walker, Wolf-D.: Zwangsvollstreckungsrecht, 6. Auflage, Köln Berlin Bonn München 1999.

Bruns, Alexander: Die Dogmatik rechtsgeschäftlicher Abtretungsverbote im Lichte des § 354a HGB und der UNIDROIT Factoringkonvention, WM 2000, S. 505 ff.
Bruns, Rudolf; Peters, Egbert: Zwangsvollstreckungsrecht, 3. Auflage, München 1987.
Bühler, Ottmar: Die Soforthilfe-Abgaben, Der Rechts- und Steuerdienst, Köln 1949.
Buhlmann, Dirk; Schimmel, Roland: Unpfändbarkeit durch Zweckvereinbarung treuhänderisch gebundener Forderungen, JA 2000, S. 538 ff.
Dechamps: Sind Bauvorschüsse pfändbar?, DJZ 1905, S. 904.
Diepold, Hugo: Hat § 49 b BRAO Auswirkungen auf die Pfändbarkeit von Vergütungsforderungen von Rechtsanwälten?, MDR 1995, S. 23 f.
Dornwald, Werner: Grenzen und Umfang des Abtretungsverbots gemäß § 399 1. Alt. BGB, Diss. Köln, 1978.
Dütz, Wilhelm: Arbeitsrecht, 7. Auflage, München 2002.
Ebel, Martin: Reichsmietengesetz und Mieterschutzgesetz, Schriften des Zentralverbandes Deutscher Haus- und Grundbesitzervereine e.V., Berlin 1936, Nr. 1.
Ebenroth, Thomas; Boujong, Karlheinz; Joost, Detlev: Handelsgesetzbuch, Bd. 2, §§ 343 – 475h, München 2001.
Enneccerus, Ludwig; Kipp, Theodor; Wolf, Martin: Lehrbuch des Bürgerlichen Rechts, Erster Band, Zweite Abteilung, Recht der Schuldverhältnisse, 17. Bearbeitung, Marburg 1920.
Erman, Walter: Zur Pfändbarkeit der Ansprüche eines Kontokorrentkunden gegen eine Bank aus deren Kreditzusage, Gedächtnisschrift für Rudolf Schmidt, Aktuelle Fragen aus modernem Recht und Rechtsgeschichte 1966, S. 261 ff.
Erman, Walter; Westermann, Harm Peter: Kommentar zum Bürgerlichen Gesetzbuch.
9. Auflage, §§ 1 – 853, Münster 1993.
10. Auflage, §§ 1 – 853, Köln 2000.
Faber, W.: Zur Pfändung, Verjährung und Vorteilsausgleichung auf dem Gebiet der Beihilfe, ZBR 1957, S. 41 ff.
Felke, Klaus: Die Pfändung der „offenen Kreditlinie" im System der Zwangsvollstreckung – unter Berücksichtigung der Schuldrechtsreform –, WM 2002, S. 1632 ff.
Förster;Kann, Richard: Zivilprozeßordnung, Erster Band, Berlin 1918.
Friedländer: Anspruch auf Auszahlung von Baugeldern, Neumanns Jahrbuch des deutschen Rechts 1905, S. 194 ff.

Gaul, Hans Friedhelm: Die Zwangsvollstreckung in den Geldkredit, KTS 1989, S. 3 ff.

Gottwald, Uwe: Zwangsvollstreckung, §§ 704 – 915h, 3. Auflage, Freiburg Berlin 1999.

Grund, Frank: Die Zwangsvollstreckung in den Geldkredit, Diss. Bonn, 1988.

Grunsky, Wolfgang: Zur Durchsetzung einer Geldforderung durch Kreditaufnahme des Schuldners in der Zwangsvollstreckung, ZZP 95 (1982), S. 264 ff.

Hadding, Walther; van Look, Frank: Vertraglicher Abtretungsausschluss – Überlegungen de lege lata und de lege ferenda, WM 1988, Sonderbeilage Nr. 7.

Hagelberg, Ernst: Die Abtretung und Pfändung von Baugeldansprüchen, JW 1909, S. 446 ff.

Hk-BGB: Bürgerliches Gesetzbuch, Handkommentar, 1. Auflage, Baden-Baden 2001. (zitiert: *Hk-BGB/Bearbeiter*).

HK-InsO: Heidelberger Kommentar zur Insolvenzordnung, 3. Auflage, Heidelberg 2003. (zitiert: *HK-InsO/Bearbeiter*)

Hansen, Knut: Zivilrecht II, Zwangsvollstreckung, Bd. 1, 5. Auflage, Düsseldorf 1995.

Hillebrand, Klaus-Peter: Zur Unpfändbarkeit zweckgebundener Forderungen, RPfl 1986, S. 464 ff.

Jauernig, Othmar: Bürgerliches Gesetzbuch, 10. Auflage, München 2003. (zitiert: *BGB-Jauernig/Bearbeiter*)

Jauernig, Othmar: Zwangsvollstreckungs- und Insolvenzrecht, 21. Auflage, München 1999. (zitiert: *Jauernig*)

John, Franz: Über die Pfändbarkeit von Untermietforderungen, MDR 1954, S. 725 ff.

Jonas, Martin: Anmerkung zu RG, JW 1936, S. 519, JW 1936, S. 890 f.

Jonas, Martin; Pohle, Rudolf: Zwangsvollstreckungsnotrecht, 16. Auflage, Berlin Frankfurt a.M. 1954.

Keip, Dieter: Umfang und Grenzen eines sozialen Schuldnerschutzes unter besonderer Berücksichtigung der Billigkeitsnormen, Diss. Bonn, 2000.

Kiefe, Wilhelm: Zur Frage der Pfändbarkeit der Baugeldforderungen, JW 1909, S. 382 ff.

Klein, Franz: Abgabenordnung – einschließlich Steuerstrafrecht –, 6. Auflage, München 1998.

Koch, Arwed: Pfändbarkeit des Kreditanspruchs, JW 1933, S. 2757 f.

Kopp, Ferdinand; Schenke, Wolf-Rüdiger: Verwaltungsgerichtsordnung, 13. Auflage, München 2003.

Kretschmer, Hans-Jürgen; von Maydell, Bernd; Schellhorn, Walter: Gemeinschaftskommentar zum Sozialgesetzbuch, Allgemeiner Teil (GK-SGB I), 3. Auflage, Neuwied 1996.

Lackmann, Rolf: Zwangsvollstreckungsrecht mit Grundzügen des Insolvenzrechts, 5. Auflage, München 2001.

Lange: Die Pfändung zweckgebundener Forderungen, LZ 1933, S. 218 ff.

Larenz, Karl: Lehrbuch des Schuldrechts, Bd. 1, Allgemeiner Teil, 14. Auflage, München 1987.

Larenz, Karl; Canaris, Claus Wilhelm: Methodenlehre der Rechtswissenschaft, 3. Auflage, Berlin 1995.

Lent, Friedrich: Erweiterung des Schuldnerschutzes in Form der Unpfändbarkeit von Sachen und Forderungen, DJ 1936, S. 513 ff.

Leonhard, Franz: Allgemeines Schuldrecht, Erster Band, München Leipzig 1929.

Liebs, Rüdiger: Die unbeschränkte Verfügungsbefugnis, AcP 175 (1975), S. 1 ff.

Lippross, Otto-Gerd: Grundlagen und System des Vollstreckungsschutzes, Diss. Bonn, 1983.

Litterscheidt: Nochmals die Pfändbarkeit der Baugeldforderungen, JW 1912, S. 1017 f.

Lüke, Wolfgang: Das rechtsgeschäftliche Abtretungsverbot, JuS 1992, S. 114 ff.

Lützenrath, Notker: Anmerkung zu OLG Celle vom 13. April 1999, ZMR 1999, S. 699 f.

Lwowski, Hans-Jürgen; Weber, Ahrend: Pfändung von Ansprüchen auf Kreditgewährung, ZIP 1980, S. 609 ff.

Maurer, Hartmut: Allgemeines Verwaltungsrecht, 11. Auflage, München 1997.

Meller-Hanich, Caroline: Verfügbarkeit von Forderungen und Gläubigerzugriff, KTS 2000, S. 37 ff.

Meyer, Klaus: Die Kostenhaftung nach dem neuen Familienrecht, RPfl 1958, S. 297 ff.

Mugdan, Benno: Die gesammelten Materialien zum Bürgerlichen Gesetzbuch für das deutsche Reich, Bd. 2., Recht der Schuldverhältnisse, Berlin 1899.

MüKo (BGB): Münchener Kommentar zum Bürgerlichen Gesetzbuch, Bd. 1, §§ 1 – 240, 3. Auflage, München 1993.

Bd. 2a, §§ 241 – 432, 4. Auflage, München 2003.

Bd. 7, Familienrecht, 3. Auflage, München 1993. (zitiert: BGB-MüKo/Bearbeiter)

MüKo (ZPO): Münchener Kommentar zur Zivilprozessordnung, Bd. 3, §§ 803 – 1066, EGZPO, GVG, EGGVG, Internationales Zivilprozessrecht, 2. Auflage, München 2001. (zitiert: MüKo/Bearbeiter)

Musielak, Hans-Joachim: Kommentar zur Zivilprozessordnung, 3. Auflage, München 2002.
Nassall, Wendt: Unterliegen Dispositionskredite der Pfändung?, NJW 1986, S. 168 f.
Noack, Wilhelm: Zur Pfändung von Miet- und Pachtzinsen sowie von Untermieten, ZMR 1973, S. 290 f.
Palandt, Otto: Bürgerliches Gesetzbuch, 62. Auflage, München 2003.
Peckert, Joachim: Pfändbarkeit des Überziehungs- und Dispositionskredits, ZIP 1986, S. 1232 ff.
Petersen, Julius: Civilprozessordnung, II. Band, 5. Auflage, Lahr 1906.
Pfeiffer, Hartmut: Pfändung urlaubsrechtlicher Ansprüche, NZA 1996, S. 738 ff.
Pick: Ist die gesetzliche Miete pfändbar?, JW 1927, S. 568.
Pohle, Rudolf: Kann der Drittschuldner der Klage aus einem Pfändungsbeschluss die Pfändungsverbote der §§ 850 ff. ZPO entgegenhalten?, JZ 1962, S. 344 ff.
Prütting, Hanns; Stickelbrock, Barbara: Anmerkung zu BGH – Urteil vom 29.3.2001, EwiR 2001, S. 599 f.
Raible, Adalbert: Vertragliche Beschränkung der Übertragung von Rechten, Diss. Tübingen, 1969.
Rehbinder, Manfred: Urheberrecht, 12. Auflage, München 2002.
RGRK: Das Bürgerliche Gesetzbuch mit besonderer Berücksichtigung der Rechtsprechung des Reichgerichts und des Bundesgerichtshofs.
Bd. 1, §§ 1 – 240, 12. Auflage, Berlin 1982.
Bd. 2, §§ 241 – 413, 12. Auflage, Berlin 1976.
Römer, Wolfgang; Langheid, Theo: Kommentar zum Versicherungsvertragsgesetz (VVG), 2. Auflage, München 2003.
Rosenberg, Leo; Schwab, Karl Heinz; Gottwald, Peter: Zivilprozessrecht, 15. Auflage, München 1993.
Rosenberg, Leo; Gaul, Hans Friedhelm; Schilken, Eberhard: Zwangsvollstreckungsrecht, 11. Auflage, München 1997.
Rühling: Recht der Lohnpfändung, Berlin 1938.
Rüthers, Bernd: Rechtstheorie – Begriff, Geltung und Anwendung des Rechts –, München 1999.
Schmidt-Aßmann, Eberhard: Besonderes Verwaltungsrecht, 11. Auflage, Berlin 1999.
Schmies, Hans-Peter: Die Pfändbarkeit der vertraglich eingeräumten Kreditlinie, Diss. Münster, 1993.
Schönle, Herbert: Bank- und Börsenrecht, 2. Auflage, München 1976.
Schüller, Hans-Christoph: Die Zwangsvollstreckung in den Nießbrauch, Diss. Bonn 1978.

Schuschke, Winfried: Kommentar zum 8. Buch der ZPO, Zwangsvollstreckung, §§ 704 – 915 ZPO, Köln 1992.

Sebode: Grenzen und Zulässigkeit der Zweckbestimmung, insbesondere im Zwangsvollstreckungsrecht, DR 1940, S. 429 ff.

Seuffert, Lothar von; Walsmann, Hans: Kommentar zur Zivilprozessordnung, Zweiter Band, 12. Auflage, München 1933.

SHG: Erstes Gesetz zur Milderung dringender sozialer Notstände (Soforthilfegesetz – SHG) mit Ergänzungs- und Durchführungsvorschriften, Textausgabe, Biederstein Verlag, München Berlin 1949.

Soergel, Hans - Theodor: Bürgerliches Gesetzbuch mit Einführungsgesetz und Nebengesetzen,
Allgemeiner Teil 1, §§ 1 – 103, 13. Auflage, Stuttgart 2000.
Allgemeiner Teil 2, §§ 104 – 240, 13. Auflage, Stuttgart 1999.
Schuldrecht, §§ 241 – 432, 12. Auflage, Stuttgart 1990.
Schuldrecht, §§ 516 – 651, 12. Auflage, Stuttgart 1998.

Staudinger, Julius von: Kommentar zum Bürgerlichen Gesetzbuch,
Allgemeiner Teil, 11. Auflage, Berlin 1957.
§§ 134 – 163, 13. Bearbeitung, Berlin 1996.
§§ 362 – 396, 13. Bearbeitung, Berlin 1995.
§§ 397 – 432, 13. Bearbeitung, Berlin 1999.

Stein, Friedrich: Civilprozeßordnung, 2. Bd., 6./7. Auflage, Tübingen und Leipzig 1904.

Stein, Friedrich; Jonas, Martin: Kommentar zur Zivilprozessordnung,
19. Auflage, §§ 704 – 882a, Tübingen 1975.
19. Auflage, §§ 883 – 1048, EGZPO, Tübingen 1988.
20. Auflage, §§ 704 – 882a, Tübingen 1986.
21. Auflage, §§ 704 – 863, Tübingen 1995.
22. Auflage, §§ 704 – 827, Tübingen 2002.

Stern, Carl: Reichsmietengesetz, 3. Auflage, Berlin 1928.

Stöber, Kurt: Forderungspfändung, 13. Auflage, Bielefeld 2002.

Teubner, Ernst; Lelley, Jan: Die Pfändbarkeit und Verwertung von leasingvertraglichen Nutzungsrechten und Kaufoptionen, ZMR 1999, S. 151 ff.

Thomas, Heinz; Putzo, Hans: Zivilprozessordnung, 24. Auflage, München 2002.

Uhlenbruck, Wilhelm: Insolvenzordnung, Kommentar, 12. Auflage, München 2003.

Wagner, Eberhard: Materiell-rechtliche und prozessuale Probleme des § 354a HGB, WM Sonderbeilage Nr. 1, 1996, S. 1 ff.

ders.: Vertragliche Abtretungsverbote im System zivilrechtlicher Verfügungshindernisse, Diss. Tübingen, 1994.

ders.: Zur Pfändung nicht zweckgebundener Kreditforderungen, JZ 1985, S. 718 ff.
ders.: Pfändung der Deckungsgrundlage – ungeklärte Fragen bei der Zwangsvollstreckung in Girokonten, ZIP 1985, S. 849 ff.
ders.: Neue Argumente zur Pfändbarkeit des Kontokorrentkredits, WM 1998, S. 1657 ff.
Wagner, Maria: Abtretung, Verpfändung und Pfändung von Leistungen nach dem Unterhaltssicherungsgesetz, RPfl 1973, S. 206 ff.
Weitkemper, Franz-Josef: Zweckgebundene Forderungen, Diss. Münster, 1953.
Werner, Horst; Machunsky, Jürgen: Zur Pfändung von Ansprüchen aus Girokonten – insbesondere beim debitorisch geführten Kontokorrent, BB 1982, S. 1581 ff.
Wieczorek, Bernhard: Zivilprozeßordnung, 1. Auflage, Berlin 1963.
Wieczorek, Bernhard; Schütze, Rolf A.: Zivilprozessordnung und Nebengesetze, §§ 808 – 915 h, 3. Auflage, Berlin 1999.
Wilmowski; Levy: Civilprozeßordnung, Zweiter Band, 7. Auflage, Berlin 1895.
Wolf, Manfred: Sachenrecht, 14. Auflage, München 1997.
Wüllenkemper, Dirk: Zur Abtretbarkeit des Rückforderungsanspruchs des verarmten Schenkers, JR 1988, S. 353 ff.
Zawar: Die Pfändung von Sondervergütungen im Arbeitsrecht, JW 1938, S. 432 ff.
Zimmermann, Julia Bettina: Immaterialgüterrechte und ihre Zwangsvollstreckung, Diss. Bonn, 1997.
Zimmermann, Walter: Zivilprozeßordnung mit Gerichtsverfassungsgesetz und Nebengesetzen, 5. Auflage, Heidelberg 1998.
Zöller, Richard: Zivilprozessordnung, 23. Auflage, Köln 2002.

Abkürzungsverzeichnis

a.A.	anderer Ansicht
a.a.O.	am angegebenen Ort
a.E.	am Ende
Abs.	Absatz
AcP	Archiv für civilistische Praxis
AG	Amtsgericht
AGB	Allgemeine Geschäftsbedingungen
Agrarrecht	Zeitschrift für das Recht der Landwirtschaft, der Agrarmärkte und des ländlichen Raums
AO	Abgabenordnung
BB	Der Betriebs-Berater
BGB	Bürgerliches Gesetzbuch
BGBl.	Bundesgesetzblatt
BGH	Bundesgerichtshof
BGHZ	Entscheidungen des Bundesgerichtshofs in Zivilsachen
BSHG	Bundessozialhilfegesetz
BT-Drucks.	Bundestags-Drucksachen
BUrlG	Bundesurlaubsgesetz
bzw.	beziehungsweise
DB	Der Betrieb
Ders.	derselbe
d.h.	das heißt
Diss.	Dissertation
DJ	Deutsche Justiz (Zeitschrift)
DJZ	Deutsche Juristen-Zeitung
DR	Deutsches Recht (Zeitschrift)
DStR	Deutsches Steuerrecht
EWiR	Entscheidungen zum Wirtschaftsrecht
f. (ff.)	Folgende (fortfolgende)
Fn	Fußnote
GG	Grundgesetz
ggf.	Gegebenenfalls
GmbH	Gesetz betreffend die Gesellschaften mit beschränkter Haftung
GSB	Gesetz zur Sicherung von Baugeldforderungen

GVG	Gerichtsverfassungsgesetz
h.M.	herrschende Meinung
HRR	Höchstrichterliche Rechtsprechung (Jahr/Nr.)
i.V.m.	in Verbindung mit
InsO	Insolvenzordnung
JA	Juristische Arbeitsblätter
JR	Juristische Rundschau
JurBüro	Das juristische Büro
JuS	Juritische Schulung
JW	Juristische Wochenschrift
JZ	Juristen-Zeitung
KG	Kammergericht Berlin
KO	Konkursordnung
LG	Landgericht
LM	Das Nachschlagwerk des Bundesgerichtshofs in Zivilsachen, herausgegeben von Lindenmaier und Möhring; angegebene Nr. bezieht sich auf den jeweiligen Paragraphen.
LZ	Leipziger Zeitschrift für deutsches Recht
m.w.N.	mit weiteren Nachweisen
MDR	Monatsschrift für Deutsches Recht
MSchG	
MüKo	Münchener Kommentar
NJW	Neue Juristische Wochenschrift
NJW-RR	NJW-Rechtsprechungs-Report Zivilrecht
NZA	Neue Zeitschrift für Arbeitsrecht
OHG	Offene Handelsgesellschaft
OLG	Oberlandesgericht
OLGZ	Entscheidungen der Oberlandesgerichte in Zivilsachen
RG	Reichsgericht
RGBl.	Reichsgesetzblatt
RGRK	Kommentar zum bürgerlichen Gesetzbuch mit besonderer Berücksichtigung der Rechtsprechung des Reichgerichts und des Bundesgerichtshofs
RGZ	Entscheidungen des Reichsgerichts in Zivilsachen
RM	Reichsmark
Rn	Randnummer
RPfl	Der deutsche Rechtspfleger
Rspr.	Rechtsprechung
S.	Seite
SHG	Soforthilfegesetz

StBerG	Steuerberatungsgesetz
StPO	Strafprozessordnung
UrhG	Urheberrechtsgesetz
VersR	Versicherungsrecht
Vgl.	Vergleiche
VVG	Versicherungsvertragsgesetz
WiGBl.	Gesetzblatt des Wirtschaftsrates
WM	Zeitschrift für Wirtschafts- und Bankrecht, Wertpapiermitteilungen
ZBR	Zeitschrift für Beamtenrecht
ZIP	Zeitschrift für Wirtschaftsrecht
ZMR	Zeitschrift für Miet- und Raumrecht
ZPO	Zivilprozessordnung
ZVG	Zwangsversteigerungsgesetz
ZVMG	Zwangsvollstreckungsmaßnahmegesetz vom 20. August 1953
ZwVVO	Verordnung über Maßnahmen auf dem Gebiet der Zwangsvollstreckung vom 26. Mai 1933
ZZP	Zeitschrift für Zivilprozeß

§ 1 – Einleitung

Die vorliegende Arbeit behandelt die Pfändungsschutzvorschrift des § 851 ZPO und greift dabei als Schwerpunkt das Problem der Pfändung von zweckgebundenen Forderungen heraus.

I. Problemskizzierung

Die Rechtsprechung hat seit längerer Zeit immer wieder Pfändungen von Forderungen unter dem Aspekt der Zweckbindung für unwirksam erklärt[1]. Die Entwicklung hat dazu geführt, dass das Attribut der Zweckbindung mit der Unpfändbarkeit in „untrennbaren" Zusammenhang zu stehen scheint[2]. Hinreichend erforscht ist die Frage der Zweckbindung gleichwohl nicht. Als anerkannt gilt zwar, dass es überhaupt eine Zweckbindung gibt, unklar sind jedoch Umfang und Grenzen[3]. Zuletzt hat sich dies an der (noch immer nicht unstrittigen) Frage gezeigt, ob Ansprüche des Bankkunden aus einem Dispositionskredit gegen das Kreditinstitut auf Grund einer Zweckbindung unpfändbar sind[4]. Die aktuelle Lage ist insgesamt gekennzeichnet durch zahlreiche Einzelfallentscheidungen aus verschiedenen Rechtsbereichen, die mehr oder weniger zur Herleitung einer Zweckbindung Stellung nehmen[5].

Manche der Entscheidungen erwecken den Eindruck, die Gerichte hätten versucht, die unerwünschte Pfändbarkeit gewisser Forderungen mit dem Begriff der Zweckgebundenheit juristisch zu begründen[6]. Die Zweckgebundenheit wird

1 Vgl. die Darstellung der einzelnen Fallgruppen unten § 2 B I.
2 *Grund*, S. 64.
3 *Sebode*, DR 1940, S. 429 (431); *Hillebrand*, RPfl 1986, S. 464 (465), „die neuere Entwicklung geht dahin, den Kreis der zweckgebundenen Forderungen relativ weit zu ziehen".
4 Vgl. dazu *BGH* – Urteil vom 29. März 2001, NJW 2001, S. 1938 ff. (Unten § 4).
5 Vgl. die zahlreichen Nachweise bei *MüKo/Smid*, § 851, Rn. 6; *Stein/Jonas/Brehm*, 21. Auflage, § 851, Rn. 19 ff.; *Zöller/Stöber*, § 851, Rn. 3 und zudem die umstrittene Herleitung einer (vertraglich) zweckgebundenen Forderung im *BGH* – Urteil vom 16. Dezember 1999, LM, § 851 Nr. 9 mit Anmerkung von *Smid*. Darstellung des Urteils bei § 2 B I 8 c.
6 Vgl. die Kammergerichtsrechtsprechung zur Pfändung von Mietzinsforderungen (Unten § 2 B I 4 a).

insofern teilweise als „elastischer" Rechtsbegriff genutzt, der leicht im Hinblick auf ein schon vorbestimmtes Ergebnis ausgewertet werden kann[7]. Dies verursacht Rechtsunsicherheit.

Um Rechtsunsicherheit zu vermeiden sind generelle Grundsätze notwendig, nach denen der Kreis zweckgebundener Forderungen bestimmt werden kann[8]. Die dogmatischen Begründungen der Gerichte im Hinblick auf eine eingeschränkte Verkehrsfähigkeit der Forderung, d.h. die eingeschränkte Übertrag- und Pfändbarkeit, weichen zum Teil deutlich voneinander ab[9]. Zur Begründung werden zwar überwiegend § 399 BGB und § 851 ZPO herangezogen, eine klare Linie im Hinblick auf die genaue Einordnung zweckgebundener Forderungen in diese Paragraphen ist jedoch nicht erkennbar[10]. Die Unsicherheit darüber, wann eine Zweckbindung anzunehmen ist, beeinträchtigt das Befriedigungsinteresse des Vollstreckungsgläubigers[11]. Je weiter man den Kreis der Zweckbindung zieht, desto mehr ist das eigentliche Ziel der Zwangsvollstreckung – die effektive Durchsetzung privater Gläubigerinteressen mittels eines staatlichen Verfahrens[12] – bedroht.

Vor diesem Hintergrund versucht die Arbeit ausgehend von den wichtigsten Fallgruppen herauszuarbeiten, was unter einer Zweckbindung zu verstehen ist, welche Entstehungstatbestände in Betracht kommen und aus welchen Elementen eine Zweckbindung besteht. Zugrunde liegen die folgenden Fragen:

- Wie definiert sich eine Zweckbindung von Forderungen?
- Welche Interessen schützt die Zweckbindung?
  - Sind durch sie Belange des Vollstreckungsschuldners zu beachten, für den die Vollstreckung wirtschaftlich und sozial existenzbedrohend sein kann?[13]
  - Werden mit einer Zweckbindung schützenswerte Interessen des Drittschuldners berücksichtigt?[14]

7 Ebenso *Weitkemper*, S. 3.

8 Eine mittlerweile veraltete Darstellung des Zweckbindungsproblems (1953) findet sich bei *Weitkemper*. Vgl. auch *Dornwald*, S. 79 – 84.

9 Streitdarstellung unter § 2 B IV.

10 Der *BGH* legt sich nicht fest, unter welche Alternative des § 399 BGB (vertraglich) zweckgebundene Forderungen zu fassen sind, *BGH*, LM, § 851 Nr. 9.

11 Im Laufe der Arbeit werden folgende Begriffe synonym verwandt: Vollstreckungsgläubiger = Gläubiger; Vollstreckungsschuldner = Schuldner = Gläubiger der gepfändeten Forderung; Drittschuldner = Schuldner der gepfändeten Forderung.

12 *Jauernig*, § 1 X.

13 Vgl. *Jauernig*, § 1 X; *Stöber*, Vorwort.

14 Seine Rechtsposition soll außerhalb des arrestatoriums (§ 829 Abs. 1 Satz 1 ZPO) nicht nachteilig durch die Pfändung verändert werden, weil er ohne sein Zutun in das

- Können gegebenenfalls Interessen unbeteiligter Dritter zu einer Zweckbindung führen?

- Unter welchen Voraussetzungen kann man den betroffenen Interessen Vorrang vor dem Zugriffsinteresse des Gläubigers gewähren?
- Wie kann davon ausgehend die eingeschränkte Verkehrsfähigkeit einer Forderung rechtlich begründet werden?

II. Gang der Darstellung

Ziel ist es, die aufgeworfenen Fragen zu beantworten und fallübergreifende Grundsätze der Zweckbindung aufzuzeigen. Zu diesem Zweck wird zunächst im Bereich der **Forderungspfändung** die allgemeine Funktion von § 851 ZPO (**§ 2 A**) und im Anschluss das Problem der Zweckbindung bei Forderungen erläutert (**§ 2 B**). Ausgangspunkt ist dabei eine chronologische Darstellung der wichtigsten Fallgruppen, in denen der Aspekt der Zweckbindung bisher aufgetaucht ist. Die Darstellung dient als Fundament für die nachfolgende rechtliche Analyse hinsichtlich der Definition der Zweckbindung, ihrer einzelnen Entstehungstatbestände sowie der Frage der Übertrag- und Pfändbarkeit zweckgebundener Forderungen.

Bislang fast vollständig unbeachtet ist der Aspekt der Zweckbindung bei anderen Vermögensrechten im Sinne von § 857 ZPO. **§ 3** geht deshalb der Frage nach, ob sich die gefundenen Grundsätze zur Forderungspfändung auch auf die **Rechtspfändung** übertragen lassen.

Das eben bereits angedeutete Problem, ob eine Zweckbindung der **Pfändung von Dispositionskrediten** entgegen steht, wird als Sonderproblem in **§ 4** erörtert, weil dieser Bereich sowohl Elemente der Forderungs-, als auch der Rechtspfändung enthält und neben der Zweckbindung noch weitere Pfändungshindernisse in Betracht zu ziehen sind. Weiterhin kommt eine Pfändung von Forderungen und anderen Vermögensrechten in speziellen Verfahrenskonstellationen vor, namentlich der **Arrest- und Vorpfändung**[15]. **§ 5** widmet sich der Zweckbindung in diesen besonderen Pfändungskonstellationen. **§ 6** klärt die möglichen **Rechtsbehelfe**, die den einzelnen Beteiligten im Falle einer Pfändung unter Verstoß gegen die Zweckbindung zustehen. Abschließend wird untersucht, ob sich

Vollstreckungsverfahren hineingezogen wurde, Vgl. zur Rechtsstellung des Drittschuldners *Baur/Stürner*, § 30.19 f., S. 367 f.; *Jauernig*, § 1 X.

15 Zu beachten ist, dass eine Pfändung von Forderungen bzw. anderen Vermögensrechten auch im öffentlichen Recht vorkommt. Es gelten für die öffentlich-rechtliche Zwangsvollstreckung jedoch gemäß § 167 Abs. 1 VwGO die Vorschriften der §§ 704 ff. ZPO, vgl. *Kopp/Schenke*, § 167 VwGO, Rn. 1 ff.

eine Zweckgebundenheit nicht nur auf die Forderung, sondern ebenso auf den **Leistungsgegenstand** bezieht (§ 7).

§ 2 – Forderungspfändung

A. Systematik des § 851 ZPO

§ 851 ZPO bedeutet für den Vollstreckungsgläubiger ein Pfändungsverbot; seinem Zugriff werden bestimmte Forderungen entzogen.

§ 851 ZPO lautet:

„(1) Eine Forderung ist in Ermangelung besonderer Vorschriften der Pfändung nur insoweit unterworfen, als sie übertragbar ist.

(2) Eine nach § 399 des Bürgerlichen Gesetzbuchs nicht übertragbare Forderung kann insoweit gepfändet und zur Einziehung überwiesen werden, als der geschuldete Gegenstand der Pfändung unterworfen ist.“

§ 851 Abs. 1 ZPO enthält die eigentliche Grundaussage; § 851 Abs. 2 ZPO ist eine Ausnahmevorschrift zu Absatz 1[16]. Im Einzelnen:

I. § 851 Abs. 1 ZPO – Keine Pfändung nichtübertragbarer Forderungen

Eine Unpfändbarkeit kann sich zum einen auf Grund von Sonderregelungen im Prozessrecht ergeben, die direkt die Unpfändbarkeit festlegen. In diesen Fällen[17] braucht man § 851 ZPO nicht. Fehlen allerdings spezielle Unpfändbarkeitsvorschriften kann eine Pfändung auf Grund der materiell-rechtlichen Unübertragbarkeit der Forderung unzulässig sein. Diese Fälle behandelt § 851 Abs. 1 ZPO. Die Grundaussage lautet: Eine Forderung, die materiell-rechtlich nicht übertragen werden kann, soll auch nicht gepfändet werden dürfen.

Grundaussage des § 851 Abs. 1 ZPO:
Unübertragbarkeit = Unpfändbarkeit

Die Unpfändbarkeit einer Forderung kann sich also aus dem Prozessrecht oder dem materiellen Recht ergeben[18]. Der Vorrang der Sonderregelungen im Prozessrecht wird allerdings nicht durch den insofern etwas missverständlichen

---

16 *BGHZ* 56, S. 228 (232).

17 Spezielle Unpfändbarkeitsvorschriften sind etwa §§ 850 ff ZPO (Arbeitseinkommen), §§ 851a und b ZPO bzw. § 852 ZPO. Genauer dazu sogleich bei § 2 A I 1.

18 *Baumbach/Lauterbach/Hartmann*, § 851, Rn. 1.

Wortlaut in § 851 Abs. 1 ZPO („in Ermangelung besonderer Vorschriften") klarstellt. Mit besonderen Vorschriften in diesem Sinne sind vielmehr Regelungen gemeint, die auch bei einer gesetzlich angeordneten Unübertragbarkeit von Forderungen die Pfändung zulassen[19].

1. Vorrangige Sonderregelungen der Unpfändbarkeit

Spezielle Pfändungsverbote befinden sich vor allem in der ZPO, daneben aber auch in anderen Gesetzen[20]. Beispiele für Pfändungsverbote außerhalb der ZPO sind § 54 SGB I für die Pfändung sozialrechtlicher Ansprüche[21] oder § 46 AO für Steuererstattungsansprüche[22]. Innerhalb der ZPO lassen sich die Pfändungsverbote in allgemeine Vorschriften, die für alle Zwangsvollstreckungsarten gelten[23], und besondere Vorschriften allein für die Forderungspfändung unterteilen. Allgemein gilt das Verbot der „Überpfändung" in § 803 Abs. 1 Satz 2 ZPO, wonach die Zwangsvollstreckung nicht weiter ausgedehnt werden darf, als es zur Befriedigung des Gläubigers und zur Deckung der Kosten der Zwangsvollstreckung erforderlich ist.

Bei allen Zwangsvollstreckungsarten verboten ist zudem die nutzlose Pfändung gemäß § 803 Abs. 2 ZPO, wenn die Verwertung der zu pfändenden Gegenstände keinen Überschuss über die Kosten der Zwangsvollstreckung erwarten lässt[24].

Im Rahmen der Forderungspfändung wird § 851 ZPO von speziellen Pfändungsverboten bzw. –beschränkungen umgeben, die nach verschiedenen Sachbereichen zu unterscheiden sind und unterschiedliche Schutzrichtungen haben. Die §§ 850 ff ZPO regeln die Pfändbarkeit von Arbeitseinkommen, § 851a ZPO ist für Forderungen des Landwirts aus dem Verkauf von landwirtschaftlichen Erzeugnissen einschlägig, § 851b ZPO greift bei der Pfändung von Miete und

19 *BGB-MüKo/Roth*, § 400, Rn. 1; *Thomas/Putzo*, § 851, Rn. 1. Bereits der erste Entwurf des § 851 Abs. 1 ZPO (damals noch § 296 Abs. 2 BGB Entwurf I) sah diesen Zusatz vor. Die Kommission diskutierte jedoch in zweiter Lesung, ob dieser Zusatz nicht „als überflüssig gestrichen" werden könne, vgl. Protokolle, *Mugdan* II, S. 574. Als Beispiel für eine Sonderregelung ist § 859 Abs. 1 ZPO zu nennen, der die Pfändung von Anteilen an einer BGB-Gesellschaft zulässt, obwohl § 719 BGB die Veräußerung verhindert, vgl. unten § 3 II 1 b.

20 Einen Überblick über die einzelnen Pfändungsverbote und –beschränkungen geben *Staudinger/Gursky*, § 394, Rn. 27 ff., und *RGRK-Weber*, § 394, Rn. 2 – 22.

21 Dazu im Einzelnen: *Kretschmer/von Maydell/Schellhorn*, § 54 SGB I; *Stöber*, Rn. 1301 ff.

22 Vgl. *Stöber*, Rn. 353 ff.

23 Vgl. *Thomas/Putzo*, § 803, Rn. 13 ff.

24 Vgl. *Baur/Stürner*, § 27.5., S. 327 m.w.N.

Pacht und § 852 ZPO bei der Pfändung von Pflichtteilsansprüchen, dem Rückforderungsanspruch des Schenkers und dem Zugewinnausgleichsanspruch des Ehegatten.

Der Pfändungsschutz für Forderungen, die dem Lebensunterhalt dienen und damit die wirtschaftliche und soziale Existenz des Schuldners sichern (insbesondere das Arbeitseinkommen), resultiert aus dem Schutzgedanken des Sozialstaatsprinzips (Art. 20 Abs. 1 GG). Dem berechtigten Interesse des Gläubigers an der Durchsetzung seiner Forderung steht der Umstand entgegen, dass das Einkommen in der Regel die Existenzgrundlage des Schuldners und seiner Familie darstellt[25]. Des weiteren ist bei diesen Pfändungsverboten auch das öffentliche Interesse zu beachten, den Schuldner nicht der staatlichen Sozialhilfe anheimfallen zu lassen[26] und ihm nicht durch zu niedrige Freibeträge die Arbeitsmotivation zu nehmen[27].

§ 851a ZPO schützt ebenfalls die Existenz des Vollstreckungsschuldners, indem auf Antrag die Pfändung von Forderungen aus dem Erzeugnisverkauf aufgehoben wird, soweit die Einkünfte zum Unterhalt für ihn und seiner Familie unentbehrlich sind. Neben dem Existenzschutz bezweckt § 851a ZPO, den landwirtschaftlichen Betrieb aufrechtzuerhalten, um die Landwirtschaft als volkswirtschaftlich für wichtig erachteten Wirtschaftzweig zu stärken. Der in § 851a ZPO zum Ausdruck kommende Unternehmerschutz ist eine Ausnahme im System der Zwangsvollstreckung, denn grundsätzlich bezweckt die Einzelzwangsvollstreckung nicht, durch einen allgemeinen Unternehmerschutz nicht überlebensfähige Betriebe künstlich am Leben zu erhalten[28].

Der Pfändungsschutz bei Miete und Pacht nach § 851b ZPO folgt einem ähnlichen Mechanismus wie § 851a ZPO. Soweit die Miet- und Pachtzinseinkünfte zur Grundstücksunterhaltung, zu Instandsetzungsarbeiten oder zur Befriedigung besonders bevorzugter Gläubiger dringend gebraucht werden, kann die Pfändung auf Antrag des Schuldners aufgehoben werden. Durch § 851b ZPO werden das schutzwürdige Interesse der Mietvertrags- bzw. Pachtvertragsparteien sowie das öffentliche Interesse der Allgemeinheit, das Grundstück zu erhalten

---

25 Ausführlich zur Pfändung von Arbeitseinkommen: *Stöber*, Rn. 871 ff.; Im Überblick: *Jauernig*, § 33 I; *Keip*, S. 57 f.

26 *BGHZ* 4, 153 ff.; *RGZ* 72, 181 (183); *Baur/Stürner*, § 6.68.: „Öffentliches Interesse am Schutz vor Sozialhilfefälligkeit einzelner Bürger"; *Keip*, S. 58.

27 Begründung des Regierungsentwurfs zum 5. Gesetz zur Änderung der Pfändungsfreigrenzen vom 8. März 1984, *BT-Drucks.* 10/229, S. 40.

28 *Lippross*, S. 163 und 166.

und auf ihm liegende Lasten bezahlen zu können, in der Zwangsvollstreckung beachtet[29].

Bei § 852 ZPO ist die Pfändung erst zulässig, wenn der zu pfändende Anspruch vertraglich anerkannt oder rechtshängig geworden ist. Grund für diese Beschränkung sind die persönlichen Beziehungen zwischen den Beteiligten. Der Vollstreckungsschuldner soll hier allein entscheiden können, ob er den Anspruch etwa auf Rückforderung einer Schenkung (§ 528 Abs. 1 BGB) geltend machen will[30]. Diese Entscheidungsbefugnis würde ihm bei einer uneingeschränkten Pfändungsmöglichkeit durch den Vollstreckungsgläubiger genommen.

Insgesamt lassen sich die durch die dargestellten, speziellen Pfändungsbeschränkungen geschützten Interessen in folgende Richtungen aufteilen:

- Schutz des Vollstreckungsschuldner vor Existenzbedrohung
- Beachtung öffentlicher Sozialinteressen
- Beachtung volkswirtschaftlicher Erwägungen
- Schutz von Wohnraum und Beachtung fiskalischer Interessen
- Schutz persönlicher Beziehungen zwischen Schuldner und Drittschuldner

Diese Arbeit wird im späteren Verlauf klären, inwieweit sich dieser „Interessenkanon" in § 851 ZPO generell sowie im Problem der Zweckbindung widerspiegelt[31].

2. *Unpfändbarkeit auf Grund von Unübertragbarkeit*

In Abwesenheit von Sonderregelungen kommt es nach § 851 Abs. 1 ZPO auf die Übertragbarkeit der zu pfändenden Forderung an. Diese ist das entscheidende Kriterium für die Pfändbarkeit[32]. Die Frage, wann eine Forderung übertragbar ist, ist eine Frage, die das BGB und hier vornehmlich die §§ 398 ff. BGB beantworten müssen. Damit verknüpft § 851 Abs. 1 ZPO Zwangsvollstreckungsrecht und materielles Recht und stellt eine auf das öffentliche Zwangsvollstreckungsverfahren bezogene materielle Regelung dar[33]. Das materielle Recht bestimmt, ob und in welchem Umfang eine Forderung übertragen werden kann. Das Ergebnis dieser Prüfung führt grundsätzlich zur Beantwortung der Frage, ob eine

---

29 *OLG Köln*, OLGZ 1992, S. 81; Vgl. § 2 B I 4 a dd. zur Frage inwieweit § 851b ZPO Ausdruck einer Zweckbindung ist.

30 *BGHZ* 123, S. 183 (186); *Musielak*, § 852 ZPO, Rn. 1; § 852 ZPO im Verhältnis zu § 851 ZPO: *Wüllenkemper*, JR 1988, S. 353 ff.

31 Vgl. § 2 B II 3.

32 Maßgeblich ist die Übertragbarkeit einer Forderung auch für die Möglichkeit, die Forderung zu verpfänden (§ 1274 Abs. 2 BGB). Es gilt danach der Grundsatz: Unübertragbarkeit = Nicht Verpfändbar.

33 So zutreffend *MüKo/Smid*, § 851, Rn. 1; *Meller-Hanich*, KTS 2000, S. 37 (45).

Forderung pfändbar ist. Beispielsweise sind bei einer BGB-Gesellschaft die Ansprüche, die den Gesellschaftern aus dem Gesellschaftsverhältnisse gegeneinander zustehen, nicht übertragbar (§ 717 Satz 1 BGB). § 851 Abs. 1 ZPO baut für dieses materiell-rechtliche Ergebnis die „Brücke" in das Zwangsvollstreckungsrecht und verneint entsprechend die Pfändbarkeit der Gesellschafteransprüche[34].

§ 851 Abs. 1 ZPO hat als Schnittstelle zwischen materiellen und prozessualen Recht den Gleichlauf von Unübertragbarkeit und Unpfändbarkeit herbeigeführt, weil die Forderungspfändung ähnliche Rechtsfolgen wie eine Forderungsübertragung erzeugt. Es werden durch beide Institute Gläubigerbefugnisse übertragen[35]. Der Zessionar wird bei einer Abtretung Forderungsinhaber. Ebenso wird auch der Vollstreckungsgläubiger neuer Forderungsinhaber wenn ihm die Forderung gegen den Drittschuldner an Zahlungs Statt überwiesen wird (§ 835 Abs. 2 ZPO). Bei der praktisch allein maßgeblichen Überweisung zur Einziehung wird der Vollstreckungsgläubiger zwar nicht Forderungsinhaber, aber er erlangt das Recht, die Forderung des Vollstreckungsschuldners gegen den Drittschuldner in eigenem Namen einzuziehen (§ 836 Abs. 1 ZPO)[36]. Die Pfändung stellt damit bei beiden Überweisungsarten eine Abspaltung von Gläubigerbefugnissen, namentlich der Verwertungsbefugnis über die Forderung dar, weshalb die Forderungspfändung im Ergebnis auch als „Teilabtretung" angesehen werden kann[37]. § 851 Abs. 1 ZPO geht davon aus, dass diejenigen Gründe, die gegen eine Übertragung sprechen, grundsätzlich auch einer Pfändung entgegen zu halten sind[38]. Die Ratio des § 851 Abs. 1 ZPO hat vor allem im Blick, zu verhindern, dass bei gesetzlichen Ausschlüssen der Übertragbarkeit der Gesetzeszweck nicht über eine Pfändung der Forderung vereitelt wird[39].

Fraglich ist, ob es zur Sicherung des Gleichlaufs überhaupt einer Vorschrift wie § 851 Abs. 1 ZPO bedurfte. Ergibt sich nicht allein aus der Unübertragbarkeit die Unpfändbarkeit, ohne dass es dazu – bei Fehlen gesetzlicher Sonderregelungen – der (allgemeinen) Vorschrift des § 851 Abs. 1 ZPO bedarf? Ist § 851 Abs. 1 ZPO eine rein deklaratorische Vorschrift? Nach Ansicht von *Hartmann* ist § 851 Abs. 1 ZPO in der Tat nur aus Gründen der Rechtssicherheit sinnvoll[40]. Als Argument für diese Ansicht ließe sich die Einheit der Rechtsordnung anfüh-

34 *Wieczorek/Schütze/Lüke*, § 851, Rn. 11; *Palandt/Heinrichs*, § 717, Rn. 9.
35 *MüKo/Smid*, § 851, Rn. 1.
36 Zum Streit, ob das Einziehungsrecht nur ein Fall der gesetzlichen Prozessstandschaft ist oder aber ein eigenes Einziehungsrecht gibt, vgl. *Lackmann*, Rn. 343 m.w.N.
37 *Baur/Stürner*, § 25.1., S. 280 f.; *Zöller/Stöber*, § 851, Rn. 1.
38 *Meller-Hanich*, KTS 2000, S. 37 (46).
39 So bereits *Petersen*, § 851, 1; *Zöller/Stöber*, § 851, Rn. 1: „Ausschluss der Pfändbarkeit für gesetzlich nicht übertragbare Forderungen".
40 Ohne nähere Begründung: *Baumbach/Lauterbach/Hartmann*, § 851, Rn. 1.

ren, wonach die Wertungen der einzelnen Rechtsgebiete aufeinander abzustimmen sind[41]. Die Unübertragbarkeit einer Forderung macht bereits deutlich, dass die Gläubigerbefugnisse nicht wechseln sollen. Man kann daraus den Schluss ziehen, dass ein anderes Ergebnis auch nicht mittels eines staatlichen Hoheitsaktes erfolgen darf. Insofern hat § 851 Abs. 1 ZPO nur deklaratorischen Charakter, ist jedoch zur Verdeutlichung des Zusammenhangs von materiellem und prozessualen Recht von Nutzen.

Bei der Anwendung des § 851 Abs. 1 ZPO ist zu beachten, dass die Vorschrift zwar unübertragbare Forderungen von der Pfändbarkeit ausschließen will, aber übertragbare Forderungen der Pfändung nicht ohne weiteres unterwirft[42]. § 851 Abs. 1 ZPO enthält entgegen dem sehr weiten Wortlaut allein eine „**negative**“ Aussage, wonach unübertragbare Forderungen nicht pfändbar sind.

Der Grundsatz „Unübertragbarkeit = Unpfändbarkeit“ gilt des weiteren auch in umgekehrter Reihenfolge, denn § 400 BGB legt fest, dass eine Forderung nicht abgetreten werden kann, soweit sie nicht der Pfändung unterworfen ist. Damit führt – entgegengesetzt zu § 851 Abs. 1 ZPO – die Unpfändbarkeit insbesondere auf Grund der Sonderregelungen in §§ 850 ff. zur Unübertragbarkeit einer Forderung[43].

Aussage des § 400 BGB:
Unpfändbarkeit = Unübertragbarkeit

Durch § 851 ZPO und § 400 BGB besteht mithin eine Wechselwirkung zwischen der Pfändbarkeit einer Forderung und ihrer Übertragbarkeit[44]. Die beiden Vorschriften ergänzen sich[45] und sichern die Wertungskonvergenz von Zwangsvollstreckungs- und materiellen Recht. § 400 BGB ist dabei allerdings vor einem anderen rechtspolitischen Hintergrund als § 851 Abs. 1 ZPO zu verstehen. § 400 BGB sichert die den Pfändungsbeschränkungen zugrunde liegenden sozialpoliti-

41 *Rüthers*, Rn. 276.

42 *Rosenberg/Gaul/Schilken*, § 54 I 1 a. Dies ist zutreffend, weil § 851 ZPO keine Aussage darüber treffen kann, ob andere Pfändungsverbote eingreifen.

43 Vgl. zu einzelnen unpfändbaren Forderungen im Sinne von § 400 BGB: *RGRK-Weber*, § 400, Rn. 2 – 5; *Bamberger/Roth/Rohe*, § 400, Rn. 4: „praktisch größte Bedeutung haben die §§ 850 ff. ZPO“, und § 394, Rn. 6 ff.

44 *Baumbach/Lauterbach/Hartmann*, § 851, Rn. 1; *Baur/Stürner*, § 25.2.; *Rosenberg/Gaul/Schilken*, § 54 I 1 b; *Thomas/Putzo*, § 851, Rn. 1.

45 *Wieczorek/Schütze/Lüke*, § 851, Rn. 1.

schen Motive[46] im materiellen Recht[47]. So bleibt etwa ein gewisser Teil des Arbeitseinkommens gemäß § 850c ZPO unpfändbar, um dem Arbeitnehmer seine Existenzgrundlage zu erhalten. Aus gleichem Grund verbietet § 400 BGB in diesem Fall auch die Abtretung der Forderung[48]. Das Abtretungsverbot erscheint auf den ersten Blick erstaunlich, da der Empfänger von Arbeitslohn seine Lohnforderung bei der Abtretung freiwillig auf einen Zessionar überträgt und er nicht wie bei der Zwangsvollstreckung einem staatlichen Hoheitsakt ausgesetzt ist. Dass § 400 BGB dem Arbeitnehmer auch eine freiwillige Abtretungsmöglichkeit verbietet, ergibt sich aus dem öffentlichen Interesse an einer Verhinderung der Sozialhilfefälligkeit, das sich auch gegenüber einer freiwilligen Aufgabe der Forderung durch den Arbeitnehmer selbst durchsetzen muss[49].

Die Schutzrichtung des § 851 Abs. 1 ZPO dagegen resultiert aus den Wertungen, die den zur Unübertragbarkeit führenden Normen zugrunde liegen. Diese sind oftmals ein Ausdruck von schützenswerten Interessen des Drittschuldners, dem ein „Quasi"-Gläubigerwechsel im Wege der Forderungspfändung nicht zugemutet werden soll[50]. Durch seine Brückenfunktion sichert § 851 Abs. 1 ZPO diese Belange in der Zwangsvollstreckung.

§ 851 Absatz 1 ZPO wirkt sich über § 394 BGB zudem auf die Aufrechenbarkeit einer Forderung aus. § 394 BGB bestimmt, dass gegen eine nicht der Pfändung unterworfene Forderung die Aufrechnung ausgeschlossen ist.

Aussage des § 394 BGB:
Unpfändbarkeit = Keine Aufrechnung

Aus dem Zusammenspiel von § 851 Absatz 1 ZPO und § 394 BGB lässt sich der „erweiterte" Grundsatz ableiten, dass gegen eine unübertragbare und deshalb unpfändbare Forderung nicht aufgerechnet werden kann. Grund für § 394 BGB ist wie bei § 400 BGB die Sicherung sozialpolitischer Motive von Unpfändbarkeitsregelungen im materiellen Recht, da die Erfüllungswirkung einer Aufrechnung (§ 389 BGB), dem Vollstreckungsschuldner seine zur Lebensunterhaltung

46 Vgl. § 2 A I 1.

47 *Larenz*, § 34 II 4; *BGB-MüKo/Roth*, § 400, Rn. 2; *MüKo-Smid*, § 851, Rn. 1: "§ 400 BGB übernimmt den Schutz des allgemeinen Persönlichkeitsrechts des Schuldners in die Zusammenhänge des materiellen Rechts".

48 Bei einer cessio legis gemäß § 412 BGB findet § 400 BGB jedoch nur dann Anwendung, soweit der Gedanke des Schuldnerschutzes dies erfordert, vgl. *BGHZ* 13, S. 370 ff., *Palandt/Heinrichs*, § 400, Rn. 2.

49 *BGB-MüKo/Roth*, § 400, Rn. 2.

50 Eingehend dazu § 2 A I 3 c.

notwendige Forderung entzieht[51]. Eine § 851 ZPO ähnelnde Vorschrift, die nicht aufrechenbare Forderungen von der Pfändung ausnimmt, findet sich nicht im Gesetz, so dass nicht aufrechenbare Forderungen gepfändet werden können[52]. Wenn man sich noch einmal den Gesetzeszweck von § 851 Absatz 1 ZPO vor Augen führt, wird deutlich, warum das so ist. § 851 Absatz 1 ZPO stellt sicher, dass keine im materiellen Recht unerwünschten Gläubigerbefugnisse im Wege der Zwangsvollstreckung übertragen werden. Bei nicht aufrechenbaren Forderungen droht diese Gefahr nicht, denn Pfändung und Überweisung führen nicht zu den Folgen einer Aufrechnung.

3. Auslegung des Begriffs „Übertragbar"

Da die Reichweite der zulässigen Forderungspfändung nach § 851 Abs. 1 ZPO von der Übertragbarkeit einer Forderung abhängt, ist es notwendig, die Frage der Übertragbarkeit von Forderungen eingehender, d.h. zunächst in ihrer historischen Entwicklung und anschließend nach aktuellem Recht zu erörtern.

a) Historische Entwicklung

Eine Übertragung von Forderungen war dem römischen Recht fremd, denn es kannte keine Einzelnachfolge in Forderungen bzw. in Schulden. Allerdings erzielten auch die Römer ähnliche Ergebnisse wie bei einer Forderungsübertragung über eine prozessrechtliche Konstruktion, welche nach heutigem Verständnis am ehesten der gewillkürten Prozessstandschaft ähnelt. Man bestellte dabei den Erwerber der Forderung zum Prozessstellvertreter im eigenen Interesse (sog. *procurator in rem suam*). Mit dem Beginn des Rechtsstreits über die Forderung kam das Prozessrechtsverhältnis zwischen dem Prozessstellvertreter und dem Schuldner der Forderung zustande. Dies war möglich, da nach römischen Recht der Vertreter selbst Partei des Prozesses wurde[53]. Soweit der Gegner zur Leistung verurteilt wurde, geschah dies zur Zahlung an den Prozessstellvertreter und da dieser den Prozess in eigenem Interesse führen sollte, konnte er das durch den Prozess Erlangte behalten[54]. Außerhalb eines Prozesses wurde der Erwerber einer Forderung durch ein sog. *mandatum agendi* zur Einziehung der Forderung

51 *RGRK-Weber*, § 394, Rn. 1.

52 *RGRK-Weber*, § 394, Rn. 1. So darf beispielsweise eine Schadensersatzforderung des Vollstreckungsschuldners aus einer vorsätzlich begangenen unerlaubten Handlung des Drittschuldners gepfändet werden, obgleich eine Aufrechnung gegen diese Forderung gemäß § 393 BGB unzulässig wäre.

53 *Leonhard*, § 336.

54 *Enneccerus/Kipp/Wolff*, § 301 I.

ermächtigt. Die Schwäche des römischen Rechts bestand in diesem Punkt aber darin, dass die Ermächtigung des Erwerbers (das Mandat) durch Widerruf oder Tod des Mandanten, also des Veräußerers der Forderung, erlosch und so dem Erwerber nicht genügend Sicherheit bot. Das römische Recht entwickelte dieses Institut daher zum besseren Schutz des Erwerbers weiter: Man gab dem Erwerber im Fall des Erlöschens des Mandats ein selbständiges Recht, die fremde Forderung auszuüben, d.h. einzuziehen (sog. *actio utilis*)[55]. Der Unterscheid zur heutigen Rechtslage war demnach nur noch, dass die Forderung selbst nicht übertragen werden konnte und der Erwerber ein fremdes Recht geltend machte.

Das deutsche Recht wandte sich größtenteils von der „höchst künstlichen Auffassung" des römischen Rechts[56] ab, indem man im Mittelalter in vielen Teilen Deutschlands die Zession anerkannte und sie Gegensatz zum römischen Recht nun als eine Abtretung der Forderung selbst ansah[57].

Der erste Entwurf des BGB[58] beruhte entsprechend dieser herrschenden Ansicht ebenfalls auf der Zulässigkeit einer Forderungsübertragung ohne die Einwilligung des Schuldners. Unmittelbar mit dem Übertragungsakt sollte der neue Gläubiger an die Stelle des bisherigen treten und die Forderung als eigene erwerben[59]. Begründet wurde die Kodifizierung dieses Prinzips vor allem mit dem Verkehrsbedürfnis nach übertragbaren Forderungen sowie mit der modernen Gesetzgebung in den einzelnen deutschen Staaten, welche fast ausschließlich auf dem Boden der Sondernachfolge in Forderungen stand[60]. Im Rahmen der Diskussion um den Erlass des BGB wurde dieses Prinzip nicht mehr angegriffen; erörtert wurde nur die Frage, ob es für die Wirksamkeit einer Abtretung gegenüber dem Schuldner sowie Dritten einer Anzeige („*Denunziation*") an den Schuldner bedürfe[61].

55 *Enneccerus/Kipp/Wolff*, § 301 I.
56 *Enneccerus/Kipp/Wolff*, § 301 I.
57 *Leonhard*, § 336; *Enneccerus/Kipp/Wolff*, § 301 I.
58 § 293 BGB Entwurf I: „Die Forderung aus einem Schuldverhältnisse kann auf einen neuen Gläubiger übertragen werden, ohne daß es der Einwilligung des Schuldners bedarf (Uebertragung). Mit der Uebertragung hört der bisherige Gläubiger auf, Gläubiger zu sein, und tritt der neue Gläubiger an dessen Stelle" = § 342 BGB Entwurf II (= § 398 BGB).
59 Vgl. Motive, *Mugdan* II, S. 65.
60 Motive, *Mugdan* II, S. 65. Ausnahmen waren nur § 261 Abs. 2 und 3 des hessischen Entwurfs sowie §§ 953 ff. des sächischen Gesetzbuches, vgl. *Mugdan*, a.a.O.
61 Vgl. Protokolle, *Mugdan* II, S. 569.

Entsprechend lautende Änderungsanträge hatten jedoch keinen Erfolg, so dass heute die Abtretung ohne Beteiligung des Forderungsschuldners erfolgen kann[62].

b) Grundsatz im BGB: Übertragbarkeit von Forderungen

Das BGB beinhaltet nunmehr die Regel, dass alle Forderungen übertragbar sind[63]. Gesetzlicher Ausdruck dieses Grundsatzes ist neben § 398 Satz 1 BGB auch § 137 Satz 1 BGB, wonach die Verfügungsbefugnis, zu der auch die Übertragungsbefugnis gehört, nicht durch Rechtsgeschäft ausgeschlossen oder beschränkt werden kann.

c) Ausnahmen

Für den weiteren Verlauf der Arbeit interessant sind die Ausnahmen, die es von der Grundregel gibt, weil – wie eben dargestellt – die Unübertragbarkeit über § 851 Abs. 1 ZPO die Pfändbarkeit der Forderungen beeinflussen kann.

Ausnahmen von der Übertragbarkeit ergeben sich zum einen aus ausdrücklicher gesetzlicher Anordnung der Unübertragbarkeit (*unten aa (1)*). Relevant ist vor allem aber § 399 BGB[64], der auch bei zweckgebundenen Forderungen entscheidenden Einfluss haben wird. § 399 BGB enthält zwei Alternativen: Die Abtretung ist in Alternative 1 bei Gefahr der Inhaltsänderung ausgeschlossen (*unten bb*), bei Alternative 2 durch vertraglichen Abtretungsausschluss (*unten cc*).

Daneben existieren Fälle, in denen nur bestimmten Gläubigern die Abtretung der Forderung verboten oder nur unter begrenzten Umständen gestattet ist. Darunter fallen vor allem Honorarforderungen schweigepflichtiger Personen wie Ärzten, Rechtsanwälten und Steuerberatern. Diese Konstellationen bilden im Rahmen dieser Arbeit einen Sonderfall der gesetzlichen Ausnahmen zur Über-

---

62 Ausnahme: § 46 Abs. 2 AO, der eine Anzeigepflicht beim Finanzamt begründet. Zum Schutz des Forderungsschuldners sind im übrigen die §§ 406 ff. BGB geschaffen worden.

63 *Baur/Stürner*, § 25.3., S. 281; Denkschrift, *Mugdan* II, S. 1241. Die Übertragbarkeit ist der Oberbegriff. Eine Übertragung erfolgt rechtsgeschäftlich durch Abtretung, kraft Gesetz (§ 412 BGB) oder durch gerichtliche Anordnung (wie etwa im Fall eines Pfändungs- und Überweisungsbeschlusses).

64 § 399 BGB lautet: *"Eine Forderung kann nicht abgetreten werden, wenn die Leistung an einen anderen als den ursprünglichen Gläubiger nicht ohne Veränderung ihres Inhalts erfolgen kann oder wenn die Abtretung durch Vereinbarung mit dem Schuldner ausgeschlossen ist"*.

tragbarkeit, denn sie beeinflussen die Pfändbarkeit der Forderungen nicht[65]. § 851 Abs. 1 ZPO findet auf sie keine Anwendung (*unten aa (2)*).

aa) Gesetzliche Ausnahmen

(1) Allgemeine Vorschriften

Gesetzliche Unübertragbarkeitsvorschriften finden sich sowohl in Landes- als auch Bundesgesetzen[66]. Den Ländern ist es möglich, öffentlich-rechtliche Forderungen, die ihrer Gesetzeskompetenz unterliegen, für unübertragbar zu erklären[67]. Damit nehmen sie indirekt über § 851 Abs. 1 ZPO Einfluss auf die Pfändbarkeit der Forderungen. Im BGB finden sich an verschiedenen Stellen Normen, die die Unübertragbarkeit von Forderungen anordnen[68]. Teilweise sind Auslegungsregeln vorhanden, nach denen in Abwesenheit einer Parteivereinbarung im Zweifel von einer Unübertragbarkeit auszugehen ist (Beispiele: §§ 613 Satz 1, 664 Abs. 2 BGB)[69]. Diesen speziellen Regelungen liegt häufig die Ratio zugrunde, das Interesse des Forderungsschuldners zu schützen, wenn es für ihn von wesentlicher Bedeutung ist, an wen er zu leisten hat[70].

Keinen Einfluss auf die Übertragbarkeit haben die §§ 851a, 851b ZPO. Der nach diesen Normen gewährte Vollstreckungsschutz ändert nichts an dem Umfang der gesetzlichen Übertragbarkeit der betreffenden Forderungen[71].

(2) Abtretungsverbote und -beschränkungen bei schweigepflichtigen Personen

Bei schweigepflichtigen Personen bestehen zum wirksamen Schutz der Geheimhaltungspflicht gesetzliche Abtretungsverbote bzw. -beschränkungen[72]. Diese

65 Umstritten, vgl. *Stöber*, Rn. 14a m.w.N.
66 Vgl. die Auflistung bei *Zöller/Stöber*, § 851, Rn. 2.
67 *Stein/Jonas/Brehm*, 21. Auflage, § 851, Rn. 5. Beachte dazu Art. 81 EGBGB, der landesgesetzliche Vorschriften über die Übertragung und Aufrechnung hinsichtlich der Gehaltsansprüche von Beamten erlaubt.
68 Vgl. die Übersicht bei *Soergel/Zeiss*, vor § 398, Rn. 2. Beispiele: §§ 473 Satz 1 (Vorkaufsrecht), 717 Satz 1 BGB (Gesellschafteransprüche).
69 *Erman/Westermann*, § 399, Rn. 6; *Soergel/Zeiss*, § 399, Rn. 1; *Thomas/Putzo*, § 851, Rn. 2. Beispiele sind neben §§ 613 Satz 1, 664 Abs. 2 BGB auch §§ 473 Satz 1, 540 Abs. 1 Satz 1 BGB (Überlassungsanspruch des Mieters).
70 *BGB-MüKo/Roth*, § 399, Rn. 23; *Brox/Walker*, Rn. 521.
71 *MüKo/Smid*, § 851, Rn. 3; *Wieczorek/Schütze/Lüke*, § 851, Rn. 2. Dies gilt ebenso für §§ 765a, 850f Abs. 1, 850k ZPO.
72 Beispiele: Für den Steuerberater gemäß § 64 Abs. 2 Satz 2 StBerG: „*Die Abtretung von Gebührenforderungen oder die Übertragung ihrer Einziehung an einen nicht als*

Vorschriften richten sich an den Schweigepflichtigen, der seine Forderung gegen den Mandanten grundsätzlich nur an einen ebenfalls Schweigepflichtigen abtreten darf. Bei einem Verstoß führen diese Vorschriften gemäß § 134 BGB i.V.m. mit der jeweiligen Abtretungsbeschränkung bzw. § 203 Abs. 1 StGB zur Nichtigkeit der Abtretung[73]. Damit begründen diese Vorschriften Ausnahmefälle zur grundsätzlichen Übertragbarkeit von Forderungen. Die geschilderten Konstellationen sind gleichwohl Sonderfälle, denn Abtretungsverbote, die sich nur an bestimmte Personengruppen, wie hier schweigepflichtige Personen richten, werden von § 851 Abs. 1 ZPO nicht erfasst und führen nicht zu einer Unpfändbarkeit[74].

Zwar könnte man über eine Auslegung des Wortlautes des § 851 Abs. 1 ZPO „übertragbar" zu einem gegenteiligen Ergebnis gelangen, sind doch besagte Honorarforderungen angesichts der gesetzlichen Beschränkungen nicht wie andere Forderungen vollständig frei durch jeden Gläubiger übertragbar. Nach dem Grundsatz, dass die Unübertragbarkeit auch die Unpfändbarkeit zur Folge hat, müsste man zur Anwendung des § 851 Abs. 1 ZPO jedenfalls dann gelangen, wenn die gesetzlichen Voraussetzungen für eine Abtretung nicht gegeben sind[75].

Die herrschende Auffassung in der Rechtsprechung geht jedoch zu Recht einen anderen Weg. Dem *BGH* zufolge begründen die aus § 134 BGB hergeleiteten Abtretungsverbote normalerweise keine Unübertragbarkeit i.S.v. § 851 Abs. 1 ZPO[76]. Der *BGH* ist der Ansicht, § 851 Abs. 1 ZPO stelle allein darauf ab, ob eine Forderung als solche nicht übertragbar ist. Dies komme insbesondere in Betracht, wenn die Abtretung kraft Gesetzes schlechthin verboten ist oder wenn der Gläubigerwechsel den Inhalt der Leistung ändern würde (§ 399 Alternative 1 BGB). Hingegen genüge es für § 851 Abs. 1 ZPO nicht ohne weiteres, wenn eine Forderung nur dadurch beschränkt sei, dass lediglich bestimmten Gläubigern die Abtretung verboten oder diese nur unter bestimmten Voraussetzungen ge-

---

Steuerberater oder als Steuerbevollmächtigten zugelassenen Dritten ist unzulässig, es sei denn, die Forderung ist rechtskräftig festgestellt, ein erster Vollstreckungsversuch fruchtlos ausgefallen und der Steuerberater hat die ausdrückliche schriftliche Einwilligung des Auftraggebers eingeholt". Für einen Rechtsanwalt gilt ähnliches gemäß § 49b Abs. 4 Satz 2 BRAO.

73 Für § 203 Abs. 1 StGB als Verbotsgesetz: *OLG Stuttgart*, NJW 1994, S. 2838 (2839); *BGH*, NJW 1996, S. 775 f.; *Meller-Hanich*, KTS 2000, S. 49 f.; Für die jeweilige Abtretungsbeschränkung: *BGH*, MDR 1999, S. 826 ff.; Als Verbotsgesetz ist meines Erachtens allein die jeweilige Abtretungsbeschränkung heranzuziehen, weil sie gegenüber § 203 StGB die speziellere Vorschrift darstellt, vgl. auch *Diepold*, MDR 1995, S. 23 f., der nur § 49b BRAO als Verbotsgesetz diskutiert.

74 Umstritten, vgl. *Stöber*, Rn. 14a m.w.N.

75 So *Wieczorek/Schütze/Lüke*, § 851, Rn. 10 für den Fall, das die Voraussetzungen des § 49b Abs. 4 Satz 2 BRAO nicht erfüllt sind.

76 *BGH*, MDR 1999, S. 826 ff.

stattet werde. In derartigen Fällen könne erst eine Auslegung des beschränkenden Gesetzes ergeben, ob es sich zwingend auch gegen eine Pfändbarkeit richtet. Nach dieser Ansicht ist also die Frage der Pfändbarkeit eine Frage der Auslegung der jeweiligen Abtretungsbeschränkung.

In dem vom *BGH* entschiedenen Fall ging es um eine eingeschränkte Abtretungsbefugnis eines Steuerberaters gemäß § 64 Abs. 2 Satz 2 StBerG. Hier ergab die Gesetzesauslegung des *BGH*, dass die Pfändbarkeit nicht betroffen sei, da sich der Schutzzweck des § 64 Abs. 2 Satz 2 StBerG nicht gegen die Pfändbarkeit richte. Zur Begründung wurde angeführt, Pfändungsverbote wirkten sich sehr viel stärker aus als Abtretungsverbote, denn normalerweise sei kein Gläubiger gezwungen, seine Forderungen abzutreten (oder sie rechtsgeschäftlich zu verpfänden). Demgegenüber entziehe ein Pfändungsverbot unbeteiligten Gläubigern die Möglichkeit des Zugriffs auf die Forderungen, mit denen sie ihre gerichtlich anerkannten Anspruch durchsetzen könnten[77]. In seiner Auslegung des § 64 Abs. 2 Satz 2 StBerG wog der *BGH* das Befriedigungsinteresse des Vollstreckungsgläubigers gegen das Recht des Mandanten auf informationelle Selbstbestimmung ab. Er gewichtete das Zugriffsinteresse höher, was er damit erläuterte, ein Pfändungsverbot bezüglich des Einkommens durchbreche den Grundsatz, dass vor allem das Entgelt für eine laufende Erwerbstätigkeit des Schuldners zur Erfüllung seiner Verbindlichkeiten zur Verfügung stehen solle[78]. Eine Durchbrechung sei aus Gründen des Sozialstaatsprinzips nur gerechtfertigt, um die eigene Lebensgrundlage des Schuldners durch Pfändungsfreibeträge (§§ 850 ff ZPO) zu sichern. In weitergehendem Umfang sei eine solche Beschränkung des durch Art. 14 Abs. 1 GG geschützten Befriedigungsrechts der Gläubiger hingegen allenfalls zulässig, soweit sonstige, überwiegende Gründe dies zwingend erforderten. Der Staat, der selbst das Zwangsvollstreckungsmonopol ausübe, dürfe den davon betroffenen Gläubigern das Einkommen bestimmter Schuldnerkreise nicht generell als Haftungsgrundlage entziehen.

Der Entscheidung des *BGH* ist zuzustimmen. § 851 Abs. 1 ZPO erfasst zunächst solche Forderungen, die rechtlich nicht übertragen werden können, weil sie von vornherein nicht verkehrsfähig sind. § 134 BGB betrifft dagegen das rechtliche Dürfen; eine Forderung darf nicht abgetreten werden, wenn dadurch gegen ein Verbotsgesetz verstoßen würde. In solchen Fällen ist die Forderung grundsätzlich übertragbar, die fehlende Verkehrsfähigkeit „wohnt" ihr nicht von Natur aus inne. Zu weitgehend erscheint aber die Ansicht, die § 851 Abs. 1 ZPO auf Fälle des § 134 BGB gar nicht anwenden will[79]. Diese Auffassung verkennt,

---

77 *BGH*, MDR 1999, S. 826 f.
78 *BGH*, MDR 1999, S. 826 f.
79 So *OLG Stuttgart*, NJW 1994, S. 2838.

dass es Verbotsgesetze geben kann, die über die Unwirksamkeit der Abtretung hinaus auch auf die Wirksamkeit der Pfändung „durchschlagen" wollen. Es ist dem *BGH* darin zu folgen, diese Frage mittels einer Auslegung des Verbotsgesetzes, d.h. hier der Abtretungsbeschränkung zu klären. Kann ein entsprechender Wille des Gesetzes festgestellt werden und überwiegt dieser gegenüber dem Befriedigungsinteresse des Vollstreckungsgläubigers, findet § 851 Abs. 1 ZPO im Hinblick auf § 134 BGB Anwendung[80]. Bei den Honorarforderungen schweigepflichtiger Personen ist dies aus den aufgeführten Gründen nicht der Fall[81].

Der vom *BGH* vorgenommenen Auslegung des § 64 StBerG kann nicht entgegengebracht werden, sie führe zu einer unzulässigen Beeinträchtigung der geschützten Belange der Drittschuldner. Deren schützwürdige Belange verlangen keine Unpfändbarkeit von Honorarforderungen, denn ihre Interessen können im weiteren Vollstreckungsverfahren hinreichend gewahrt werden. Gefährdet sind die Belange insbesondere durch die aus der Pfändung und Überweisung folgenden Pflichten des Vollstreckungsschuldners (Schweigepflichtige Person) aus § 836 Abs. 3 ZPO (Auskunftspflicht und Pflicht zur Herausgabe von vorhandenen Urkunden über die Forderung)[82]. Die Pflichten des § 836 Abs. 3 ZPO lassen sich in den Fällen wie dem vorliegenden darauf beschränken, dass der Schuldner dem Gläubiger Auskunft über die Höhe seiner Forderung gibt[83].

bb) § 399 Alternative 1 BGB – Änderung des Leistungsinhalts

Eine Forderung ist weiterhin nicht abtretbar und gemäß § 412 BGB auch nicht im Wege der cessio legis übertragbar[84], wenn die Leistung an einen anderen als den ursprünglichen Gläubiger eine Veränderung des Leistungsinhaltes zufolge

---

80 Ebenso *BGH*, NJW 1996, S. 775; *Lackmann*, Rn. 355; *Baumann/Brehm*, § 11 II 2 a. Fraglich ist, ob neben § 134 BGB auch andere absolute Verfügungsverbote wie etwa §§ 1365, 1369 BGB zur „Unübertragbarkeit" gemäß § 851 Abs. 1 ZPO führen können (wenn es um eine Forderung oder ein anderes Vermögensrecht geht). *Hansen* bejaht im Hinblick auf § 1369 BGB eine Anwendbarkeit, S. 132 f (bezogen auf ein anderes Vermögensrecht). Dafür spricht, dass §§ 1365, 1369 BGB vorsehen, der Ehegatte dürfe „nur" mit Zustimmung des anderen verfügen. Das Gesetz geht grundsätzlich also von einer Unübertragbarkeit aus.

81 So auch *Stein/Jonas/Brehm*, 21. Auflage, § 851, Rn. 9.

82 Darüber hinaus für eingeschränkte Pflichten des Drittschuldners aus § 840 Abs. 1 ZPO: *Stöber*, Rn. 14a.

83 *Musielak/Becker*, § 851, Rn. 1; *Thomas/Putzo*, § 851, Rn. 2; Eine ähnliche Lage besteht bei Auskunftspflichten bei der Abgabe einer eidesstattlichen Versicherung gemäß § 807 ZPO, wo Name und Adresse des Schuldners sowie Höhe der Forderung nicht der Verschwiegenheitspflicht unterliegen, vgl. *Zöller/Stöber*, § 807, Rn. 24.

84 *Palandt/Heinrichs*, § 399, Rn. 3.

hätte. Auf Grund des besonderen Inhalts der Leistungspflicht handelt es sich in den Fällen des § 399 Alternative 1 BGB um eine Forderung, der die Eigenschaft der Verkehrfähigkeit fehlt[85]. Es ist also nicht das rechtliche Dürfen des Gläubigers eingeschränkt, sondern das rechtliche Können[86]. Im Gegensatz zu § 399 Alternative 2 BGB, in dem ein rechtsgeschäftliches, d.h. auf Parteivereinbarung beruhendes Abtretungsverbot normiert wird, enthält § 399 Alternative 1 BGB ein gesetzliches Verbot[87]. Praktisch relevant kann diese Abgrenzung vor allem in einem Prozess werden, da es ein Unterschied ist, ob die Partei das Vorliegen eines gesetzlichen Tatbestandes oder das Vorliegen einer dahingehenden Parteivereinbarung darlegen und notfalls beweisen muss[88]. Letzteres dürfte schwerer fallen, insbesondere dann, wenn keine ausdrückliche schriftliche Fixierung des Abtretungsverbots gegeben ist. Die Abgrenzung zwischen den beiden Alternativen wird sehr unterschiedlich in Rechtsprechung und Literatur vorgenommen[89]. Um bei der Einteilung mehr Rechtssicherheit zu schaffen, werden Fallgruppen gebildet, die den Begriff der Inhaltsänderung ausfüllen sollen[90]. Vorherrschend ist heute[91] eine Unterteilung in drei Fallgruppen, die allerdings ineinander übergehen[92] und sich auch überlagern können[93].

Unterteilt wird in:

- Höchstpersönliche Forderungen
- Natur des Anspruchs bzw. Schuldverhältnisses[94]
- Unselbständige Ansprüche

---

85 *RGZ* 86, S. 350 (352); 97, S. 76 (78); 136, S. 395 (399).

86 *BGHZ* 13, S. 179 (184); *RGRK-Weber*, § 399, Rn. 10.

87 Vgl. *Bamberger/Roth/Rohe*, § 399, Rn. 4; *Stein/Jonas/Brehm*, 21. Auflage, § 851, Rn. 26 (28).

88 So auch *Blaum*, S. 59 f.

89 Nachweise bei *Staudinger/Busche*, § 399, Rn. 38.

90 *Staudinger/Busche*, Einl. zu §§ 398 ff., Rn. 47, § 399, Rn. 4; *BGB-MüKo/Roth*, § 399, Übersicht vor Rn. 1; *Palandt/Heinrichs*, § 399, Rn. 4-7, der statt von Natur des Anspruchs von „Inhalt der Leistung" spricht.

91 Ohne Unterteilung einzig unter Berufung auf die „Natur der Forderung" noch *Enneccerus/Kipp/Wolff*, § 302 III 1.

92 *Staudinger/Busche*, § 399, Rn. 4.

93 Vgl. *Palandt/Heinrichs*, § 399, Rn. 6.

94 Der Begriff des Schuldverhältnisses wird im BGB entweder im engeren oder weiteren Sinne verstanden. Schuldverhältnis im engeren Sinne ist gleichbedeutend mit der einzelnen Forderung, während Schuldverhältnis im weiteren Sinne die Gesamtheit der Rechtsbeziehungen zwischen Gläubiger und Schuldner bezeichnet, vgl. *BGHZ* 10, S. 395. Mit dem im folgenden genutzten Begriff „Schuldverhältnis" ist das im weiteren Sinn gemeint.

(1) Höchstpersönliche Forderungen

Grundsätzlich gehen die §§ 398 ff. BGB davon aus, dass Forderungen objektive, von ihren Trägern unabhängige Gebilde sind und die Verschiedenheit der Individualität des Gläubigers dem Drittschuldner zuzumuten ist[95]. Daher begründen die ursprünglichen Personen normalerweise keine Individualisierungsmerkmale einer Forderung. Eine Ausnahme sind höchstpersönliche Forderungen. Bei höchstpersönlichen Forderungen ist das Rechtsverhältnis wesentlich durch die Personen, vor allem der Person des Vollstreckungsschuldners, d.h. des Gläubigers der Forderung, bestimmt[96]. Hier kann es aus schutzwürdigen Interessen des Drittschuldners von maßgeblicher Bedeutung sein, an wen er die Leistung zu erbringen hat. Die Leistung an einen anderen Gläubiger würde sich als Änderung des Leistungsinhalts darstellen, denn die Person des Gläubigers wird als Bestandteil der geschuldeten Leistung gewertet[97]. Eine Abtretung der Forderung ist deshalb grundsätzlich ausgeschlossen[98]. Die Anknüpfung an die Personen kann verschiedene Facetten besitzen, die allesamt zu einer Höchstpersönlichkeit des Anspruchs führen[99]:

Zunächst kann die geschuldete Leistung eine natürliche Handlung sein, die an einen anderen Gläubiger nicht in gleicher Weise bewirkt werden kann. Deutlich wird dies im Fall einer Operation[100]. Für den Arzt als Schuldner der Operationsleistung ist die Person des Patienten von wesentlicher Bedeutung. Es würde eine Änderung seiner Leistungspflicht bedeuten, wenn er statt des ursprünglichen Patienten eine andere Person operieren müsste, an die der Anspruch auf die Operation abgetreten wurde[101].

Daneben kann sich die Höchstpersönlichkeit der Leistung zu bejahen sein, wenn zwar die natürliche Handlung gleich bleibt, aber die Bedeutung der Leistungshandlung für den Schuldner geändert wird[102]. Dadurch wird berücksichtigt, dass jeder Vertrag auch ein persönliches Vertrauensverhältnis mit sich bringen und deshalb die Persönlichkeit des Gläubigers von essentieller Bedeutung für den Schuldner sein kann[103]. So kann der Anspruch gegen eine Bank auf Darlehensgewährung in der Regel nicht abgetreten werden, weil für die Gewäh-

95 *Blaum*, S. 61.
96 *BGH*, NJW 1972, S. 2036.
97 *Bamberger/Roth/Rohe*, § 399, Rn. 4.
98 *BGB-MüKo/Roth*, § 399, Rn. 23.
99 Vgl. *Staudinger/Busche*, § 399, Rn. 5.
100 Vgl. *Staudinger/Busche*, § 399, Rn. 7 und *BGB-MüKo/Roth*, § 399, Rn. 24.
101 *Staudinger/Busche*, § 399, Rn. 7.
102 *BGB-Jauernig/Stürner*, § 400, Rn. 1.
103 Vgl. *Bamberger/Roth/Rohe*, § 399, Rn. 5.

rung des Darlehens die Person des Darlehensnehmers und seine wirtschaftliche Stellung ausschlaggebend sind[104]. Bei einer Schenkung ist der Anspruch des Beschenkten auf die Zuwendung nicht übertragbar, denn die Entscheidung des Schenkers hängt gewöhnlich in hohem Maße von der Person des Beschenkten ab, weil man zu dieser Person ein besonderes persönliches Verhältnis hat. Die Abtretung an eine andere Person würde sich daher als Änderung des Leistungsinhalts darstellen[105].

Im Ergebnis liegt allen diesen Fällen die Ansicht zugrunde, dass der Schuldner der Forderung schützenswerte Interessen hat, die höher zu gewichten sind, als die des Forderungsgläubigers und die dem entsprechend einen Ausschluss der Forderungsübertragung nach sich ziehen[106]. Der Bindung an eine bestimmte Person bzw. der besonderen Bedeutung, die die Person des Forderungsgläubigers für den Forderungsschuldner hat, wird Vorrang vor der freien Verfügungsbefugnis des Forderungsgläubigers gewährt.

(2) Natur des Anspruchs bzw. des Schuldverhältnisses

Eine weitere Fallgruppe sind Forderungen, bei denen es auf Grund ihrer besonderen Natur bzw. auf Grund der Natur des Schuldverhältnisses ausschlaggebend ist, an wen die Leistung erbracht wird[107]. Anknüpfungspunkt ist hier der sachliche Gegenstand des Schuldverhältnisses, aus dem sich das schutzwürdige Interesse des Schuldners an der Beibehaltung des bisherigen Gläubigers ableitet[108]. Infolgedessen ist eine Übertragung der Forderungen ausgeschlossen, wenn der Schuldner ihr nicht zustimmt[109]. In Abgrenzung zu der ersten Gruppe der höchstpersönlichen Forderungen führt hier ein Gläubigerwechsel nicht notwendig zu einer Inhaltsänderung. Vielmehr wird die besondere „Prägung" des rechtlichen Verhältnisses Inhalt der geschuldeten Leistung.

Ein Beispiel sind Freistellungsansprüche[110]. Ein Arbeitnehmer, der in Ausführung einer betrieblich veranlassten Tätigkeit einen Dritten leicht fahrlässig schädigt, kann nach den Grundsätzen des innerbetrieblichen Schadensausgleichs vom Arbeitgeber Freistellung von der Schadensersatzforderung des Dritten ver-

104 *Soergel/Zeiss*, § 399, Rn. 1 unter Hinweis auf *RGZ* 66, S. 359 ff.
105 *Staudinger/Busche*, § 399, Rn. 13.
106 Ebenso *BGB-MüKo/Roth*, § 399, Rn. 8.
107 Ebenso *Staudinger/Busche*, § 399, Rn. 4.
108 *BGH*, NJW 1986, S. 713 (714).
109 *Larenz*, § 34 II 2.
110 *Palandt/Heinrichs*, § 257, Rn. 1; *BGB-MüKo/Roth*, § 399, Rn. 15; *Staudinger/Busche*, § 399, Rn. 37.

langen[111]. Dieser Freistellungsanspruch kann außer an den geschädigten Dritten nicht abgetreten werden[112]. Grund ist die besondere Natur des Schuldverhältnisses, die aus den speziellen Regelungen des Arbeitsverhältnisses folgt. Der Arbeitgeber hat sich darauf einzustellen, dass er unter Umständen seinen Arbeitnehmer gegenüber einem durch betriebliche Tätigkeit geschädigten Dritten freistellen muss. Es ist ihm aber nicht zuzumuten, dass diese Pflicht aus dem Schuldverhältnis mit dem Arbeitnehmer abgetrennt und auf einen beliebigen Dritten übertragen wird. Die Natur des gegenseitigen Schuldverhältnisses verhindert, dass die Forderung an jeden beliebigen Dritten abgetreten werden kann. Erlaubt ist die Abtretung nur dann, wenn der Zessionar zugleich Gläubiger der zu tilgenden Schuld ist. Zwar wandelt sich hier der Freistellungsanspruch in einen Zahlungsanspruch des Dritten um. Da der Dritte als Gläubiger aber im Ergebnis sowieso die Zahlung vom Schuldner erhalten hätte, ist in dieser Konstellation die Abtretung zulässig, weil keine schutzwürdigen Interessen des Arbeitgebers verletzt werden[113].

(3) Unselbständige Ansprüche

Schließlich können manche Ansprüche auf Grund ihrer Akzessorietät nicht selbständig übertragen werden[114]. Das gilt etwa für eine Bürgschaftsforderung, die nicht allein, sondern nur zusammen mit der gesicherten Hauptforderung abgetreten werden kann (§ 401 BGB). Weitere Beispiele sind die Hypothek (§ 1153 Abs. 2 BGB) und das Pfandrecht (§ 1250 Abs. 1 Satz 2 BGB). Allerdings ist bei akzessorischen Sicherungsmitteln der Ausschluss der selbständigen Übertragbarkeit nur der Grundsatz. In Ausnahmefällen ist auch bei solchen Forderungen eine isolierte Übertragung möglich[115]. Die fehlende Übertragbarkeit gilt weiterhin auch für Ansprüche, die ihre Unselbständigkeit nicht auf Grund Akzessorietät, sondern durch ihren „Hilfscharakter" erhalten wie etwa Auskunftsansprüche, Ansprüche auf Rechnungslegung oder auf Vorlegung einer Sache[116]. Von den unselbständigen Ansprüchen abzugrenzen sind die selbständigen und damit al-

111 Siehe zu den näheren Voraussetzungen des innerbetrieblichen Schadensausgleichs *Dütz*, Arbeitsrecht, Rn. 198 ff.

112 *BGH*, NJW 1975, S. 687 f.

113 Ständige Rspr.: *BGHZ* 41, S. 203 (205); 35, S. 317 (325); 23, S. 17 (22); 12, S. 136 (141). Im Ausgangsfall wäre es folglich zulässig, dass der Arbeitgeber den Freistellungsanspruch an den geschädigten Dritten abtritt.

114 *Soergel/Zeiss*, § 399, Rn. 3.

115 Zu Ausnahmefällen bei Hypothek und Bürgschaft siehe *Staudinger/Busche*, § 399, Rn. 23. § 1138 BGB eröffnet etwa die Möglichkeit einer sog. „forderungsentkleideten Hypothek". Dazu *Wolf*, Rn. 725.

116 *Larenz*, § 34 II 3.

lein übertragbaren (Neben)Ansprüche aus einem Schuldverhältnis. Beispiele sind hier Zins-, Kautions- und Vertragsstrafenansprüche, deren Abtretung nicht durch § 399 Alternative 1 BGB ausgeschlossen ist[117].

cc) § 399 Alternative 2 BGB – Vertraglicher Ausschluss

Eine Abtretung kann nach § 399 Alternative 2 BGB im Wege einer Vereinbarung zwischen Forderungsgläubiger und Forderungsschuldner (Sog. *pactum de non cedendo*) ausgeschlossen werden[118]. Auch diese Alternative dient dem Schutz des Forderungsschuldners, dem der Eintritt eines neuen Gläubigers unangenehm oder zumindest lästig sein kann[119]. Die Vereinbarung muss zwingend im Verhältnis Forderungsgläubiger – Forderungsschuldner erfolgen, eine Vereinbarung zwischen Forderungsschuldner und einem Dritten hat keine Auswirkungen auf die Abtretbarkeit[120]. Von § 399 Alternative 2 BGB erfasst ist auch die Vereinbarung einer eingeschränkten Abtretbarkeit[121].

Umstritten sind die Rechtswirkungen der Parteivereinbarung gemäß § 399 Alternative 2 BGB im Falle einer abredewidrigen Abtretung. Einer Mindermeinung zufolge ergibt sich aus dem Verstoß gegen das Abtretungsverbot nur eine relative Unwirksamkeit gemäß § 135 BGB (analog), d.h. die Abtretung ist allein dem Schuldner der Forderung gegenüber unwirksam[122]. Die Annahme einer relativen Abtretbarkeit soll dazu führen, einen angemessenen Interessenausgleich zwischen Forderungsschuldner, Zedent und Zessionar sowie den weiteren, konkurrierenden Gläubigergruppen zu gewährleisten, da die Forderung nicht völlig dem Rechtsverkehr entzogen werde[123].

Die herrschende Meinung dagegen bejaht eine absolute, gegenüber jedermann geltende Unwirksamkeit[124].

---

117 *Bamberger/Roth/Rohe*, § 399, Rn. 9; § 401, Rn. 9.

118 Ausführlich zu dieser Variante *Blaum*, S. 30 ff.

119 *RGZ* 136, S. 395 (399); *Larenz*, § 34 II 1; *Soergel/Zeiss*, § 399, Rn. 8; *E. Wagner*, S. 321: „dient ausschließlich dem individuellen Interesse des Schuldners daran, von einem Gläubigerwechsel verschont zu bleiben".

120 Vgl. Wortlaut des § 399 Alternative 2 BGB; *Liebs*, AcP 1975, S. 1 (26).

121 Etwa die Vereinbarung eines Zustimmungserfordernisses. Vgl. *RGZ* 136, S. 395 (399); *BGHZ* 27, S. 306 (307); *Stöber*, Rn. 14a; *BGB-MüKo/Roth*, § 399, Rn. 33.

122 In neuerer Zeit wird diese Auffassung etwa durch *Bruns* vertreten, WM 2000, S. 505 (506). Hinweise auf weitere Vertreter finden sich bei *Hadding/van Look*, WM 1988, Sonderbeilage Nr. 7, Fn. 6 a.E. und Fn. 114; Differenzierend *RGRK-Weber*, § 399, Rn. 8 ff.

123 *Hadding/van Look*, WM 1988, Sonderbeilage Nr. 7, S. 13 f.

124 *RGZ* 136, S. 395 (399); *BGHZ* 40, S. 156 (160); *BGHZ* 56, S. 173 (176); *BGHZ* 70, S. 299 (301); *Soergel/Zeiss*, § 399, Rn. 8; *Blaum*, S. 100 ff.

Dieser Meinungsstreit beeinflusst die Pfändbarkeit einer Forderung, für die ein Abtretungsverbot vereinbart wurde. § 851 Abs. 1 ZPO findet auf relative Veräußerungsverbote gemäß § 135 BGB keine Anwendung, denn in diesen Fällen ist die Forderung nicht „unübertragbar“[125]. Das ergibt sich zum einen aus dem Wesen der relativen Unwirksamkeit, wonach die Forderung für jeden übertragbar ist und nur der Übergang der Forderungsinhaberschaft gegenüber dem Verbotsgeschützten nicht gilt. Ebenso zeigt die gesetzliche Wertung in § 772 ZPO, dass nicht § 851 Abs. 1 ZPO eingreifen soll, sondern die Pfändung als wirksam anzusehen ist[126] und der durch das relative Veräußerungsverbot Geschützte auf die Möglichkeit verwiesen wird, Drittwiderspruchsklage zu erheben.

Die Annahme einer nur relativ wirkenden Unwirksamkeit ist jedoch abzulehnen. Eine relative Unwirksamkeit bringt für die Verkehrsfähigkeit der Forderung keinen entscheidenden Vorteil, weil im Konfliktfall der Schutz des Forderungsschuldners immer die Oberhand vor den Interessen der anderen Gläubiger behält[127]. Für eine absolute Unwirksamkeit spricht zudem der Wortlaut von § 399 Alternative 2 BGB, der keine Einschränkung der Unwirksamkeit vorsieht, sondern davon spricht, dass eine Forderung bei vereinbarten Abtretungsausschluss generell nicht abgetreten werden „kann“. Bei § 400 BGB, dessen Wortlaut ebenfalls vorsieht, dass die Forderung nicht abgetreten werden „kann“, wird auch auf eine absolute Unwirksamkeit geschlossen[128]. Gegen eine relatives Veräußerungsverbot sind ferner die §§ 135, 136 BGB anzuführen, die nur bei gesetzlichen sowie behördlichen Veräußerungsverboten Anwendung finden. Um die Normen analog auf einen rechtsgeschäftlichen Abtretungsausschluss anwenden zu können, bedürfte es einer planwidrigen Regelungslücke, gegen die die Existenz des § 137 BGB spricht, der rechtsgeschäftliche Veräußerungsverbote erfasst. Insofern ist der Weg einer Analogie zu § 135 BGB verfehlt.

Die Lösung ist im Verhältnis § 137 BGB zu § 399 Alternative 2 BGB zu suchen. § 137 Satz 1 BGB verbietet es zum Zwecke der Sicherheit im Rechtsverkehr, die freie Verfügungsbefugnis über veräußerliche Rechte zu beschränken[129]. § 399 Alternative 2 BGB ermächtigt die Parteien, einer Forderung die ihr normalerweise anhaftende Eigenschaft der Übertragbarkeit zu entziehen[130]. Ein Abtretungsausschluss verpflichtet den Gläubiger also nicht wie bei einem relativen Veräußerungsverbot die Abtretung zu unterlassen, sondern sie entzieht die

125 *Baumann/Brehm*, § 11 II 2 a, S. 172.
126 *Thomas/Putzo*, § 772, Rn. 3.
127 Dies nimmt auch *Bruns* an, WM 2000, S. 505 (506).
128 *Bamberger/Roth/Rohe*, § 400, Rn. 9.
129 *Soergel/Hefermehl*, § 137, Rn. 1; Ausführlich *Liebs*, AcP 175 (1975), S. 1 ff.
130 Vgl. *RGZ* 136, S. 395 (398 f.).

Forderung komplett dem Rechtsverkehr, indem sie ihre „Veräußerlichkeit" im Sinne von § 137 Satz 1 BGB beseitigt[131]. Mit anderen Worten: Folge des Abtretungsausschlusses ist die Nichtverschiebbarkeit der Forderung[132]. § 399 Alternative 2 BGB eröffnet den Parteien damit die Möglichkeit, § 137 Satz 1 BGB zu umgehen, die Vorschrift stellt eine gesetzlich zugelassene Inhaltsbestimmung einer Forderung dar[133]. Deshalb wirkt der Abtretungsausschluss in § 399 Alternative 2 BGB mit dinglicher Wirkung gegenüber jedermann[134].

In der Regel muss die Vereinbarung über den Ausschluss der Abtretbarkeit ausdrücklich geschehen[135], kann aber bei entsprechender Auslegungsmöglichkeit auch stillschweigend erfolgen[136]. Bei einem stillschweigenden (konkludenten) Abtretungsausschluss ergibt sich jedoch ein Abgrenzungsproblem zu § 399 Alternative 1 BGB, denn die Argumente, die für einen besonderen Leistungsinhalt sprechen, können oftmals aus Umständen resultieren, nach denen man auch einen stillschweigenden Abtretungsausschluss annehmen kann. So könnte im oben erwähnten Beispiel der Abtretung eines Operationsanspruchs ebenso ein stillschweigendes Abtretungsverbot zwischen Arzt und ursprünglichen Patient vorliegen. In solchen Zweifelsfällen ist § 399 Alternative 2 BGB Vorrang einzuräumen, weil der Wille der Parteien, eine Forderung als unabtretbar zu gestalten, primär zu beachten ist[137]. Diese Auffassung findet im Gesetz selbst Niederschlag, denn durch Auslegungsregeln wie in §§ 613 Satz 2, 664 Abs. 2 BGB wird deutlich, dass es für die Frage der Übertragbarkeit bei Forderungen in erster Linie auf den Parteiwillen ankommen soll[138]. Ist eine stillschweigende Vereinba-

---

131 Da der Abtretungsausschluss meist im Interesse des Schuldners vereinbart wird, kann dieser einer abredewidrigen Abtretung dennoch Geltung verschaffen, indem er ihr zustimmt, vgl. dazu *Hadding/van Look*, WM 1988, Sonderbeilage Nr. 7, S. 13 f.

132 *Nörr/Scheyhing*, § 3 IV.

133 Vgl. *Soergel/Hefermehl*, § 137, Rn. 6; Gleichwohl besteht insofern kein Abgrenzungsproblem zu § 399 Alternative 1 BGB (so zu Unrecht *Hadding/van Look*, WM 1988, Sonderbeilage Nr. 7, S. 13.), weil die Gefahr einer Inhaltsänderung überhaupt nicht mehr droht, wenn ein Abtretungsausschluss vorliegt. Grund: Die Forderung kann nicht abgetreten werden, somit kann sich auch ihr Inhalt nicht durch Abtretung ändern.

134 *BGH*, NJW 1964, S. 243 f. und NJW 1991, S. 559 f.; *BGB-MüKo/Roth*, § 399, Rn. 36; *Larenz*, § 34 II 1; *Soergel/Zeiss*, § 399, Rn. 8.

135 *BGHZ* 23, S. 53 (54).

136 *BGH*, WM 1972, S. 683; *BGB-Jauernig/Stürner*, § 400, Rn. 6; *Nörr/Scheyhing*, § 3 III 1, der bei der Annahme stillschweigender Abreden zu „äußerster Zurückhaltung" mahnt; *Palandt/Heinrichs*, § 399, Rn. 8.

137 *RGRK-Weber*, § 399, Rn. 19.

138 *RGRK-Weber*, § 399, Rn. 19. Angesichts dieser gesetzlichen Wertung ist die Ansicht *Scheyhings* (*Nörr/Scheyhing*, § 3 III 5 a.), man sollte beide Alternativen gleichwertig heranziehen, abzulehnen. Diese Auffassung verkennt zudem, dass die

rung über die Abtretbarkeit gegeben, findet mithin nur § 399 Alternative 2 BGB Anwendung.

Einschränkungen erfährt das pactum de non cedendo neben den allgemeinen Bestimmungen über die Kontrolle von Allgemeinen Geschäftsbedingungen (§§ 305 ff. BGB) und der Sittenwidrigkeit (§ 138 BGB)[139] vor allem durch § 354a Satz 1 HGB[140]. Diese Vorschrift greift ein, wenn ein beiderseitiges Handelsgeschäft gegeben ist und eine Geldforderung vorliegt. Ein vertragliches Abtretungsverbot führt in diesen Fällen ausnahmsweise nicht zur Unwirksamkeit der Abtretung. § 354a HGB – in Kraft seit dem 30. Juli 1994[141] – bezweckt, den Spielraum von kleineren und mittleren Unternehmen, sich durch Forderungsabtretung zu refinanzieren, zu vergrößern[142].

4. Zusammenfassung zu § 851 Abs. 1 ZPO

Folgende Kernaussagen sind im Hinblick auf die generelle Funktionsweise des § 851 Abs. 1 ZPO relevant:

- Unübertragbare Forderungen sind in Abwesenheit von Spezialregelungen unpfändbar. Die Frage der Übertragbarkeit ist materiell-rechtlicher Natur.
- Die Unübertragbarkeit beruht häufig auf dem Interesse des Drittschuldners, vor einem Gläubigerwechsel verschont zu bleiben.
- Wichtige Ausnahmen vom Grundsatz der freien Übertragbarkeit sind im Rahmen dieser Arbeit § 134 BGB i.V.m. einem Verbotsgesetz und § 399 BGB.
    - ➢ § 134 BGB führt zur Unübertragbarkeit einer Forderung i.S.v. § 851 Abs. 1 ZPO, wenn ein Verstoß gegen das Verbotsgesetz auch Auswirkungen auf die Pfändbarkeit der Forderung haben soll. Festzustellen ist dies im Wege der Gesetzesauslegung, bei der das Befriedigungsinteresse des Gläubigers gegen das durch das Verbotsgesetz geschützte Interesse abzuwägen ist.

Rechtsfolgen der beiden Alternativen im Hinblick auf § 851 Abs. 2 ZPO unterschiedlich sind, vgl. § 2 A II 2 und 5.

139 Eingehend zu beiden vorherigen Punkten *Hadding/van Look*, WM 1988, Sonderbeilage Nr. 7.

140 Dazu im Einzelnen *Ebenroth/Boujong/Joost*, § 354a; Einen aktuellen Überblick mit rechtsvergleichenden Hinweisen gibt *Bruns*, WM 2000, S. 505 ff.; Zu § 354 Satz 1 HGB im Hinblick auf vertraglich zweckgebundene Forderungen siehe unten § 2 B IV 2 b dd (2).

141 Für weitere Hinweise zur Entstehungsgeschichte siehe *Staudinger/Busche*, § 399, Rn. 69 ff.

142 *Staudinger/Busche*, § 399, Rn. 69.

- § 399 BGB entzieht einer Forderung die Eigenschaft, übertragen zu werden. § 399 Alternative 1 BGB tut dies als gesetzlicher Abtretungsausschluss bei Gefahr einer Inhaltsänderung. Fallgruppen konkretisieren den Begriff des Leistungsinhalts. § 399 Alternative 2 BGB ist ein vertraglicher Abtretungsausschluss bzw. eine Abtretungsbeschränkung, bei der die Parteien selbst die Frage der Übertragbarkeit entscheiden. Ein Verstoß gegen die Vereinbarung führt zur absoluten Unwirksamkeit der Abtretung. Im gegenseitigen Handelsverkehr schränkt § 354a HGB schränkt die ausschließende Wirkung jedoch wieder ein.

II. § 851 Abs. 2 ZPO – Pfändung in den Fällen des § 399 BGB

1. Durchbrechung des Gleichlaufgrundsatzes

Bisher dargestellt wurde der Gleichlaufgrundsatz in § 851 Abs. 1 ZPO. Die Ausnahmevorschrift des § 851 Abs. 2 ZPO durchbricht den Gleichlauf zwischen Unübertragbarkeit und Unpfändbarkeit, indem unter gewissen Voraussetzungen die Pfändung einer nicht übertragbaren Forderung erlaubt wird. Soweit der „geschuldete Gegenstand der Pfändung unterworfen ist“, d.h. soweit der Leistungsgegenstand pfändungstauglich ist, kann vollstreckt werden. Die Norm erlaubt zwar die Pfändung, lässt aber die Wirksamkeit eines Abtretungsausschlusses unberührt[143], denn das Gesetz lässt lediglich eine Überweisung zur Einziehung zu. Eine Überweisung an Zahlungs Statt hätte Abtretungswirkung und würde den wirksamen Abtretungsausschluss im Wege der Forderungspfändung aushebeln[144]. Im Ergebnis bewirkt § 851 Abs. 2 ZPO demnach, dass es Vollstreckungs- und Drittschuldner grundsätzlich in der Hand haben, die Abtretung der Forderung auszuschließen, aber nicht deren Pfändbarkeit.

2. Reichweite des Verweises auf § 399 BGB in § 851 Abs. 2 ZPO

§ 851 Abs. 2 ZPO durchbricht den Gleichlaufgrundsatz, um die Missbrauchsgefahr abzuwehren, die bestehen würde, wenn es dem Vollstreckungsschuldner durch einfache vertragliche Abrede mit dem Drittschuldner möglich wäre, die Forderung dem Zugriff des Vollstreckungsgläubigers zu entziehen[145]. Der Sinn

143 *Hillebrand*, RPfl 1986, S. 464 (465); *Zöller/Stöber*, § 851, Rn. 7.
144 *Zöller/Stöber*, § 851, Rn. 7; *Gottwald*, § 851, Rn. 7.
145 *Gottwald*, § 851, Rn. 2; *BGH* RPfl 1978, S. 247 und 248; *BGHZ* 95, S. 99 (102); *Zöller/Stöber*, § 851, Rn. 3.

und Zweck der Norm ist daher bereits prima vista allein auf § 399 Alternative 2 BGB zugeschnitten. Angesichts des weit gefassten Wortlauts des § 851 Abs. 2 ZPO, der beide Alternativen des § 399 BGB erfasst, herrscht in Rechtsprechung und Literatur aber Uneinigkeit über die Reichweite des Verweises in § 851 Abs. 2 ZPO. Kein Streit herrscht darüber, dass auf § 399 Alternative 2 BGB verwiesen wird, denn bei vertraglichen Abtretungsausschlüssen droht regelmäßig die Gefahr eines missbräuchlichen Entzugs von Schuldnervermögen[146]. Der Streit dreht sich allein um die Frage, ob auch § 399 Alternative 1 BGB unter § 851 Abs. 2 ZPO zu fassen ist.

a) § 399 Alternative 1 BGB ist erfasst

Nach einer Meinung unterfallen § 851 Abs. 1 ZPO auch Ansprüche, deren Leistungsinhalt durch eine Übertragung verändert würde[147]. *Förster/Kann* führen dazu einschränkend aus, dass diese Kategorie „vollstreckungsrechtlich keine Rolle spiele, weil es sich hier durchweg um Forderungen handele, die schon ihrer Natur nach unübertragbar seien und die mithin auch dann nicht gepfändet werden könnten, wenn ihr Gegenstand der Pfändung unterworfen sei“[148]. Auch *Smid* und *Lüke* gelangen in den Fällen des § 399 Alternative 1 BGB regelmäßig zu einer Nichtpfändbarkeit[149].

b) § 399 Alternative 1 BGB ist nicht erfasst

Die überwiegend vertretene Ansicht spricht sich für den Ausschluss des § 399 Alternative 1 aus[150]. Demzufolge sind die Fälle des § 399 Alternative 1 BGB ab-

---

146 *Blomeyer*, § 54 I 3 a.

147 *Thomas/Putzo*, § 851, Rn. 4; *Förster/Kann*, § 851, 4; *MüKo/Smid*, § 851 ZPO, Rn. 11; *Seuffert/Walsmann*, § 851, 2; *Enneccerus/Kipp/Wolff*, § 302 III 4, Rn. 20; *Wieczorek/Schütze/Lüke*, § 851, Rn. 35.

148 *Förster/Kann*, § 851, 4.

149 *MüKo/Smid*, § 851, Rn. 11; *Wieczorek/Schütze/Lüke*, § 851, Rn. 35: „Rein tatsächlich verbleibt für § 399 Alternative 1 BGB kein Spielraum“; *Stein/Jonas/Brehm*, 21. Auflage, § 851, Rn. 28, will nur in Ausnahmefällen „den Bereich der Inhaltsänderung“ miteinbeziehen.

150 *BGH* RPfl 1978, S. 248 (249); *Lwowski/Weber*, ZIP 1980, S. 611; *Musielak/Becker*, § 851, Rn. 8; *Rosenberg/Gaul/Schilken*, § 54 I 1 b cc; *Leonhard*, § 338; Mit ausführlicher Begründung *Stein*, 6./7. Auflage, § 851, III; *Wieczorek/Schütze/Lüke*, § 851, Rn. 3; *Schuschke*, § 851, Rn. 9; *Brox/Walker*, Rn. 524 sowie *Petersen*, § 851, 2 und *Zawar*, JW 1938, S. 432 (437); *Staudinger/Gursky*, § 394, Rn. 42; Zweifelnd *Blomeyer*, § 54 I 3 b; Wohl auch *Stöber*, der ohne ausdrückliche Ablehnung des § 399 Alt. 1 BGB nur eine „die Abtretung ausschließende Vereinbarung“ als Fall des § 851 Abs. 2 ZPO bespricht, Rn. 15.

schließend in § 851 Abs. 1 ZPO geregelt. Diese Behauptung wird zum einen mit der Entstehungsgeschichte des § 851 Abs. 2 ZPO, zum anderen mit dem Sinn der Norm begründet, der nicht auf die Fälle des § 399 Alternative 1 BGB passe[151].

c) Stellungnahme

Für die Erfassung von § 399 Alternative 1 BGB spricht zwar der uneingeschränkte Wortlaut des § 851 Abs. 2 ZPO. Bereits die Gesetzesgeschichte ist aber eher als Argument für die ausschließliche Anwendung auf § 399 Alternative 2 BGB aufzufassen. Unzutreffend ist es zwar, wenn behauptet wird, von § 399 Alternative 1 BGB sei in den Diskussionen um die Schaffung des § 851 Abs. 2 ZPO keine Rede mehr gewesen[152]. Richtig ist, dass § 399 Alternative 1 BGB im zweiten Entwurf sprachlich „gestrafft" wurde[153]. In zweiter Lesung wurde bei der Schaffung des § 851 Abs. 2 ZPO zu § 399 Alternative 1 BGB folgendes ausgeführt:

„Die Vorschrift des Entwurfs (gemeint: § 296 Abs. 2 BGB Entwurf I; Heutiger § 851 Abs. 1 ZPO) sei insofern einzuschränken, als die Pfändung in den Fällen des § 295 BGB Entwurf I (Heutiger § 399 Alternative 1 BGB) nicht unbedingt ausgeschlossen sein dürfe. Vielmehr müsse die Pfändung und die Ueberweisung zur Einziehung insoweit zulässig sein, als der Gegenstand der Leistung der Pfändung unterliege, z.B. bei einem Anspruche auf Bestellung eines Nießbrauchs. Diese Einschränkung der Regel (dass Unübertragbarkeit zur Unpfändbarkeit führt) gewinne erhöhte Bedeutung, nachdem zu § 295 BGB Entwurf I beschlossen sei, die Statthaftigkeit eines die Uebertragbarkeit der Forderung ausschließenden Vertrages anzuerkennen"[154]. Aus dieser Gesetzesbegründung wird deutlich, dass sich die Kommission sehr wohl noch § 399 Alternative 1 BGB gewahr war. Die Einschränkung des Grundsatzes „Unübertragbarkeit = Unpfändbarkeit sollte nur eine „erhöhte Bedeutung" durch die Zulassung eines vertraglichen Abtretungsverbots erhalten, so dass das vertragliche Abtretungsverbot nicht der einzige Grund für die Einführung des § 851 Abs. 2 ZPO war, sondern auch an § 399 Alternative 1 BGB gedacht wurde. Der zu weit gefasste Wortlaut des § 851 Abs. 2 ZPO deutet deshalb nicht auf ein Redaktionsversehen hin.

151 *Schuschke*, § 851, Rn. 9.
152 So *Blomeyer*, § 54 I 3 b, Fn. 34.
153 Protokolle, *Mugdan* II, S. 573.
154 Protokolle, *Mugdan* II, S. 574.

Bei Entstehung der Norm stand die Zulassung der Pfändung bei einem vereinbarten Abtretungsverbot jedoch klar im Vordergrund[155]. § 851 Abs. 2 ZPO entstand primär als „vollstreckungsrechtliche Konsequenz" aus der Zulässigkeit eines gegen Dritte wirkenden Abtretungsverbotes im zweiten Entwurf zum BGB[156]. Die Wirksamkeit eines vertraglichen Abtretungsverbots war in den Beratungen zum Erlass des BGB kontrovers diskutiert worden. Der erste Entwurf hatte die Frage eines pactum de non cedendo noch verneint (§ 295 Absatz 2 BGB Entwurf I)[157]. Zum einen wurde diese Auffassung damit begründet, die grundsätzliche Anerkennung der Verkehrsfähigkeit von Forderungen lasse eine (dingliche) Dispositionsbeschränkung mit Drittwirkung nicht zu. Auf der anderen Seite wurden auch die oben genannten, vollstreckungsrechtlichen Bedenken, nämlich die einfache Möglichkeit eines Vermögensentzuges durch den Schuldner, gegen das vertragliche Abtretungsverbot geltend gemacht[158]. Den Ausweg, „die Übertragung im Wege der Exekution", d.h. die Pfändung trotz wirksamen Abtretungsverbot für zulässig zu erklären, hielt man für nicht empfehlenswert[159]. Der zweite Entwurf brachte demgegenüber in seinem § 343 BGB Entwurf II die heute gültige Formulierung des § 399 BGB. Die Kommission gelangte hier zu der Ansicht, das Verkehrsinteresse sei durch ein pactum de non cedendo nicht gefährdet und einer missbräuchlichen Vereitelung des Gläubigerzugriffs könne man mit der Regelung des § 851 Abs. 2 ZPO begegnen[160].

Für eine Beschränkung von § 851 Abs. 2 ZPO auf die Fälle des § 399 Alternative 2 BGB spricht meines Erachtens entscheidend der Normzweck. Der Wortlaut ist nur ein Anhaltspunkt der Gesetzesauslegung und muss hier hinter dem Normzweck zurückstehen[161]. Der Sinn des § 851 Abs. 2 ZPO besteht allein darin, einen missbräuchlichen Entzug von Schuldnervermögen zu Lasten des Vollstreckungsgläubigers zu verhindern[162]. Dieser Gesetzeszweck trifft nur in den Fällen des § 399 Alternative 2 BGB zu[163]. Ohne § 851 Abs. 2 ZPO wäre der Schuldner frei, sein Vermögen durch vertraglichen Abtretungsausschluss „pfändungsfest" zu machen. Wenn dagegen eine Forderung auf Grund ihrer Höchst-

155 *Blomeyer*, § 54 I 3 b, Rn. 34.
156 Protokolle, *Mugdan* II, S. 573.
157 § 295 Absatz 2 BGB Entwurf I lautete: „Durch Rechtsgeschäft kann die Übertragbarkeit einer Forderung mit Wirkung gegen Dritte nicht ausgeschlossen werden".
158 Motive, *Mugdan* II, S. 67: „Eine solche Wirksamkeit würde zur Folge haben, daß die Forderung auch im Wege der Exekution nicht übertragbar wäre".
159 Motive, *Mugdan* II, S. 67.
160 Protokolle, *Mugdan* II, S. 573.
161 Vgl. zur Gewichtung einer teleologischen Reduktion gegenüber weiteren Auslegungsmethoden *Larenz/Canaris*, S. 210 f. m.w.N.; *Rüthers*, Rn. 903.
162 *BGHZ* 56, S. 228 (232).
163 Ebenso *Stein/Jonas/Brehm*, 21. Auflage, § 851, Rn. 28.

persönlichkeit oder kraft besonderer Natur des Schuldverhältnisses nicht übertragbar ist (§ 399 Alternative 1 BGB), so sind dies keine Umstände, die der Schuldner missbräuchlich nutzen und beeinflussen kann, um eine Unpfändbarkeit herbeizuführen. Der Inhalt einer geschuldeten Leistung ist entweder von vornherein seiner Eigenart nach an die Person des Gläubigers gebunden oder nicht. Mittels Vereinbarung können die den Leistungsinhalt bestimmenden Umstände nicht manipuliert werden. Man könnte zwar in Betracht ziehen, dass Vollstreckungsschuldner und Drittschuldner (ggf. nachträglich) vereinbaren, die Person des Vollstreckungsschuldners als wesentlichen Bestandteil der Leistungspflicht anzusehen. Doch daraus würde nicht die Unabtretbarkeit nach § 399 Alternative 1 BGB folgen. Eine solche Vereinbarung müsste als Abtretungsverbot ausgelegt werden (§§ 133, 157 BGB), da der erkennbare Parteiwille vorliegt, eine Übertragung der Forderung auszuschließen. Insofern läge wieder ein Fall des § 399 Alternative 2 BGB vor.

Mangels Missbrauchsgefahr bei § 399 Alternative 1 BGB ist § 851 Abs. 2 ZPO damit teleologisch auf die Fälle des § 399 Alternative 2 BGB zu reduzieren[164].

3. Anwendungsvoraussetzungen

Von § 851 Abs. 2 ZPO wird neben dem kompletten Abtretungsausschluss auch die Vereinbarung eines abgeschwächten Abtretungsausschlusses gemäß § 399 Alternative 2 BGB erfasst, wie beispielsweise die Zustimmung des Drittschuldners oder die Einhaltung besonderer Formalien als Wirksamkeitsvoraussetzung der Abtretung[165]. Unbeachtlich ist der Zeitpunkt der Vereinbarung des Abtretungsverbots; diese kann bereits bei der Begründung der Schuld oder erst nach ihrer Entstehung erfolgen[166].

Voraussetzung für die Pfändbarkeit ist neben dem wirksamen vertraglichen Abtretungsverbot die Pfändbarkeit des Leistungsgegenstandes selbst. Kann nämlich auf den Leistungsgegenstand nicht zugegriffen werden, dann besteht bereits für die Pfändung des auf diesen Gegenstand gerichteten Anspruchs kein

164 Ebenso *Zöller/Stöber*, § 851, Rn. 6; *Meller-Hanich*, KTS 2000, S. 37 (48 f.). Diese Lösung wird auch Fällen gerecht, in denen die Forderung gemäß § 399 Alternative 1 BGB unübertragbar und der Leistungsgegenstand nicht der Pfändung unterworfen ist, denn die hier vertretene Ansicht kommt dann bereits mangels Anwendung von § 851 Abs. 2 ZPO zum gleichen Ergebnis.

165 *Lüke*, JuS 1992, S. 114. m.w.N. zur Rechtsprechung; *Nörr/Scheyhing*, § 3 VI 4; *Stöber*, Rn. 15.

166 *Stöber*, Rn. 15. Zum nachträglichen Abtretungsverbot vgl. *BGH*, NJW 1964, S. 243.

Rechtsschutzbedürfnis. Die Missbrauchsgefahr rechtfertigt hier keine Durchbrechung des Gleichlaufgrundsatzes. Sofern die zu pfändende Forderung eine Sache zum Gegenstand hat (bei Geldforderungen das geleistete Geld), können die Pfändungsverbote aus § 811 ZPO eingreifen[167]. Geld fällt in der Regel nicht unter § 811 ZPO, so dass die Pfändbarkeit selten eingeschränkt ist. Anders kann bei Ansprüchen auf Herausgabe von beweglichen Sachen zu entscheiden sein (§§ 846, 847 ZPO). Fällt die herauszugebende Sache beim Schuldner in den Kreis der nach § 811 Abs. 1 ZPO unpfändbaren Sachen, so ist schon der Anspruch selbst unpfändbar, denn der durch § 811 Abs. 1 ZPO vermittelte Sozialschutz ist in jedem Stadium des Verfahrens, spätestens also vor der Verwertung zu beachten[168]. §§ 850 ff. ZPO greifen nur ein, wenn Leistungsgegenstand eine Forderung (oder ein anderes Vermögensrecht) ist[169].

Ist die Pfändung gemäß § 851 Abs. 2 ZPO zulässig, so haben es Schuldner und Drittschuldner nicht in der Hand, die Pfändungsmöglichkeit nachträglich zu vereiteln. Hat der Gläubiger auf die Forderung zugegriffen, so ist es ohne Belang, wenn das Abtretungsverbot nachträglich aufgehoben wird, denn die Aufhebung wirkt nicht ex tunc und lässt die Pfändung nicht wegen einer wirksam übertragenen Forderung leer laufen[170]. Bejaht wird allerdings die Möglichkeit, § 851 Abs. 2 ZPO dadurch zu umgehen, dass Vollstreckungsschuldner und Drittschuldner die zu pfändende Forderung unter der auflösenden Bedingung begründen, dass die Forderung für den Fall der Pfändung erlöschen soll[171]. Dem ist zuzustimmen, da die Entscheidung, dass die Forderung bei einer Pfändung gänzlich aufgegeben wird, dem Schuldner und Drittschuldner obliegen muss. Missbräuchlich für den Gläubiger wäre es allein, wenn weiter fortbestehendes Schuldnervermögen seinem Zugriff entzogen werden könnte.

4. Interessenabwägung im Rahmen von § 851 Abs. 2 ZPO?

Da der Zweck des § 851 Abs. 2 ZPO auf Abwehr eines missbräuchlichen Vermögensentzugs gerichtet ist, kann man überlegen, die Norm nicht anzuwenden,

---

167 *Thomas/Putzo*, § 851, Rn. 4; *Schuschke*, § 851, Rn. 10; a.A. *MüKo/Smid*, § 851, Rn. 11, wonach anscheinend bei Gefahr der Inhaltsänderung der Leistungsgegenstand nicht der Pfändung unterworfen sein soll. Bei gepfändeten Rechten ist § 857 ZPO zu beachten, *Thomas/Putzo*, § 857, Rn. 7.

168 *Bruns/Peters*, S. 194. m.w.N. § 851 Abs. 2 ZPO verdeutlicht insofern aber nur einen generell geltenden Grundsatz, der auch zu beachten ist, wenn die Forderung nicht durch § 399 Alternative 2 BGB unabtretbar ist.

169 *Zöller/Stöber*, § 851, Rn. 6; *Gottwald*, § 851, Rn. 7.

170 *Schuschke*, § 851, Rn. 11.

171 *RG*, HRR 1932, Nr. 562; *Stein/Jonas/Brehm*, 21. Auflage, § 851, Rn. 29; *BGB-MüKo/Roth*, § 400, Rn. 3; *Wieczorek/Schütze/Lüke*, § 851, Rn. 34.

wenn im Einzelfall die Interessen des Drittschuldners an der Vereinbarung eines Abtretungsausschlusses höher zu gewichten sind, als die Interessen des Gläubigers, denn in einer solchen Lage kann man ausgehend vom Gesetzeszweck nicht von Missbrauchsgefahr sprechen. § 851 Abs. 2 ZPO wird aber allgemein nicht im Sinne einer Billigkeitsnorm verstanden, die eine Abwägung zwischen den Interessen des Drittschuldners und denjenigen des Vollstreckungsgläubiges zulässt. Das bedeutet, § 851 Abs. 2 ZPO soll die Pfändung auch dann erlauben, wenn es einen sachlichen Grund für das Abtretungsverbot gibt[172]. So soll die Norm Anwendung finden, wenn etwa ein Lohnabtretungsverbot tarifvertraglich vereinbart ist, ein Abtretungsverbot in amtlich genehmigten Versicherungsbedingungen, in Vergabebedingungen der öffentlichen Hand oder in der Satzung einer Körperschaft des öffentlichen Rechts geregelt ist[173]. Entscheidend sei ausschließlich, dass das Abtretungsverbot nicht gesetzlich normiert, sondern durch Vereinbarung begründet wurde[174], da im Fall der gesetzlichen Unübertragbarkeit § 851 Abs. 1 ZPO eingreife und zur Unpfändbarkeit der Forderung führe. Soweit die weiteren Voraussetzungen des § 851 Abs. 2 ZPO erfüllt seien (pfändungstauglicher Leistungsgegenstand), könne der Vollstreckungsgläubiger pfänden, denn das Gesetz räume dem Gericht keine Möglichkeit ein, in Form einer Abwägung die Interessen des Drittschuldners doch höher als die des Vollstrekkungsgläubigers zu gewichten und die Pfändung somit auszuschließen[175].

Diese „starre" Anwendung von § 851 Abs. 2 ZPO muss sich entgegenhalten lassen, dass sie den ursprünglichen Normzweck unbeachtet lässt[176]. Der Sinn von § 851 Abs. 2 ZPO erschöpft sich in der Abwehr der durch § 851 Abs. 1 ZPO drohenden Gefahr missbräuchlicher Vereitelung der Zwangsvollstreckung[177]. Nicht jedes Abtretungsverbot muss aber auf einen missbräuchlichen Vermögensentzug zu Lasten der Pfändungsgläubiger hinauslaufen. Erstaunlicherweise bringen die Vertreter einer strikten Anwendung von § 851 Abs. 2 ZPO keine Argumente für ihre Auffassung, sondern verweisen auf eine *BGH*-Entscheidung, die

---

172 Vgl. *BGH*, RPfl 1978, S. 247; *Wieczorek/Schütze/Lüke*, § 851, Rn. 33, Fn. 109.

173 *Musielak/Becker*, § 851, Rn. 8; *Schuschke*, § 851, Rn. 8. m.w.N. zu den einzelnen Themen.

174 *Schuschke*, § 851, Rn. 8; *Gottwald*, § 851, Rn. 6.

175 *BGH* RPfl 1978, S. 247. Der *BGH* lehnte damit ausdrücklich die Ausführungen des Berufungsgerichts ab, dass im Wege der Auslegung des Abtretungsverbotes angenommen hatte, das Interesse der Drittschuldnerin, von einem Gläubigerwechsel verschont zu bleiben, überwiege die Interessen der Klägerin als Pfändungsgläubigerin bei weitem.

176 Dies räumt die überwiegende Ansicht selbst ein, vgl. *Schuschke*, § 851, Rn. 8.

177 So der *BGH* an anderer Stelle, *BGHZ* 56, S. 228 (232).

diesen rein formalen Charakter des § 851 Abs. 2 ZPO schlicht behauptet hat[178]. Die pauschale Anwendung des § 851 Abs. 2 ZPO auf sämtliche Abtretungsvereinbarungen lässt sich nur mit dem Argument der Rechtssicherheit begründen. Die Prüfung, ob sachliche Gründe für das Abtretungsverbot vorliegen und diese Gründe gegenüber dem Befriedigungsinteresse des Gläubigers überwiegen, würde grundsätzlich einen Unsicherheitsfaktor bei der Beurteilung der Zulässigkeit einer Pfändung darstellen. Nur vor diesem Hintergrund ist der aufgezeigten Ansicht zuzustimmen.

5. Zusammenfassung zu § 851 Abs. 2 ZPO

Folgende Kernaussagen sind im Hinblick auf die generelle Anwendung von § 851 Abs. 2 ZPO relevant:

- § 851 Abs. 2 ZPO durchbricht den Gleichlaufgrundsatz des Absatzes 1 und lässt die Pfändung und eine Überweisung zur Einziehung zu.
- Die Wirksamkeit des rechtsgeschäftlichen Abtretungsverbotes bleibt ausgeschlossen.
- § 851 Abs. 2 ZPO dient allein der Abwehr eines missbräuchlichen Entzugs von Schuldnervermögen zu Lasten des Gläubigers.
- § 851 Abs. 2 ZPO ist teleologisch auf § 399 Alternative 2 BGB zu reduzieren.
- Die Annahme, § 851 Abs. 2 ZPO sei unabhängig von der sachlichen Rechtfertigung des Abtretungsausschlusses anzuwenden, lässt sich nur mit dem Argument der ansonsten drohenden Rechtsunsicherheit begründen.

III. Entwicklung des § 851 ZPO sowie des Vollstreckungsschutzes allgemein

Zusammengefasst sind die beiden Absätze des § 851 ZPO Ausdruck einer Abwägung zwischen Vollstreckungsgläubiger-, Vollstreckungsschuldner- und Drittschuldnerinteressen. § 851 Abs. 1 ZPO beeinträchtigt das Befriedigungsinteresse des Gläubigers zu Gunsten des Drittschuldners, der vor einer der Übertragung von Gläubigerrechten im Wege der Forderungspfändung verschont werden soll. § 851 Abs. 2 ZPO verhindert eine zu weitgehende Einschränkung der Zugriffsmöglichkeit, damit die eigentliche Aufgabe der Zwangsvollstreckung,

---

178 *BGH*, RPfl 1978, S. 247 (248). Verweis auf diese Entscheidung: *Baumbach/Lauterbach/Hartmann*, § 851, Rn. 16; *Stein/Jonas/Brehm*, 21. Auflage, § 851, Rn. 29; *Wieczorek/Schütze/Lüke*, § 851, Rn. 33, Rn. 109.

die Durchsetzung der Gläubigerinteressen, nicht durch einen übermäßigen Pfändungsschutz vereitelt wird.

Im Laufe der geschichtlichen Entwicklung der ZPO ist es zeitweise gleichwohl zu einer erheblichen Ausweitung des Vollstreckungsschutzes gekommen. Im folgenden Abschnitt wird ein knapper geschichtlicher Überblick[179] über den Verlauf der Entwicklung gegeben, der genaueren Aufschluss darüber gibt, welcher Stellenwert dem Durchsetzungsinteresse des Gläubigers heute zukommt.

1. Erlass der CPO (Reichsjustizgesetze)

Die Civilprozeßordnung (CPO) gehörte neben der StPO, dem GVG und der KO zu den vier Reichsjustizgesetzen, die zur Verwirklichung der dringend erforderlichen Rechtsvereinheitlichung auf dem Gebiet des deutschen Reichs im Jahr 1877 erlassen wurden[180]. Im 8. Buch enthielt die CPO ein System der Zwangsvollstreckung, das ausgehend von der damaligen liberalistischen Staatsidee von einer sehr starken Betonung der Gläubigerinteressen gekennzeichnet war[181]. Dem Schuldnerschutz wurde nur in einzelnen Vorschriften Rechnung getragen. § 715 CPO (Heutiger § 811 ZPO) und § 749 CPO (Heutige §§ 850 ff ZPO) kodifizierten Unpfändbarkeitsvorschriften bei der Sach-, Forderungs- und Rechtspfändung[182]. Eine Regelung entsprechend § 851 ZPO fand sich 1877 noch nicht in der CPO. Es bestand allerdings bereits zu dieser Zeit die Ansicht, dass auch ohne gesetzliche Niederlegung der Grundsatz galt, dass eine unübertragbare Forderung nicht der Zwangsvollstreckung unterlag. *Wilmowski/Levy* führten dazu aus, „insoweit eine Forderung ihrer Natur nach, weil durch Erfüllung an einen anderen der Inhalt der Verpflichtung sich verändern würde, oder kraft gesetzlicher Ausschließung oder kraft Bestimmungen Dritter mit Billigung des Civilrechts nicht übertragbar sei, sei dieselbe auch kein für die Pfändung geeigneter Gegenstand“[183]. Die weitere Entwicklung des Vollstreckungsschutzes entfernte

179 Ausführlich zur geschichtlichen Entwicklung siehe *Lippross*, S. 7-82.

180 *Rosenberg/Schwab/Gottwald*, § 5 I 1, die ebenso einen Überblick über die Vorentwürfe der ZPO (hannoverscher, preußischer und norddeutscher Entwurf) sowie die Entwürfe der Leonhardt-Kommission geben.

181 *Keip*, S. 5.

182 § 754 CPO (Heutiger 857 ZPO) enthielt den Verweis auf die Bestimmungen der Forderungspfändung bei der Pfändung anderer Vermögensrechte. Mit § 749 Abs. 1 Nr. 1 CPO, der eine Pfändungsbeschränkung für Arbeitsaufkommen darstellte, fand der Gedanke eines sozialen Schuldnerschutzes Eingang in das deutsche Vollstreckungsrecht.

183 *Wilmowski/Levy*, § 749, 1. Die Tatsache, dass dieser Grundsatz bereits vor Kodifizierung von § 851 Abs. 1 ZPO galt, macht wiederholt deutlich, dass die Vorschrift nur deklaratorischer Natur ist.

sich zunächst immer mehr von der Ausgangsidee einer ausgeprägten Durchsetzung der Gläubigerinteressen. Dazu kam es bereits in der CPO-Novelle aus dem Jahr 1898.

2. CPO-Novelle 1898

Die CPO-Novelle von 1898 brachte neben Detailkorrekturen, die mit dem Erlass des BGB zusammenhingen, auch einige Erweiterungen der Unpfändbarkeitskataloge z.B. in § 811 ZPO und § 850 ZPO[184]. Zudem wurde der Schuldnerschutz durch die Einführung einer Räumungsfrist bei der Räumung von Wohnraum (§ 721 ZPO) und dem Verbot einer „Vermögensverschleuderung" bei der Pfändung von Hausrat (§ 812 ZPO) gestärkt. Gerade im letzt genannten Verbot war das grundlegende Prinzip einer für den Schuldner verhältnismäßigen Zwangsvollstreckung erkennbar[185]. Die Novelle führte ebenso § 851 ZPO ein, der sich aus den Beratungen zu §§ 295, 296 BGB Entwurf I entwickelte. § 296 BGB Entwurf I[186] entsprach in seinem Absatz 1 weitgehend dem heutigen § 400 BGB, der zweite Absatz enthielt in Grundzügen die jetzige Regelung des § 851 Abs. 1 ZPO. An dieser Zusammenfassung der heute in verschiedenen Gesetzbüchern untergebrachten Regelungen im Entwurf des BGB wird die oben angesprochene Wechselwirkung zwischen materiellen und prozessualen Recht sehr deutlich. Die Regel des § 296 Abs. 2 BGB Entwurf I sollte zunächst im BGB positioniert werden, da das Prinzip „Unübertragbarkeit = Unpfändbarkeit" als ein „höherer allgemeiner Grundsatz des materiellen Rechts" angesehen wurde, der nicht in die ZPO, sondern in das BGB gehöre[187]. Erst in der zweiten Lesung wurde beschlossen, § 296 Abs. 2 BGB Entwurf I in die ZPO zu verweisen, da „die Frage, ob und inwieweit gewisse Forderungen der Pfändung unterworfen seien, dort beantwortet werde"[188].

---

184 Zu Einzelheiten *Lippross*, S. 42-44.

185 Vgl. *Keip*, S. 5; *Lippross*, S. 44.

186 § 296 BGB Entwurf I lautete: *„(1) Wenn und soweit eine Forderung gemäß § 749 CPO der Pfändung nicht unterworfen ist, kann sie auch nicht übertragen werden. (2) Eine Forderung, welche nicht übertragen werden kann, ist der Pfändung nicht unterworfen, sofern nicht das Gesetz etwas anderes bestimmt".*

187 Motive, *Mugdan* II, S. 68.

188 Protokolle, *Mugdan* II, S. 574.

3. *Das Zwangsvollstreckungsnotrecht im ersten Weltkrieg und die Fortentwicklung des Vollstreckungsschutzes bis ins Dritte Reich*

Eine entscheidende Intensivierung erfuhr der Schuldnerschutz in der Zwangsvollstreckung während und nach dem ersten Weltkrieg. Der Kriegszustand verursachte nicht allein für die Kriegsteilnehmer sondern für das gesamte Zivilleben erhebliche wirtschaftliche Probleme, die auch die Zwangsvollstreckung berührten. Der Gesetzgeber reagierte darauf mit einer Vielzahl von Gesetzen meist außerhalb der ZPO bzw. des ZVG, die unter dem Begriff des „Zwangsvollstreckungsnotrechts" zusammengefasst wurden[189]. Die Notrechtsgesetzgebung führte auf dem Gebiet der Forderungspfändung zu einigen dauerhaften Reformen. Kern des Notrechts war eine erhebliche Steigerung des Schuldnerschutzes[190]. So wurden etwa zur Bekämpfung der inflatorischen Tendenzen nach Kriegsbeginn bewegliche Pfändungsfreigrenzen eingeführt, die jeweils von der Zahl der Unterhaltsberechtigten abhängig war[191]. Die schuldnerfreundliche Entwicklung des Vollstreckungsrechts auf Grund der kriegsbedingten Ausnahmesituation setzte sich auch nach Ende des Krieges fort. Zum Schutz der Kriegsteilnehmer wurde per Verordnung geregelt, dass die Vollstreckung gegen diese Personen der Bewilligung des Vollstreckungsgerichts bedurfte und nur erteilt werden konnte, wenn die Versagung nach den Umständen des Einzelfalls nicht offenbar unbillig war[192]. 1931 wurde ein Entwurf einer neuen Zivilprozessordnung veröffentlicht, durch den das ursprüngliche Prinzip des Zwangsvollstreckungsrechts – die Gläubigerbefriedigung – in sein Gegenteil verkehrt worden wäre, denn hinsichtlich der Vornahme einer Vollstreckungshandlung war vorgesehen, dass eine solche unzulässig sein sollte, „wenn sie auch (!) unter Berücksichtigung des Schutzbedürfnisses des Gläubigers eine mit den allgemeinen Sittlichkeitsbegriffen unvereinbare Härte bedeute"[193]. Diese Kompletterneuerung der ZPO setzte sich jedoch nicht durch, es blieb bei weiteren Einzelmaßnahmen[194]. Am Ende

189 Zum Zwangsvollstreckungsnotrecht insgesamt siehe *Jonas/Pohle*. Eine Übersicht zu den verschiedenen Bestimmungen des „Notrechts" nach Kriegsbeginn gibt *Lippross*, S. 46 ff.

190 *Jonas/Pohle*, Einführung I 4.

191 *Keip*, S. 6.

192 Verordnungen vom 10. Dezember 1918, *RGBl.* 1918, S. 1427 und *RGBl.* 1919, S. 521.

193 Generalklausel § 872 des Entwurfs. Vgl. zum Ganzen *Lippross*, S. 56. Vgl. die gegenläufige Formulierung in § 765a Abs. 1 Satz 1 ZPO.

194 Nennenswerte Einzelgesetze sind die Verordnung über Maßnahmen auf dem Gebiet der Zwangsvollstreckung vom 26. Mai 1933 (ZwVVO – *RGBl.* I 1933, S. 302 ff.) und die Verordnung zur einheitlichen Regelung des Pfändungsschutzes für Arbeits-

des zweiten Weltkrieges hatte der Schuldnerschutz in der Zwangsvollstreckung trotzdem derartige Ausmaße angenommen, dass die Gewährung von Vollstreckungsschutz lediglich voraussetzte, dass dies im Interesse des Schuldners geboten war und dem Gläubiger nach Lage der Verhältnisse zugemutet werden konnte[195]. Die Zwangsvollstreckung war für den Gläubiger nun ein stumpfes Schwert, aus einer „Schuldnernot" in der Zeit nach Erlass der ZPO war eine „Gläubigernot" geworden[196].

4. Das Vollstreckungsmaßnahmegesetz vom 20. August 1953

Eine bis heute andauernde Wende im Vollstreckungsrecht brachte in dieser Situation das (Zwangs-)Vollstreckungsmaßnahmegesetz vom 20. August 1953 (ZVMG)[197]. Neben der Bereinigung nationalistischen Gedanken- und Formulierungsgutes[198] bemühte sich das ZVMG um einen Abbau des übermäßig gewordenen Schuldnerschutzes[199]. Dieses Ziel erreichte das ZVMG durch Aufhebung und Änderung von Schuldnerschutzvorschriften sowie durch die Einfügung von Normen, die die Lage des Gläubigers verbesserten[200]. Der Grundgedanke des ZVMG war es, dem Rechtsschutz des Gläubigers wieder den ihm gebührenden Platz zu geben; sein Vollstreckungsrecht sollte die Regel, Schuldnerschutz die Ausnahme sein[201].

5. Die weitere Entwicklung bis heute

Die weitere Entwicklung des Vollstreckungsrechts hat an dem seit 1953 wieder vorherrschenden Grundsatz eines „gläubigerfreundlichen" Zwangsvollstreckungsrechts, das die Interessen des Schuldners angemessen berücksichtigt, keine strukturellen Änderungen mehr hervor gebracht. Die Vollstreckungsno-

---

einkommen vom 30. Oktober 1940 (Lohnpfändungsverordnung – *RGBl.* I 1940, S. 1451 ff.)

195 *Lippross*, S. 68.

196 *Jonas/Pohle*, Einführung, IV 3.

197 *BGBl.* I 1953, S. 952 ff.

198 Siehe Gesetzesbegründung in *BT-Drucks.* 1/3284, 1/3668 und 1/4452; *Keip*, S. 10.

199 *Jonas/Pohle*, Einführung, IV 3. Die amtliche Begründung führt zur damaligen Situation im Vollstreckungsrecht lediglich aus, durch die Kriegsverordnungen sei Notrecht geschaffen worden, das teilweise zur Beeinträchtigung der Grundsätze eines rechtsstaatlich geordneten Verfahrens geführt habe, *BT-Drucks.* 1/Nr. 3284, S. 12.

200 Vgl. zu den einzelnen Änderungen den Text des ZVMG in *BGBl.* I 1953, S. 952 ff. sowie *Jonas/Pohle*, S. 22 ff.; *Lippross*, S. 70 ff.; *Keip*, S. 10/11.

201 *Jonas/Pohle*, Einführung, IV 3.

velle von 1979 zielte zugunsten des Gläubigers auf die Vereinfachung und Beschleunigung des Vollstreckungsverfahrens und zugunsten des Schuldners auf einen verbesserten Schutz bei der Immobiliarzwangsvollstreckung ab[202]. Die Vollstreckungsnovelle vom 17. Dezember 1997 – in Kraft seit 1. Januar 1999 – bezweckte zur schnelleren und effektiven Durchsetzung der Gläubigerinteressen eine Vereinfachung und Beschleunigung des Zwangsvollstreckungsverfahrens[203].

6. *Rückschlüsse aus der historischen Entwicklung des Vollstreckungsschutzes für § 851 ZPO*

In einer Gesamtbetrachtung hat die Entwicklung des Vollstreckungsrechts gewissermaßen „einen Bogen" vollzogen. Die vorrangige Gewichtung der Gläubigerinteressen in der Periode nach Erlass der ZPO wurde durch die Kriegswirren, Krisenzeiten und das Dritte Reich fast vollständig zu einem auf Schuldnerinteressen ausgerichteten Recht verwischt. Das Vollstreckungsmaßnahmegesetz von 1953 hat diese Entwicklung rückgängig gemacht und das Vollstreckungsrecht in eine Richtung geleitet, in der die Gläubigerinteressen wieder vorgehen, der Schuldnerschutz aber angemessen berücksichtigt wird.

Dieser Grundgedanke muss auch heute bei der Auslegung der Normen des Vollstreckungsrechts berücksichtigt werden. Ausgangspunkt muss stets das Befriedigungsinteresse des Gläubigers sein. Dies ist auch bei der Anwendung von § 851 ZPO zu berücksichtigen. Die Durchsetzungsinteressen des Gläubigers dürfen durch diese Vorschrift nicht unangemessen eingeschränkt werden. Greifbar kann diese Auslegung insbesondere dann werden, wenn man bei Abgrenzungsschwierigkeiten entscheiden muss, ob eine Forderung § 399 Alternative 1 BGB unterfällt und damit nach der hier vertretenen Lösung unpfändbar wird, oder unter § 399 Alternative 2 BGB zu fassen ist und folglich über § 851 Abs. 2 ZPO als Zugriffsobjekt für den Gläubiger grundsätzlich erhalten bleibt[204]. Im Zweifel spricht die historische Entwicklung für einen Vorrang von §§ 399 Alternative 2 BGB i.V.m. 851 Abs. 2 ZPO.

---

202 *Keip*, S. 11 f.

203 *BT-Drucks.* 13/341.

204 Zur Ausnahme bei zweckgebundenen Forderungen siehe § 2 B IV 2 b dd (4).

IV. Zusammenfassung zu § 851 ZPO insgesamt

- § 851 Abs. 1 ZPO stellt eine „Brücke" zwischen materiellen Recht zum Vollstreckungsrecht dar und sichert zwecks Vermeidung widersprüchlicher Ergebnisse in beiden Rechtsgebieten den grundsätzlichen Gleichlauf zwischen Übertragung und Pfändung. § 851 Abs. 1 ZPO schützt primär die Interessen des Drittschuldners in der Zwangsvollstreckung, weil die Unübertragbarkeit einer Forderung grundsätzlich seinem Schutz dient.
- § 851 Abs. 2 ZPO verhindert eine zu starke Einschränkung der Durchsetzungskraft des Vollstreckungsgläubigers, indem bei einem vertraglich vereinbarten Abtretungsverbot bzw. einer Abtretungsbeschränkung der Zugriff auf die Forderung zugelassen wird, soweit der Gegenstand der Forderung (meistens Geld) der Pfändung unterworfen ist.
- Die historische Entwicklung des Vollstreckungsschutzsystems zeigt, dass die Tendenz auf eine Stärkung der Gläubigerinteressen hinaus läuft.

B. Pfändungsschutz bei zweckgebundenen Forderungen

Wie eingangs erwähnt, hat § 851 ZPO insbesondere durch die Thematik zweckgebundener Forderungen Bedeutung erlangt. Da sich das ganze Problem überwiegend aus Einzelfallentscheidungen zusammensetzt, wird die ganze Reichweite des Phänomens „zweckgebundener Forderungen" erst dann sichtbar, wenn man einen Überblick über die bislang aufgetretenen Fallgruppen gewinnt. Deshalb wird zunächst die historische Entwicklung der Zweckbindung bei Forderungen in Rechtsprechung und Literatur aufgezeigt.

I. Historische Entwicklung

Die Entwicklung zweckgebundener Forderungen vollzog sich in unterschiedlichen Rechtsgebieten, so zum Beispiel bei Baugelddarlehen, Prozesskostenvorschüssen, Miet- und Pachtansprüchen. Der Unterteilung in unterschiedliche Rechtsgebiete folgt auch die nachfolgende Darstellung. Herausgegriffen werden die Rechtsgebiete, die die weitere Entwicklung der Zweckbindung maßgeblich geprägt haben bzw. auch heute noch große Praxisrelevanz besitzen. Innerhalb der einzelnen Rechtsgebiete wird die Entwicklung chronologisch anhand der wichtigsten Entscheidungen aufgezeigt. Jede Fallgruppe schließt mit einer Übersicht über die gewonnenen Merkmale einer Zweckbindung ab. Vorweg zum besseren Verständnis der zeitlichen Reihenfolge der Fallgruppen eine:

1. Chronologische Übersicht über die Fallgruppen

Das Problem zweckgebundener Forderungen wurde erstmals relevant:

- 1896 – Ansprüche auf Baugelddarlehen
- 1904 – Ansprüche auf Prozesskostenvorschüsse
- 1923 – Miet- und Pachtzinsansprüche
- 1926 – Ansprüche aus einem Dienst- oder Arbeitsverhältnis
- 1929 – Zweckgebundenheit bei einstweiliger Verfügung
- 1951 – Forderungen gegen die öffentliche Hand
- 1978 – Neuere *BGH* – Fälle zur treuhandartigen Zweckbindung

2. Baugelder

Maßgeblicher Ausgangspunkt für die Entwicklung zweckgebundener Forderungen war der Bereich der Übertragbarkeit und Pfändbarkeit von Ansprüchen auf Darlehen, die bei der Errichtung eines Bauvorhabens von einem Baugeldgeber, meist einer Bank, an den Bauherrn auszahlt werden, sog. Baugelder[205]. Eine erste Entscheidung zu diesem Thema traf das *Reichsgericht* im Jahre 1896.

a) RGZ 38 (1896)[206]

Gegenstand der Reichsgerichtentscheidung war noch nicht die Pfändbarkeit einer Baugeldforderung, sondern allein deren materiell-rechtliche Übertragbarkeit. Das *Reichsgericht* untersuchte den Einfluss einer „Zweckbestimmung"[207] des Baugeldes auf die Abtretbarkeit der Forderung. Die Entscheidung beruhte auf folgendem Sachverhalt:

Die Beklagten verpflichteten sich gegenüber dem Eigentümer eines Baugrundstücks, diesem gegen Einrichtung einer Hypothek auf dem Grundstück ein Baugelddarlehen in Höhe von 120.000 Reichsmark (RM) zu gewähren. Der Eigentümer wollte selbst als Bauherr[208] auf dem Grundstück bauen. Das Darlehen sollte je nach Fortschreiten des Baus in mehreren Raten ausgezahlt werden. Die Eintragung der Hypothek erfolgte. Im weiteren Verlauf trat der Eigentümer zu einem Zeitpunkt als noch sieben Darlehensraten ausstanden, die Forderungen auf Auszahlung der restlichen Raten in Höhe von 5300 RM an den Kläger ab. Der

205 Ebenso *Weitkemper*, S. 23, Rn. 10.
206 *RGZ* 38, S. 308 ff.
207 Der richtige Begriff ist „Zweckbindung". Vgl. dazu § 2 B III 2 a cc (1).
208 In den nachfolgenden Entscheidungen ist zum Teil nur von „Bauherr" die Rede. Gemeint ist damit immer die Person, die das Baugeld absprachegemäß vom Baugeldgeber empfangen sollte („Baugeldempfänger").

Kläger beabsichtigte, den Darlehensbetrag zur Fortsetzung eines Baus auf einem anderen Grundstück zu nutzen. Nachdem die Beklagten auf die Anzeige der Zession die Auszahlung an den Kläger verweigert hatten, erhob dieser Klage. Im Prozess waren die beklagten Baugeldgeber der Ansicht, die Zession an den Kläger sei aus verschiedenen Gründen unwirksam. Unter anderem machten sie geltend, die Baugelder hätten die „Zweckbestimmung", dem ursprünglichen Bau zu dienen. Deshalb bräuchten sie als Darlehensgeber die Zession an Dritte wie den Kläger, der nichts zu dem Bauvorhaben beitrage, nicht anzuerkennen. Diese Argumentation lehnte das *Reichsgericht* mit der Begründung ab, die „Zweckbestimmung der Baugelder allein könne die Abtretung nicht hindern, da der Gläubigerwechsel für die Beklagten nicht nachteilig sei, weil der Bauherr auch nach der Abtretung Schuldner des Rückzahlungsanspruchs bleibe[209]. Gleichwohl maß das *Reichsgericht* der „Zweckbestimmung" von Baugeldern unter einem anderem Gesichtspunkt rechtliche Bedeutung zu. Die beklagten Baugeldgeber hatten behauptet, sie selbst hätten nach der Abtretung Zahlungen an die Handwerker geleistet, damit der Bau fertiggestellt werde. Insofern sei die Auszahlungsforderung des Klägers erloschen. Das *Reichsgericht* sah diesen Erfüllungseinwand als erheblich an. Die Zahlungen der Beklagten hätten sie von ihrer Schuld gegenüber dem Kläger befreit, denn die Beklagten hätten auch nach Kenntnis der Zession[210] befreiend Zahlungen zur Fortsetzung des Baus an Handwerker leisten können. Der Baugeldvertrag sei „wirtschaftlich ein gemeinschaftliches Unternehmen[211]" zwischen Grundstückeigentümer und Baugeldgeber. Die Baugelder, die wie im vorliegenden Fall hypothekarisch gesichert seien, würden zu dem „bestimmten vereinbarten Zweck, nämlich zur Ausführung eines Baus hergegeben, der gleichzeitig dem Baugeldgeber als Sicherheit (für die Darlehensrückzahlung) dienen solle. Dieser Zweck dürfe nicht durch Verfügungen des Eigen-

209 *RGZ* 38, S. 308 (311).

210 Normalerweise hätten die §§ 414, 417 des Allgemeinen Preußischen Landrechts einer befreienden Leistung nach Kenntnis der Abtretung entgegen gestanden, siehe *RGZ* 38, S. 308 (311/312).

211 So bereits schon *RGZ* 37, S. 336 (339). In dieser Entscheidung ging es jedoch um eine andere rechtliche Problematik, nämlich um ein Rücktrittsrecht des Baugeldgebers bei Gläubigerwechsel. Hier sahen die Richter in einem Baugeldvertrage außer der Kreditgewährung noch die „Bezeugung des weiteren Vertrauens" für gegeben an, dass der Bauherr, mit dem der Baugeldgeber kontrahiert, auch dafür sorgt, dass das Gebäude in den in Ansicht genommenen Fristen fertig gebaut wird". Ansonsten bestünde die besondere Gefahr eines „nicht glatten Geschäfts" für den Baugeldgeber. Daher sei Person des Bauherrn entscheidend für die Vertrauensbeziehung. Diese Entscheidung zog nicht eine vertraglich vereinbarte Zweckbindung heran, sondern begründete das Rücktrittsrecht mit einer Gefährdung der Vertrauensbeziehung zwischen den Parteien durch die Abtretung.

tümers und Bauherrn vereitelt werden". Hinter diesem Zweck müsse das Interesse des Klägers zurückstehen[212].

Zu beachten ist, dass diese Entscheidung bereits vor Erlass des Gesetzes zur Sicherung von Baugeldforderungen (GSB) im Jahre 1909 erging[213]. Daher konnte das *Reichsgericht* den Zweck von Baugeldforderungen nicht – wie dies später überwiegend erfolgte – aus den Bestimmungen des GSB ableiten. Auch hatten Baugeldgeber und Bauherr keine ausdrückliche Abrede über den Zweck des Baugeldes getroffen. Dessen ungeachtet sprach das *Reichsgericht* aber trotzdem von der Hergabe des Baugeldes zu „einem bestimmten vereinbarten Zweck"[214]. Dies deutet darauf hin, dass das *Reichsgericht* im Wege der Vertragsauslegung zur Zweckbegründung gelangte. Maßgeblich für die Auslegung war das Sicherungsinteresse der beklagten Baugeldgeber, deren Hypothek erst mit Fertigstellung des Baus eine ausreichende Sicherheit für ihren Rückzahlungsanspruch gegen den Grundstückseigentümer bot.

b) Streit um die Abtretbarkeit und Pfändbarkeit von Baugeldforderungen zwischen bzw. innerhalb mehrerer OLG

Nach Inkrafttreten des § 851 ZPO sowie § 399 BGB am 1. Januar 1900 war die Zweckbindung von Baugeldforderungen wiederholt Gegenstand mehrerer obergerichtlicher Entscheidungen, die die Frage der Pfändbarkeit meist unter Bezug auf §§ 851 ZPO, 399 BGB konträr beantworteten. In diesem Meinungsstreit überwogen die Gegner einer Pfändbarkeit. Den Entscheidungen lagen insgesamt ähnliche Sachverhaltskonstellationen zugrunde, wie in der Eingangs geschilderten Reichsgerichtentscheidung: Die Auszahlungsansprüche des Bauherrn hinsichtlich der Restraten werden von seinen Gläubigern gepfändet. Gegen die Pfändungen legen die jeweiligen Baugeldgeber als Drittschuldner Erinnerung mit der Begründung ein, die Pfändung sei unzulässig.

aa) Keine Pfändbarkeit

In einem Beschluss vom 7. Dezember 1901 nahm der 7. Zivilsenat des *OLG Dresden* ausführlich[215] zur fehlenden Pfändbarkeit der Baugeldforderungen

---

212 *RGZ* 38, S. 308 (311/312).
213 Eingehend dazu § 2 B I 2 c.
214 *RGZ* 38, S. 308 (311).
215 Bereits am 18. August 1900 hatte zuvor das *OLG München* ohne weitere Begründung entschieden, dass der „Anspruch auf Auszahlung eines sog. Baugelddarlehens nicht übertragbar und daher gemäß § 851 ZPO nicht pfändbar sei", *OLG München*, Das Recht 1901, S. 231 (Nr. 745).

Stellung[216]. Es behandelte dabei als eines der wenigen Gerichte die Problematik der Zweckbindung von Baugeldforderungen losgelöst von §§ 851 ZPO, 399 BGB[217]. Nach Ansicht des *OLG Dresden* musste die Pfändung allein wegen „Zwecklosigkeit für unzulässig erklärt werden". Der Zweck jeder Zwangsvollstreckung erschöpfe sich darin, „eine Befriedigung der zur Vollstreckung stehenden Forderung des Gläubigers herbeizuführen. Vollstreckungsakte, insbesondere die Pfändung von Ansprüchen des Schuldners, die „nie zur Erreichung dieses Zwecks führen könnten, seien deshalb ausgeschlossen". Dafür spreche auch das in § 226 BGB aufgestellte Schikaneverbot. Baugeldforderungen seien solche Ansprüche, da ihre Verwertung nicht zu einer Befriedigung des Vollstreckungsgläubigers führe. Das *OLG Dresden* meinte, dies ergebe sich aus der „Natur der Baugeldraten", denn bei diesen sei der Baugeldgeber berechtigt, vom Bauherrn die „Verwendung der von ihm zu gewährenden Baugelder zur Herstellung des Baues zu beanspruchen und ihre Zahlung abzulehnen, wenn der Bauherr sie zu anderen Zwecken, also vertragwidrig gebrauchen wolle". Auch der Vollstreckungsgläubiger sei dem Drittschuldner gegenüber verpflichtet, „die gezahlten Beträge zur Fortführung des Baues zu verwenden, er dürfe sich nicht aus ihnen wegen seiner Forderung befriedigen". Die Natur der Ansprüche könne sich nicht durch die Abtretung zu Ungunsten des Baugeldgebers ändern. Im Hinblick auf die fortbestehende Verpflichtung sei die Pfändung für den Vollstreckungsgläubiger zwecklos[218].

Das *Kammergericht*[219] begründete die unzulässige Pfändung von Baugeldforderungen erstmals nach § 851 ZPO und § 399 BGB. Die Abtretung sei „durch Vereinbarung der Baugeldgeberin mit dem Bauunternehmer ausgeschlossen[220] und „die der Baugeldgeberin obliegende Leistung könne an einen anderen als den Bauunternehmer nicht ohne Veränderung des Inhalts der Leistung erfol-

216 *OLG Dresden*, Seuffert's Archiv 57, S. 343 f.

217 Die Frage der Abtretbarkeit wurde zwar angesprochen, aber offengelassen, da es für die Entscheidung darauf nicht ankam. § 399 BGB wurde neben § 851 ZPO nicht genannt.

218 *OLG Dresden*, Seuffert's Archiv 57, S. 343/344.

219 *KG* – Beschluss vom 22. Mai 1905, OLGR 13, S. 211 f. Das Gericht nahm Bezug auf eine frühere Entscheidung des *OLG Breslau* (Das Recht 1903, S. 404), welches die Pfändbarkeit verneinte, da nicht Geld, sondern die Hergabe des Geldes zum Weiterbaue geschuldet sei. Ob das *OLG Breslau* damit meinte, der Verwendungszweck des Baugeldes werde Leistungsinhalt nach § 399 Alternative 1 BGB oder ob sich die Aussage auf § 851 Abs. 2 ZPO bezieht, ist unklar.

220 Da Sachverhaltseinzelheiten unklar sind, kann nicht geklärt werden, ob die Parteien ggf. eine ausdrückliche Abrede über die Verwendungspflicht des Bauunternehmers getroffen hatten.

gen“[221]. Eine Festlegung auf eine Alternative des § 399 BGB erfolgte nicht, was dahingehend zu verstehen sein könnte, dass das *Kammergericht* in Abwesenheit einer vertraglichen Vereinbarung in der Baugeldforderung jedenfalls einen Anspruch sah, bei dem die Leistung an einen anderen als den zur Errichtung des Baues verpflichteten Bauunternehmer ihren Leistungsinhalt verändern würde[222]. Auch die Entscheidung des *OLG Frankfurt* vom 19. Januar 1906[223] ließ eine derartige Unterscheidung vermissen. Danach sollte aus der „besonderen Natur des Baugeldvertrages“, d.h. der Sicherung des Baugeldgebers folgen, dass die „Abtretung an einen mit der Pflicht zur fraglichen Verwendung des Geldes nicht belasteten Dritten nur unter Veränderung des Inhalts der Leistung erfolgen und deshalb auch als durch stillschweigende Vereinbarung der Parteien ausgeschlossen angesehen werden könne“. Die genannten Entscheidungen warfen mit ihrem nicht eindeutigen Verweis auf § 399 BGB zum ersten Mal eines der grundlegenden Probleme bei der Klärung der Übertrag- und Pfändbarkeit zweckgebundener Forderungen auf. Die Frage der Zuordnung zu einer der beiden Alternativen in § 399 BGB zieht sich bis heute durch einen Großteil der Entscheidungen. Der Beschluss des *OLG Frankfurt* enthielt zudem erste Anzeichen für eine relative Übertrag- und Pfändbarkeit von zweckgebundenen Forderungen[224], denn es wurde angedeutet, dass nur eine Abtretung „an einen mit der Pflicht zur fraglichen Verwendung des Geldes nicht belasteten Dritten“[225] ausgeschlossen sei und folglich eine Abtretung an einen mit der Verwendungspflicht belasteten Dritten als zulässig anzusehen sein könnte. In diesem Fall würde keine Gefahr einer Zweckvereitelung drohen.

bb) Pfändbarkeit bejaht

Das *OLG Nürnberg*[226] bejahte die Pfändbarkeit von Baugeldforderungen. In dem zugrundeliegenden Sachverhalt machte ein Zimmermeister Werklohnansprüche

221 *KG*, OLGR 13, S. 211 f.
222 So auch *Dechamps*, DJZ 1905, S. 904.
223 *OLG Frankfurt*, Frankfurter Rundschau, 37. Jahrgang (1905), Bd. 3 (Nr. 35), S. 259 (262).
224 Anders dagegen das *KG* in einem Urteil vom 26. Mai 1908, OLGR 16, S. 378. Das *KG* hielt eine Abtretung auch dann für zulässig, „wenn der das Baugeld empfangene Zessionar selbst für den Bau tätig gewesen ist, und die Abtretung zur Abgeltung seiner Forderungen geschieht“. Grund war für das *KG* die von einer Abtretung ausgehende Gefahr einer Nichtvollendung des Baues und damit die Zweckverfehlung des Baugeldes.
225 *OLG Frankfurt*, Frankfurter Rundschau, 37. Jahrgang (1905), Bd. 3 (Nr. 35), S. 259 (262).
226 Beschluss des *OLG Nürnberg* vom 12. Juni 1911, OLGR 23, S. 217 f.

gegen einen Bauherrn geltend, auf dessen Grundstück er Arbeiten erbracht hatte. Auf Grund eines Arrestbeschlusses pfändete er die Forderung des Bauherren gegen dessen Bank auf Auszahlung der Baugeldraten. Gegen die Pfändung legte der Bauherr Beschwerde ein, die er auf die Unpfändbarkeit der Baugeldraten vor Fertigstellung des Baues stützte. Das *OLG Nürnberg* führte aus, das Gesetz nehme „nirgends ausdrücklich Baugelder von der Pfändung aus (§§ 811, 850 ZPO)". Auch § 851 Abs. 1 ZPO hielt das *OLG Nürnberg* nur für bedingt einschlägig, denn Baugelder seien mindestens insoweit übertragbar, „als es sich um Forderungen von Bauhandwerkern für Arbeitsleistungen in den fraglichen Neubau handele, denn dann lägen die Ausnahmen des § 399 BGB nicht vor". Diese Ausführungen deuten zwar auf eine relative Übertragbarkeit und damit eine relative Pfändbarkeit hin, soweit wie im zu entscheidenden Fall ein an am Bau beschäftigter Zimmermann die Pfändung wegen Forderungen aus seinen Arbeitsleistungen betreibt. Das *OLG Nürnberg* gelangte aber in seiner weiteren Begründung zur uneingeschränkten Pfändbarkeit. Es meinte, auch wenn nach § 399 BGB die Abtretung der Forderung ausgeschlossen wäre, „so würde sie doch nach § 851 Abs. 2 ZPO insoweit pfändbar sein, als der geschuldete Gegenstand der Pfändung unterworfen sei". Dieser Gegenstand bestehe bei Baugeldforderungen aus Geld, so dass damit die Pfändung zulässig sei[227]. „Bedenken gegen die Abtretbarkeit und Pfändbarkeit von Baugeldern, die sich aus deren Zweckbestimmung, lediglich zur Deckung der Baukosten verwendet zu werden, herleiten ließen, müssten hier zudem unter allen Umständen schweigen, weil Schwierigkeiten für die Fortführung des Baues nicht zu erwarten seien, da nur eine Arrestpfändung, nicht auch eine Überweisung in Frage stehe[228]".

c) *Auswirkungen des Erlasses des Gesetzes zur Sicherung von Baugeldforderungen vom 1. Juni 1909*

Mit dem Erlass des Gesetzes zur Sicherung von Baugeldforderungen am 1. Juni 1909[229] (GSB) fand die Verpflichtung des Baugeldempfängers zur Verwendung des Baugeldes ihren gesetzlichen Niederschlag. § 1 Abs. 1 GSB lautet:

> „Der Empfänger von Baugeld ist verpflichtet, das Baugeld zur Befriedigung solcher Personen, die an der Herstellung des Baues auf Grund eines Werk-, Dienst- oder Lieferungsvertrages beteiligt sind, zu verwenden. Eine anderweitige Verwendung des Baugel-

---

227 *OLG Nürnberg*, OLGR 23, S. 217: „Wäre aber auch hiernach (§ 399 BGB) die Abtretung der Forderung ausgeschlossen, so würde sie doch nach § 851 Abs. 2 ZPO pfändbar sein, als der geschuldete Gegenstand der Pfändung unterworfen ist".
228 *OLG Nürnberg*, OLGR 23, S. 217.
229 *RGBl.* 1909, S. 449 ff. geändert durch *BGBl.* I 1969, S. 645 und 1974, S. 469.

des ist bis zu dem Betrage statthaft, in welchem der Empfänger aus anderen Mitteln Gläubiger der bezeichneten Art bereits befriedigt hat".

Die heute noch gültige Vorschrift dient den Interessen der Baugläubiger, d.h. der am Bau beteiligten Handwerker[230]. § 5 GSB sieht eine strafrechtliche Sanktion für den Fall der Verletzung der gesetzlichen Verwendungspflicht vor. Mit der Kodifizierung der Verwendungspflicht bei Baugeldforderungen war die Streitfrage um die Pfändbarkeit der Forderungen jedoch nicht gelöst[231]. Der nach Gesetzeserlass aufkommende Literaturstreit über diese Frage brachte neue Impulse in der Entwicklung der zweckgebundenen Forderungen, da in diesem Rahmen mehrere Möglichkeiten zur rechtsdogmatischen Herleitung einer Zweckbindung angedacht wurden. Die Meinungen reichten von der Annahme einer völligen Unpfändbarkeit von Bauforderungen bis hin zur deren uneingeschränkter Abtret- und Pfändbarkeit.

Für eine komplette Unpfändbarkeit trat *Walsmann* ein. Er meinte, der vom GSB bezweckte Erfolg sei in dem Schutz des Bauenden zu sehen. Dem Bauenden müsse im Interesse des Baues die freie Verfügungsmöglichkeit über die Baugeldforderungen gewährleistet werden, was nur „durch die Unpfändbarkeit der Bauforderung sichergestellt" werde[232].

Breit vertrat die Auffassung der relativen Pfändbarkeit[233]. Er unterschied zwischen der zulässigen Pfändung, soweit die Forderung des Pfändungsgläubigers aus Lieferungen oder Arbeiten aus dem Bau erwachsen war und der unzulässigen Pfändung durch andere Privatgläubiger des Bauunternehmers. Er begründete die zulässige Pfändung durch Bauhandwerker damit, dass dort die Pfändung mit dem Zweck des Baugeldes, für den Bau verwendet zu werden, „verträglich" sei und für sie „ein wirtschaftliches Bedürfnis" bestehe. *Breit* ging dabei näher auf die rechtliche Begründung des Zweckcharakters ein. Er sah in der „Zweckbestimmung" nichts anderes als die obligatorische Verpflichtung des Baugeldempfängers. Der Baugeldgeber erkläre zunächst, die versprochenen Beträge zu dem wirtschaftlichen Zweck der Verwendung für den Bau – und nur zu diesem Zweck – gewähren zu wollen. Der Baugeldempfänger verspreche dies. Diese Vereinbarung mache das Geld zum Baugeld. Baugeld bedeute, dass nicht allein Geld geschuldet werde, sondern vielmehr das mit einer „Zweckbestimmung" belastete Geld. Aus diesen Überlegungen gelangte *Breit* zur Unzulässig-

---

230 Vgl. *Breit*, JW 1909, S. 349 (350); *BGH*, NJW 1982, S. 1037 ff. auch zum Begriff "Empfänger von Baugeld".

231 *Kiefe*, JW 1909, S. 382.

232 *Seuffert/Walsmann*, § 851 Nr. 1, S. 550. Diese Ansicht ist bereits mit dem Wortlaut von § 1 Abs. 1 GSB nicht vereinbar.

233 *Breit*, JW 1909, S. 349 ff., S. 403 ff. Hier: S. 352/353.

keit der Pfändung, soweit sie nicht durch Bauhandwerker betrieben werde. Er sah die „Zweckbestimmung“ als Inhalt der Leistungspflicht des Bauunternehmers an. Folglich sei eine Pfändung durch Privatgläubiger gemäß § 851 Abs. 1 ZPO nicht möglich, der Abtretung des Baugeldes stehe die „ausdrückliche Bestimmung in § 399 BGB entgegen, wonach eine Forderung nicht abgetreten werden könne, wenn die Leistung an einen anderen als den ursprünglichen Gläubiger nicht ohne Veränderung ihres Inhalts erfolgen könne“[234]. Der Leistungsinhalt ändere sich, da der Zessionar nicht mehr verpflichtet sei, das Geld zur Herstellung des Baues zu verwenden. Grund dafür war für *Breit* die Annahme, dass die vereinbarte „Zweckbestimmung“ Dritte nicht binde, da sie nur interne Wirkungen zwischen den Parteien der Vereinbarung entfalte. Auch § 1 Abs. 1 Satz 1 GSB ändere daran nichts, denn diese Norm fände nur auf eine bereits bestehende vertragliche Verwendungspflicht des Bauunternehmers Anwendung. Allein die Rechtsfolgen einer solchen Vereinbarung würden durch § 1 Satz 1 GSB modifiziert, indem Rechte der am Bau beteiligten Handwerker begründet würden[235].

Kiefe[236] gelangte zu einer rechtlich uneingeschränkten Pfändbarkeit des Baugeldes. Er bezweifelte entgegen der Ansicht von *Breit* bereits eine „Zweckbestimmung“ beim Baugeld gemäß § 399 BGB[237]. Aber selbst wenn § 399 BGB zu bejahen sei, so könne wegen § 851 Abs. 2 ZPO gepfändet werden, da der geschuldete Gegenstand, d.h. die in Frage stehende Geldsumme der Pfändung unterworfen sei. Zudem müsse man nach der Einführung von § 1 Abs. 1 GSB davon ausgehen, dass jeder, der die Valuta aus dem zwischen dem Baugeldgeber und -nehmer abgeschlossenen Baugeldvertrag empfange, also „auch der Zessionar und der Pfändungsgläubiger“ der Verpflichtung unterlegen sei, das Empfangene nach Vorschrift des GSB zu verwenden. Insofern drohe durch Abtretung und Pfändung keine Vereitelung des Baugeldzwecks. Die Pfändung sei daher rechtlich möglich, nur werde der Gläubiger, der nicht selbst Baugläubiger sei, in

234 *Breit*, JW 1909, S. 353.

235 *Breit*, JW 1909, S. 352 f. und 403 f.

236 *Kiefe*, JW 1909, S. 382 ff.

237 *Kiefe* meinte, in Abwesenheit eines ausdrücklichen Abtretungsausschlusses könne eine „stillschweigende Vereinbarung der Nichtabtretbarkeit im Normalfall nicht als gegeben gelten“. Die Interessenlage des Baugeldgebers erfordere eine solche Vereinbarung nicht, denn „dem Baugeldgeber sei es bei Auszahlung des Baugeldes nur um seine persönliche und dingliche Sicherheit“ gelegen, „falls in beide Richtungen nichts geändert werde, sei es ihm gleichgültig, an wen er das Baugeld auszahle“. [...] Ebenso wenig könne in solchen Fällen davon gesprochen werden, daß die Leistung an den Dritten nicht ohne Veränderung ihres Inhalts erfolgen könne“, JW 1909, S. 382 ff.

der Regel von der Pfändung absehen, weil ihm die Verwendungspflicht nach dem GSB obliege und er nur frei auf etwaige Überschüsse zugreifen könne.

Hagelberg vertrat wie *Kiefe* im Ergebnis die rechtlich uneingeschränkte Abtret- und Pfändbarkeit von Baugeldforderungen. *Hagelberg* lehnte im Gegensatz zu *Breit* generell eine Anwendung von § 399 Alternative 1 BGB ab, denn § 399 Alternative 1 BGB verlange, dass „der Charakter der Leistung mit der Individualität des Gläubigers zusammenhänge". Dies sei bei Baugeldforderungen nicht der Fall, denn die „Leistung des Baugeldgebers (Auszahlung des Geldes) bleibe die gleiche, auch wenn die Baugeldvaluta an einen Dritten abgeführt würde"[238]. Daneben zog *Hagelberg* aber in Betracht, die Abtretung von Baugeldforderungen gemäß § 134 BGB i.V.m. § 1 Abs. 1 Satz 1 GSB als Verbotsgesetz als nichtig anzusehen. Letztlich verneinte er jedoch die Eigenschaft von § 1 GSB als Verbotsgesetz, weil eine entsprechende zivilrechtliche „Durchschlagwirkung" seiner Ansicht nach nicht den gesetzgeberischen Interessen entsprach[239]. Die Anwendbarkeit von § 851 Abs. 2 ZPO brauchte *Hagelberg* insofern mangels Eingreifen von § 851 Abs. 1 ZPO nicht mehr zu entscheiden, er verwies jedoch darauf, dass die Anwendbarkeit zu bejahen sei, denn es sei unerheblich, ob das Geld wie beim Baugeld „zum Zweck einer bestimmten Verwendung ausgezahlt werde. Diese auf dem Baugeldvertrag beruhende Verpflichtung des Bauherrn gebe dem Baugeldgeber im Fall der zweckwidrigen Verwendung nur eine Einrede gegen den Auszahlungsanspruch; mit der Pfändbarkeit des Baugeldes habe die „Zweckbestimmung" aber nichts zu tun"[240].

d) Die Lehre der „relativen Pfändbarkeit von Baugeldforderungen"

Wen man die weitere Entwicklung der Baugeldforderungen in der Rechtsprechung betrachtet, so muss als „Sieger" des oben dargestellten Meinungsstreits *Breit* angesehen werden, da die Lehre der relativen Pfändbarkeit sich in den nachfolgenden Gerichtsentscheidungen immer mehr durchsetzte. Zunächst erkannte das *Reichsgericht* eine wirksame Abtretung trotz Zweckbindung für den Fall an, dass die zweckgerechte Verwendung des Baugeldes gesichert ist[241]. In dem Fall klagte wiederum der Erwerber der Baugeldansprüche gegen den Baugeldgeber auf Auszahlung der restlichen Darlehenssumme. Der Baugeldgeber

---

238 *Hagelberg*, JW 1909, S. 446 (447).

239 *Hagelberg*, JW 1909, S. 446 (447). Im Gegensatz zu *Kiefe* verneinte *Hagelberg* eine gesetzliche Verpflichtung des Pfändungsgläubigers, das Geld vorrangig zur Befriedigung der am Bau Beteiligten zu verwenden. Es fehle an der Eigenschaft des Baugeldempfängers (S. 448).

240 *Hagelberg*, JW 1909, S. 446 (448). Die Einrede sollte aus § 273 BGB folgen.

241 *RG*, JW 1909, S. 309, Nr. 4.

wandte die Unwirksamkeit der Abtretung ein. Vertraglich vereinbart war zwischen Baugeldgeber und Baugeldempfänger die Hingabe des Darlehens zum Bau einer Elektrizitätsanlage. Die Klägerin lieferte eine Lokomotive für den Bau der Elektrizitätsanlage und hatte sich für die daraus resultierenden Forderungen die Baugelddarlehensansprüche abtreten lassen. Das *Reichsgericht* entschied, „die Abtretung dürfe zwar nicht dazu führen, das Darlehen dem versprochenen Zweck zu entfremden". Unter diesem Gesichtspunkt sei die Abtretung hier aber als zulässig anzusehen, da durch die Abtretung der Zweck des Darlehens nicht gefährdet würde. Grund sei, dass die Klägerin mittels der Lieferung der Lokomotive zur Fortführung des Baus beitrage. Diese eingeschlagene Linie führte das *Reichsgericht* fort. Im Urteil vom 1. April 1911 sah es die „Abtretung des Anspruchs auf fällige Raten eines Baugelddarlehens für zulässig an, sofern die Abtretung nicht dem Zwecke der Baugelder, den Bau und dessen Fortsetzung zu ermöglichen und zu fördern, widerstreite"[242]. Als erstes Obergericht entschied das *OLG München* mit Urteil vom 9. Februar 1916 auf der Linie der relativen Pfändbarkeit. Es meinte, die „Übertragung des Anspruchs aus dem Baugelddarlehensvertrag sei jedenfalls dann zulässig, „wenn und soweit die zur Auszahlung abgetretene oder gepfändete Forderung zur Deckung von Leistungen für denjenigen Bau diene, für den das Baugelddarlehen bestimmt sei, weil durch eine derartige Abtretung das Baukapitaldarlehen seinen ursprünglichen Zweck beibehalte und erfülle"[243].

e) Weitere Entwicklung der Rechtsprechung vor 1945

In nachfolgenden Entscheidungen wurde die relative Pfändbarkeit von Baugeldforderungen von einer gefestigten Rechtsprechung bejaht. Gleichzeitig tauchte zunehmend der Gedanke eines „treuhandartigen Charakters" einer Zweckbindung auf[244]. Als erstes Gericht nahm das *Reichsgericht* in einem Urteil vom 16. Februar 1914[245] eine treuhandähnliche Stellung des Baugeldempfängers an. Dem Urteil lag jedoch nicht die klassische Abtretungs- und Pfändungskonstellation zugrunde. Der Baugeldempfänger hatte einen Teil des Baugeldes an seine Tochter zur Errichtung eines Kurzwarengeschäfts weitergegeben. Daraufhin klagten Bauhandwerker gegen die Tochter auf Rückzahlung des erhaltenen Bau-

242 *RG*, Warneyer (1911), Nr. 320.
243 *OLG München*, OLGR 33, S. 117 f.
244 Der Gedanke des treuhandartigen Charakters hat sich in der weiteren Entwicklung als eines der wesentlichen Merkmale der Zweckbindung herausgestellt. Er wird vor allem in neueren *BGH*-Entscheidungen betont. Vgl. dazu § 1 B I 8 und III 2 a cc (3).
245 *RGZ* 84, S. 188 ff.

geldes. Nach Ansicht der Kläger ergab sich der Anspruch aus unerlaubter Handlung (§ 823 Abs. 2 BGB i.V.m. § 1 Abs. 1 Satz 1 GSB, § 830 Abs. 2 BGB), da der Baugeldempfänger in Kenntnis der Tochter als Beihelferin, das Baugeld durch die Weitergabe entgegen dem GSB seinem Zweck entfremdet habe.

Das *Reichsgericht* entschied hier, dass grundsätzlich eine Beihilfe zur Zweckvereitelung des Baugeldes durch die beklagte Tochter als außenstehende Person erfolgen könne[246]. An dieser Stelle entschied das Gericht im Einklang mit *Kiefe*, dass der Baugeldvertrag nicht nur zwischen den Vertragsparteien wirke, sondern auch Pflichten des Baugeldempfängers gegenüber der Allgemeinheit übertrage. Grundlage sei die Vereinbarung der Vertragsparteien, die dem Baugeld eine bestimmte Verwendung gebe. Das *Reichsgericht* nahm dabei auf Grund des GSB eine öffentliche Beziehung der vereinbarten Verwendung an; es ordnete den Verwendungszweck rechtlich als Widmung ein, indem es erklärte, das Baugeld werde „einem öffentlichen Zwecke gewidmet und diene der Allgemeinheit, die ein Interesse an der Befriedigung der Allgemeinheit habe“[247]. Als Folge der Widmung erkannte das *Reichsgericht* dem Bauunternehmer jegliche zweckwidrige Verfügungsbefugnis über das Baugeld ab. Der Bauunternehmer könne, „nachdem diese Zweckbestimmung vereinbart sei, über das Geld auch Dritten gegenüber nicht mehr anders verfügen; er sei gewissermaßen nur Treuhänder oder Verwahrer für die Baugläubiger, zwar nicht für bestimmte Baugläubiger, aber für deren Gesamtheit“.

Auch das *Kammergericht* nutzte in einem Beschluss vom 15. April 1937 das treuhandähnliche Element zur Begründung der Zweckbindung[248]. Die Zweckbindung gehe vom „Vertragswillen“ und der „Natur des Baugeldvertrages“ aus. Durch das GSB habe sich der bereits bestehende „zweckgebundene, treuhänderische Charakter des Baugeldes“ nur noch verstärkt, da „in diesem Gesetz Sicherungen dafür getroffen worden seien, daß der Baugeldempfänger das Baugeld zur Befriedigung der Bauhandwerker und Baulieferanten verwende, um diese vor Verlusten zu schützen“. Entgegen der Reichsgerichtsansicht sprach das *Kammergericht* jedoch nicht von einem für die Allgemeinheit wirkenden Drittschutz des GSB. Das *Kammergericht* schloss vielmehr aus der „inneren treuhänderischen Zweckbindung“, dass der Bauunternehmer über die Baugeldforderungen nur in Form einer Abtretung verfügen könne, wenn die Grenzen der Zweck-

246 Hauptsächlicher Streitpunkt war im übrigen – hier nicht maßgeblich – die Frage, ob die Tochter Kenntnis von der Herkunft des Geldes als Baugeld hatte. Dies bejahte das Reichsgericht, *RGZ* 84, S. 188 (194).

247 *RGZ* 84, S. 188 (193).

248 *KG*, JW 1937, S. 2232; Ebenso *KG* vom 23. November 1939, DR 1940, S. 814: „Eine Abtretung, die außerhalb dieser Zweckgebundenheit liegt, ist unzulässig“.

bindung eingehalten würden. Entsprechend sei auch die Pfändbarkeit gemäß §§ 851 Abs. 1, 399 BGB nur relativ zulässig. Eine Anwendung von § 851 Abs. 2 ZPO lehnte das *Kammergericht* ab. „Die in § 851 Abs. 2 ZPO bestimmte Einschränkung des Pfändungsschutzes aus § 851 Abs. 1 ZPO könne ihrem Sinne nach nicht auf solche Forderungen bezogen werden, die nach ihrem Wesen in der Weise zweckgebunden seien, dass der Empfänger die Zahlungen gleichsam nur treuhänderisch für bestimmte Ausgaben verwenden dürfe“[249].

f) Entwicklung der Rechtsprechung nach 1945

Nach 1945 brachte die weitere Entwicklung in der Rechtsprechung im Zusammenhang mit Baugeldern keine wesentlichen Neuerungen mehr[250]. Das *LG Aachen* entschied am 28. November 1961, auf der Linie der relativen Pfändbarkeit von Baugeldforderungen im Rahmen ihrer Zweckbindung[251]. Das *LG Aachen* schloss sich der seiner Ansicht nach „einhellig vertretenen Meinung in Rechtsprechung und Literatur“ an, dass Baugelder gepfändet werden können, wenn sie ihrer „Zweckbestimmung“ zugeführt werden sollen, d.h. wenn sie zur Deckung von Leistungen für denjenigen Bau verwendet werden sollen, für dessen Herstellung sie gewährt worden und bestimmt sind. Das *LG Aachen* führte dabei die Zweckbegründung nicht auf eine Parteiabrede zurück, sondern allein auf das GSB, denn es sprach davon, dass der „Zweck des Gesetzes über die Sicherung von Baugeldforderungen gewahrt werde“, wenn die Baugelder für mit der Durchführung des Bauvorhabens zusammenhängende Ausgaben verwendet würden[252].

Zusammenfassend haben Rechtsprechung und Literatur bei Baugeldforderungen folgende Ansichten zum Thema Zweckbindung hervorgebracht:

---

249 *KG*, JW 1937, S. 2232.

250 Vgl. etwa *LG Bremen*, NJW 1953, S. 1397 f., dass zwar von einer „Zweckgebundenheit“ des Baugeldanspruchs sprach, die Pfändung aber durch Annahme des § 1 Abs. 1 Satz 2 GSB bejahte. Daneben auch *OLG Stuttgart*, BB 1956, S. 1012, das die Zweckgebundenheit eines Bauspardarlehens annahm, durch die die Verfügungsfreiheit des Bausparenden über die Summe beschränkt werde. Zusammenfassend: *Bauer*, Das juristische Büro 1963, S. 66 f. sowie *Wieczorek*, § 851, B I c 1.

251 *LG Aachen*, RPfl 1962, S. 449 f.

252 *LG Aachen*, RPfl 1962, S. 449 (450).

Hinsichtlich der **Begründung** einer Zweckbindung	• Die besondere Natur eines Baugeldvertrages, insbesondere das Sicherungsinteresse des Baugeldgebers führt zu einer „Zweckbestimmung" des Baugeldes (*RGZ 38 – Baugeld I*; *OLG Dresden, 1901*; *OLG Frankfurt*; *Kammergericht, 1937*). • Eine vertragliche Vereinbarung führt zur Zweckbindung (*Breit*; *Kammergericht, 1937*) • Der Zweckbindung liegt ein treuhandartiges Verhältnis zugrunde (*RGZ 84 – Baugeld III*; *Kammergericht, 1937*) • Das GSB führt zur Zweckbindung des jeweiligen Baugeldempfängers (*Kiefe*; *LG Aachen*).
Hinsichtlich der **Übertragbarkeit** von Baugeldforderungen	• Freie Übertragbarkeit (*Kiefe*; *Hagelberg*) • Die „Zweckbestimmung" schwächt allein die Abtretungsfolgen (*RGZ 38 – Baugeld I*). • Die Zweckbindung schließt nach § 399 BGB die Abtretung aus: - Fall von § 399 Alternative 1 BGB (*Breit*) - Keine Festlegung auf eine Alternative: (*Kammergericht, 1905 und 1937*; *OLG Frankfurt*) • Widmungscharakter schließt zweckwidrige Verfügung aus (*RGZ 84 – Baugeld III*). • Übertragbarkeit immer ausgeschlossen (*Walsmann*)
Hinsichtlich der **Pfändbarkeit** von Baugeldforderungen	• Rechtlich uneingeschränkte Pfändbarkeit (*Kiefe*; *Hagelberg*) • § 851 Abs. 1 ZPO schließt die Pfändbarkeit aus, da die Baugeldforderung nicht übertragbar ist (*OLG Frankfurt*). • Eigenständiges Pfändungsverbot beruhend auf dem Gedanken des Schikaneverbots, da auch der Gläubiger der Zweckbindung unterliegt (*OLG Dresden, 1901)*. • Die Zweckbindung hindert Übertragung und Pfändung nicht, wenn Zweckerreichung ungefährdet ist (sog. relative Pfändbarkeit) (*Breit*; *RG – Baugeld II*; *OLG München*; *Kammergericht, 1937*; *LG Aachen*). • Anwendbarkeit von § 851 Abs. 2 ZPO ist strittig: - Anwendung gegeben (*Kiefe*; *OLG Nürnberg*) - Keine Anwendbarkeit: (*Breit*; *Kammergericht, 1937*).

3. Prozesskostenvorschüsse

Nach den ersten Entscheidungen über die materiell- und vollstreckungsrechtliche Behandlung von Baugeldforderungen erweiterte sich die Problematik zweckgebundener Forderungen auf Ansprüche von Ehegatten auf Prozesskostenvorschüsse. Zur Veranschaulichung der rechtlichen Lage ist der Beschluss des *LG Wiesbaden* vom 25. Mai 1904 anzuführen.

a) LG Wiesbaden 1904[253]

Im zugrunde liegenden Sachverhalt stand dem Ehemann nach einer gewonnenen Ehescheidungsklage ein Zahlungsanspruch in Höhe von ca. 4.000 RM gegen seine Ehefrau aus dem Kostenfestsetzungsbeschluss zu, auf Grund dessen er die Vollstreckung betrieb. Er ließ einen gegen ihn selbst gerichteten Anspruch der Ehefrau auf Zahlung eines Prozesskostenvorschusses in Höhe von 500 RM pfänden. Die hiergegen eingelegte Erinnerung der Ehefrau wies das Amtsgericht ab, weil die Vorschussforderung der Ehefrau nicht zu denen gehöre, bei denen die Übertragbarkeit ausgeschlossen sei. Das *LG Wiesbaden* als Beschwerdegericht hob die Pfändung wegen der entgegen stehenden §§ 851 Abs. 1 ZPO, § 399 BGB auf. Es meinte, „die gepfändete Vorschussforderung sei mit Rücksicht auf § 399 (Alternative 1) BGB als solche anzusehen, deren Leistung an einen anderen als den ursprünglichen Gläubiger nicht ohne Veränderung ihres Inhalts erfolgen könne“. Aus dem Zweck des vorliegenden Anspruchs auf Kostenvorschuss, „ergebe sich, daß die Leistung nur an die Schuldnerin (die Ehefrau) zu bewirken sei und eine Leistung an einen Dritten den Zweck der Leistung vereiteln würde. Insofern würde eine Abtretung auch eine Änderung des Leistungsinhalts bedeuten“. Zu der Folgeproblematik des § 851 Abs. 2 ZPO nahm das *LG Wiesbaden* nicht Stellung[254].

b) OLG Naumburg 1918

Die Rechtsprechung des *LG Wiesbaden* wurde fortgeführt durch das *OLG Naumburg* in einem Beschluss vom 28. Juni 1918[255]. Der Sachverhalt war der vorangegangenen Entscheidung ähnlich: Die Parteien stritten um die Wirksamkeit eines Pfändungsbeschlusses. Der Streit hatte sich aus einem Ehescheidungsprozess ergeben, in dessen Rahmen der Ehemann verurteilt wurde, gemäß § 1387 BGB a.F. (§ 1360a Abs. 4 BGB n.F.) an seine Ehefrau einen Vorschuss auf die Prozesskosten zu leisten. Im folgenden pfändete der Ehemann die Vorschussforderung seiner Ehefrau. Das Amtsgericht hob den Pfändungsbeschluss auf die Erinnerung der Ehefrau auf. Das *OLG Naumburg* bestätigte die Aufhebung durch das Amtsgericht.

Das *OLG Naumburg* sah den Vorschussanspruch gemäß § 851 ZPO i.V.m. § 399 Alternative 1 BGB als unabtretbar und damit unpfändbar an. Zweck des

253 *LG Wiesbaden*, Frankfurter Rundschau (1903), Bd. 1, S. 114 ff.

254 Das *OLG Frankfurt* bestätigte die Entscheidung, Frankfurter Rundschau (1903), Bd. 1, S. 114 (115).

255 *OLG Naumburg*, JW 1918, S. 573.

Vorschussanspruchs sei es, „als Kostenvorschuss zu dienen". Insofern sei nicht eine Geldleistung schlechthin, sondern die Zahlung eines Geldbetrages „als Kostenvorschuss geschuldet". Dieser Leistungszweck sei Leistungsinhalt. Eine Abtretung an einen Gläubiger, der nicht zur Verwendung des Geldes als Prozesskostenvorschuss verpflichtet sei, würde daher den Inhalt der Leistung wesentlich verändern[256]. Die Zweckbindung leitete das *OLG Naumburg* aus der Anspruchsnorm des § 1387 BGB ab. An dieser Entscheidung zeigt sich außerdem die nur „eingeschränkte" Unpfändbarkeit, denn das Gericht erklärte die Abtretung und damit die Pfändbarkeit nur insoweit als unzulässig, als der vorhergesehene Verwendungszweck des Geldes als Prozesskostenvorschuss vom neuen Gläubiger nicht erfüllt werden würde.

c) LG Berlin vom 17. Dezember 1970

Auch das *LG Berlin* sah die Pfändung des Vorschussanspruchs aus § 1360a Abs. 4 BGB als unwirksam an[257]. Das Gericht bejahte ohne Festlegung auf eine Alternative die Unübertragbarkeit gemäß § 399 BGB und damit eine Unpfändbarkeit aus § 851 Abs. 1 ZPO, da der Anspruch aus § 1360a Abs. 4 BGB auf Grund seiner Zweckgebundenheit außerhalb seiner „Zweckbestimmung" nicht übertragbar sei[258]. Dies ergebe sich aus dem Wesen des Anspruchs selbst.

d) BGH – Urteil vom 15. Mai 1985

Letztlich führte der *BGH* im Rahmen der Pfändung von Prozesskostenvorschüssen den Gedanken der treuhandartigen Zweckgebundenheit ein[259]. Im zu entscheidenden Sachverhalt hatte das Amtsgericht in einem Ehescheidungsverfahren dem Scheidungsantrag des Ehemanns stattgegeben. Die Ehefrau legte gegen das Urteil Berufung ein und beantragte beim Berufungsgericht weiterhin, dem Ehemann durch einstweilige Anordnung die Zahlung eines Prozesskostenvorschusses für das Berufungsverfahren aufzugeben. Das Berufungsgericht erließ

---

256 *OLG Naumburg*, JW 1918, S. 573.

257 *LG Berlin*, FamRZ 1971, S. 173. Für eine Pfändbarkeit sprach sich *Meyer*, RPfl 1958, S. 297 (301) aus, der allerdings nicht auf eine Zweckbindung einging, sondern die Pfändbarkeit mangels Eingreifen von § 850b Abs. 1 Nr. 1 ZPO bejahte.

258 Das *LG Berlin* wies darauf hin, dass es für eine Abtretung innerhalb der "Zweckbestimmung" nicht ausreiche, wenn der Abtretungsempfänger ein Rechtsanwalt sei. Es müsse vielmehr „die Sicherstellung des Honoraranspruchs des Prozessbevollmächtigten erfolgen, der die Anspruchsberechtigte in dem Rechtsstreit vertrete, für den der Prozesskostenvorschuss verwendet werden solle", FamRZ 1971, S. 173.

259 *BGH*, NJW 1985, S. 2263 (2264).

eine entsprechende Anordnung in Höhe von knapp 2.500 DM. Im folgenden Berufungsverfahren unterlag die Ehefrau. Der Ehemann erlangte diesbezüglich einen Kostenfestsetzungsbeschluss über 3.700 DM gegen seine Ehefrau. Er selbst leistete den Prozesskostenvorschuss nicht, die Ehefrau verfolgte daraufhin diesen Anspruch im Wege der Zwangsvollstreckung. Dagegen wandte sich der Ehemann mittels einer Vollstreckungsgegenklage, mit der er unter anderem geltend machte, der Anspruch auf Prozesskostenvorschuss sei durch eine von ihm erklärte Aufrechnung mit seinem Kostenerstattungsanspruch aus dem Berufungsverfahren erloschen.

Der *BGH* verneinte die Wirksamkeit der Aufrechnung im Hinblick auf das Aufrechnungsverbot aus § 394 BGB i. V. m. § 851 Abs. 1 ZPO, § 399 BGB. Der Anspruch der Ehefrau auf den Prozesskostenvorschuss aus § 1360a Abs. 4 BGB sei gemäß §§ 851 Abs. 1 ZPO i.V.m. 399 BGB wegen Unübertragbarkeit unpfändbar, so dass gegen ihn nicht aufgerechnet werden könne. Welche Alternative des § 399 BGB eingreifen sollte, ließ der *BGH* offen. Die Unübertragbarkeit begründete der *BGH* mit der „treuhandartigen Zweckgebundenheit" des Prozesskostenvorschusses, wonach außer an den Prozessbevollmächtigten oder das Gericht wegen der Kosten, eine Übertragung und damit auch die Pfändung ausscheide. Der Anspruch auf Prozesskosten wolle dem Berechtigten die Mittel verschaffen, die er für die Durchführung eines eine persönliche Angelegenheit betreffenden Rechtsstreits gegenüber dem Gericht und seinem Prozessbevollmächtigten benötige[260]. Damit zog der *BGH* die Zweckbindung wie zuvor das *OLG Naumburg* und das *LG Berlin* aus der Anspruchsnorm des § 1360a Abs. 4 BGB selbst. Eine Pfändbarkeit über § 851 Abs. 2 ZPO verneinte der *BGH*, da seiner Ansicht nach die Vorschrift nicht für zweckgebundene Ansprüche gelte[261].

Die Entscheidung des *BGH* ist in mehrfacher Hinsicht für die Entwicklung der zweckgebundenen Forderungen wichtig. Zum einen zeigt sie, dass über das gesetzliche Aufrechnungsverbot des § 394 BGB i.V.m. § 851 ZPO die Problematik zweckgebundener Forderungen auch bei der Aufrechnung auftritt. Vor allem stellt sich bei der Entscheidung die Frage, was eine treuhandartige Zweckbindung ausmacht. Der *BGH* bejahte den treuhandartigen Charakter ausgehend von der gesetzlichen Anspruchsnorm § 1360a Abs. 4 BGB. Zum Wesen des treuhandartigen Verhältnisses nahm der *BGH* nicht konkret Stellung, deutete aber an, dass der fordernde Ehegatte nur eine Vermittlungsfunktion hinsichtlich des Vorschusses habe, denn letztlich sollten die Geldmittel nicht ihm, sondern dem Gericht und seinem Prozessbevollmächtigten zukommen. Daneben wurde

260 *BGH*, NJW 1985, S. 2263 (2264).

261 *BGH*, NJW 1985, S. 2263 (2264) unter Verweis auf *BGH*, LM, § 851 Nr. 3, = RPfl 1978, S. 248 f.

§ 851 Abs. 2 ZPO generell ausgeschlossen, wobei der Weg zu diesem Ergebnis unklar ist und mehrere Deutungsmöglichkeiten eröffnet[262]:

- Teleologische Reduktion des § 851 Abs. 2 ZPO insgesamt bei zweckgebundenen Forderungen.
- Zuordnung zu § 399 Alternative 1 BGB und Ausschluss dieser Alternative vom Anwendungsbereich des § 851 Abs. 2 ZPO.
- Zuordnung zu § 399 Alternative 2 BGB und Ausschluss dieser Alternative vom Anwendungsbereich des § 851 Abs. 2 ZPO.

Zusammenfassend sind in der Fallgruppe Prozesskostenvorschüsse folgende Merkmale deutlich geworden:

Begründung der Zweckbindung	• Zweckbindung aus § 1360a Abs. 4 BGB (bzw. § 1387 BGB a.F.) (*OLG Naumburg*; *LG Berlin*; *BGH*). • § 1360a Abs. 4 BGB vermittelt eine treuhandartige Zweckgebundenheit (*BGH*)
Übertragbarkeit	• § 399 Alternative 1 BGB steht generell Abtretung an Dritten entgegen (*LG Wiesbaden*) • § 399 Alternative 1 BGB steht zweckwidriger Abtretung entgegen (*OLG Naumburg*; *LG Berlin*). • Unklar welche Alternative des § 399 BGB (*BGH*)
Pfändbarkeit	• Die Pfändung ist nach § 851 Abs. 1 ZPO insoweit ausgeschlossen, als der Vorschussanspruch wegen seiner Zweckbindung nicht übertragen werden kann (relative Pfändbarkeit) (*OLG Naumburg*; *LG Berlin*; *BGH*). • § 851 Abs. 2 ZPO findet keine Anwendung (*BGH*).

4. Miet- und Pachtzinsforderungen

a) Mietzinsforderungen

aa) KG 1924

Einen weiteren Aspekt in der Entwicklung zweckgebundener Forderungen brachte die Rechtsprechung des *Kammergerichts* im Bereich von Mietzinsforderungen. Mit Beschluss vom 27. September 1924 entschied das Gericht, dass die Abtretung und Pfändung von Mieten gemäß §§ 851 ZPO, 399 Alternative 1 BGB unzulässig sei, soweit die Miete nach den gesetzlichen Vorschriften zur In-

262 Dazu eingehend § 2 B IV 2 b dd (4).

standhaltung des Hauses und Zahlung von Steuern und anderen öffentlichen Lasten benötigt werde[263]. Im zugrundeliegenden Sachverhalt hatte der Vermieter eines Mietshauses in Berlin offene Verbindlichkeiten gegenüber einem seiner Gläubiger, der daraufhin die Ansprüche des Vermieters gegen seine Mieter auf Zahlung der gesetzlichen[264] Miete pfänden und sich zur Einziehung überweisen ließ. Dabei unterschied der Gläubiger nicht zwischen dem Teil der Miete, der für Instandhaltung und öffentliche Lasten aufzuwenden war und dem danach verbleibenden Restbetrag. Der Vermieter legte Erinnerung gegen die Pfändung ein. Das *Landgericht Berlin* hielt die Pfändung für unzulässig. Dieser Ansicht schloss sich das *Kammergericht* an.

Zur Begründung führte es aus, es handele sich bei dem zur Instandhaltung und Steuerabgabe erforderlichen Betrag „um zweckgebundene und deswegen nicht abtretbare und folgeweise nicht pfändbare Forderungen". Die Vollstrekkung des Gläubigers sei nur insofern zulässig, als „die Pfändung derjenigen vom Gläubiger bestimmt zu bezeichnenden Teilbeträge begehrt werde, die nach Abzug der zur Hausbewirtschaftung erforderlichen Teile von den Mietforderungen übrig blieben"[265]. Den Einwand des Gläubigers, die Miete sei seit jeher zum Teil zur Hausbewirtschaftung zweckbestimmt gewesen, habe aber bisher nicht zur Unabtretbarkeit und Unpfändbarkeit geführt, wies das *Kammergericht* zurück. Im Gegensatz zur früheren Rechtslage, habe der Gesetzgeber nun durch die Einführung des Reichsmietengesetz, eine „rechtliche Zweckgebundenheit der Mieterträge geschaffen, die sich insbesondere bei der Fahrnispfändung auswirke"[266]. Das *Kammergericht* zog das Reichsmietengesetz vom 24. März 1922 (RMG)[267] zur Untermauerung der Zweckbindung heran, indem es „auf den gesamten Inhalt

---

263 *KG Berlin*, JR 1925, S. 869 f. (Nr. 1217). Dieser Beschluss war zwar nicht die absolut erste Entscheidung zu diesem Thema, denn das *KG* hatte bereits am 3. August 1923 die Unpfändbarkeit von Ansprüchen des Vermieters gegen die Mieter auf Umlagen angenommen. Erst in dem hier aufgeführten Beschluss gelangte das *KG* aber zur Unpfändbarkeit der Miete im allgemeinen. Zudem bezogen sich die späteren Kritiker auf den hier dargelegten Beschluss.

264 Zur Zeit der Entscheidung unterlagen gewisse Häuser der gesetzlichen Miete, was bedeutete, dass Mieter und Vermieter jederzeit das Recht hatten, zu erklären, dass die Miethöhe nach den Vorschriften des RMG zu berechnen sei, vgl. *LG Essen*, JW 1927, S. 605 (Punkt 9) und *Ebel*, Reichsmietengesetz und Mieterschutzgesetz, S. 3 – 9.

265 *KG Berlin*, JR 1925, S. 869 f. (Nr. 1217).

266 *KG Berlin*, JR 1925, S. 869 f. (Nr. 1217).

267 *RGBl I*, S. 273 ff., mehrfach geändert, vgl. *Stern*, S. 16. § 6 Abs. 1 Satz 1 RMG enthielt die eigentliche Verwendungspflicht: „Der Instandsetzungszuschlag (§ 3) ist von dem Vermieter für die erforderlichen laufenden Instandsetzungsarbeiten sachgemäß zu verwenden". §§ 7, 8 und 17 RMG bildeten ergänzende Regelungen, vgl. die Kommentierungen bei *Stern*.

des RMG im Zusammenhang, vor allem aber auf die §§ 6, 7, 8 und 17 RMG abstellte, die dem Vermieter die Pflicht auferlegten, einen gewissen Betrag der Miete, für Instandhaltungsarbeiten abzuführen[268]. Aus dieser Verwendungspflicht des Vermieters schloss das Gericht, dass es auch Sinn und Zweck des RMG sei, die Übertragung und Pfändung der Mietzinsforderungen auszuschließen, soweit sie der Verwendungspflicht unterlägen. Die Unpfändbarkeit nach § 851 Abs. 1 ZPO ergab sich nach dem *Kammergericht* aus der fehlenden Abtretbarkeit der Mietzinsforderung gemäß § 399 Alternative 1 BGB, da die Miete insofern eine Forderung sei, bei der das Geld nicht „schlechthin, sondern als zweckgebundenes geschuldet" sei[269]. Somit gelangte das *Kammergericht* zu einer ähnlichen Folgerung, wie dies zum Teil auch bei der Gruppe der Baugelddarlehen hinsichtlich § 1 Abs. 1 GSB vertreten wurde[270].

Neu in der Entwicklung zweckgebundener Forderungen war die Begründung der Zweckbindung durch das *Kammergericht*, welches im Unterschied zur Rechtslage bei Baugeldern nicht das Sicherungsinteresse des Drittschuldners bzw. der Bauglaubiger abstellte, sondern die allgemeinen wirtschaftlichen Verhältnisse der Nachkriegszeit heranzog[271]. Entscheidend für die Annahme der Zweckbindung waren soziale Interessen der Öffentlichkeit in dieser Zeit. Ausgangspunkt war der Umstand, dass im Jahre 1923 „infolge der Kriegszeit und der Inflation eine völlige Verwahrlosung der Häuser und Wohnungen eingetreten war. [...]. Von einer Neubautätigkeit war so gut wie gar keine Rede. Vor diesem Hintergrund sah es das *Kammergericht* als Ziel und Zweck der Mietgesetzgebung des RMG an, die Durchführung der im öffentlichen Interesse liegenden Mietwirtschaft, die Sicherung und Ordnung der Benutzung der Wohnungen und die Sicherstellung der Gebäudeinstandsetzung zu erhalten. Ausgehend von diesem Gesetzeszweck wurde die (teilweise) Zweckbindung der Mietforderungen angenommen.

Bereits in der Entscheidung vom 5. Juni 1925 sprach das *Kammergericht* in Anschluss an seinen vorhergehenden Beschluss bei der Unpfändbarkeit der Miete von einer „ständigen Rechtsprechung"[272]. Es nahm an, dass zum Zeitpunkt

268 Siehe die Ausführungen des Richters am Kammergericht *Pick*, JW 1927, S. 568 f.; Vgl. auch *OLG Frankfurt*, JR 1926, S. 1245 f. (Nr. 1664). Eine Verpflichtung zu gesonderter Buchung oder Aufbewahrung dieser Beträge bestand dagegen für den Vermieter nicht.

269 *KG Berlin*, JR 1925, S. 869 f. (Nr. 1217).

270 Auf diese Rechtsprechung nahmen die Vertreter der Unpfändbarkeit von Mieten auch ausdrücklich Bezug, wobei unklar ist, ob dies durch das Kammergericht selbst geschah, vgl. *LG Essen*, JW 1927, S. 605 (Punkt 9).

271 Dies wird deutlich bei den Ausführungen des *KG Berlin* in JW 1928, S. 2562.

272 *KG Berlin*, JR 1925, S. 871 (Nr. 1218).

der Entscheidung ca. 6/7 der gesetzlichen Miete auf Grund der Zweckgebundenheit nicht der Pfändung unterworfen seien. Auf Grund dieser Größenordnung war die Vollstreckung in Mietansprüche für die Gläubiger der Vermieter wirtschaftlich bedeutungslos. Das Kammergericht war sich dieser Folgen bewusst, gleichwohl glaubte es, dass eine eingeschränkte Pfändung von Mietforderungen den „gesetzgeberischen Zwecken der Notmietgesetzgebung[273]" entsprach und auch ein gelegentlicher Missbrauch der Unpfändbarkeit durch den Vermieter nicht maßgeblich ins Gewicht falle[274]. Die ständige Rechtsprechung wurde bis in das Jahr 1928 fortgesetzt[275]. Das Kammergericht milderte seine Rechtsauffassung in dieser Zeit jedoch insofern ab, dass eine „rechtsgeschäftliche oder zwangsvollstreckungsweise Verfügung zugunsten der Zweckgläubiger zulässig sei, für die die Eingänge aus den Mieten gerade bestimmt seien oder die zweckbestimmungsgemäße Verwendung in dem gesetzlich gebotenen Umfang sichergestellt werde[276]. Mit dieser Einschränkung glich sich die Kammergerichtsrechtsprechung der Ansicht der „relativen Pfändbarkeit" bei Baugeldern an, auf die zum Teil ausdrücklich Bezug genommen wurde[277].

bb) Die Reaktionen auf diese Rechtsprechung

Die Rechtsprechung des *Kammergerichts* stieß bei den meisten anderen Obergerichten sowie bei einem Großteil der Literatur auf Kritik[278]. Als eine der ersten Stimmen gegen die vom *Kammergericht* vorgenommene Schlussfolgerung aus dem RMG gab das *OLG Dresden* in einem Beschluss vom 28. Dezember 1925 zu bedenken, das RMG hätte ohne weiteres eine weitergehende Sicherheit als die Verwendungspflicht des Vermieters begründen können. Wäre dieser gesetzgeberische Wille vorhanden gewesen, hätte es nahe gelegen, die Abtretung und Pfändung des Mietzinses in Höhe der Bewirtschaftungskosten explizit zu untersagen[279]. Eine solche eingeschränkte Gesetzesauslegung wurde auch von einem Teil des Schrifttums vertreten. *Ebel* kam zu dem Schluss, dass nach den Gesetzesmaterialien eine Einschränkung der freien Pfändbarkeit und Abtretbarkeit der

273 Das RMG war einer der Hauptbestandteile der Notmietgesetzgebung nach dem ersten Weltkrieg. Allgemein dazu oben § 2 A III 3.

274 *KG Berlin*, JR 1925, S. 871 (Nr. 1217 a.E. und Nr. 1218).

275 Vgl. *KG Berlin*, JW 1928, S. 2562.

276 Vgl. die Nachweise bei *Pick*, JW 1927, S. 568.

277 Vgl. den Hinweis in den Ausführungen des *LG Essen*, JW 1927, S. 605.

278 Die Kammergerichtsrechtsprechung wurde dagegen bejaht von *Pick*, JW 1927, S. 568 f.

279 *OLG Dresden*, LZ 1927, S. 347 f.

Mieten vom Gesetzgeber niemals beabsichtigt gewesen sei; entsprechende Anträge seien im Reichstagsausschuss abgelehnt worden[280].

Das eigentliche rechtliche Problem brachte das *OLG Königsberg* in seiner Entscheidung vom 22. Februar 1926 auf den Punkt: Die Frage der Übertragbarkeit und damit der Pfändbarkeit der Miete hänge davon ab, „ob der Inhalt der Leistung seitens der Mieter nach wie vor Mietzins bleibe, auch wenn ein Teil desselben nach gesetzlicher Vorschrift der Instandhaltung des Hauses und dem Aufbringen öffentlicher Steuern diene[281]. Nicht die – unzweifelhafte – Schaffung der gesetzlichen „Zweckbestimmung" sei maßgeblich, sondern die Frage, ob durch die „Zweckbestimmung" der Inhalt der Leistung dergestalt verändert werde, daß die Miete nicht mehr abtretbar sei"[282]. Die herrschende Ansicht der Obergerichte verneinte entgegen dem *Kammergericht* eine Inhaltsänderung der Mietzinsforderungen, was mit dem rechtlichen Charakter eines Mietverhältnisses begründet wurde. Wiederholt wurde in den Entscheidungsgründen ausgeführt, dass das „rein privatrechtliche Mietverhältnis zwar in gewissen Grade seines Charakters entkleidet und mit dem öffentlich-rechtlichen Gewand staatlicher Wohnungsfürsorge umgeben sei, immerhin doch noch immer einen privatrechtlichen Vertrag darstelle und nicht außerhalb des BGB gestellt sei. Die Mietzinsforderung bleibe für beide Vertragsparteien, insbesondere für den Mieter Mietzins"[283]. Dem Argument des *Kammergerichts*, das erhebliche öffentliche Interesse an der Wohnraumerhaltung gebiete die Annahme einer „rechtlichen Zweckgebundenheit der Mieterträge" nach dem RMG[284], wurde mit verschiedenen Begründungen widersprochen. Neben den oben aufgeführten Bedenken hinsichtlich des gesetzgeberischen Willens wurde geltend gemacht, eine solche Gesetzesauslegung sei nicht zulässig, da das RMG keine zwingenden Anhaltspunkte für eine Unpfändbarkeit enthalte und als Sondergesetz nur einschränkend ausgelegt werden dürfe[285]. Zum anderen sei die rechtliche Zweckgebundenheit auch nicht erforderlich, da die Bestimmungen des RMG die Interessen der Mieter und der Öffentlichkeit ausreichend schützten[286]. Letztlich benachteilige die Kammergerichtsansicht die Hausbesitzer, indem sie ihnen durch die Einschränkung der

280 Siehe die Nachweise bei *Ruth*, Anmerkung zu *OLG Karlsruhe* vom 12. Januar 1927, JW 1927, S. 1392 ff. sowie *OLG Königsberg*, JR 1926, S. 1500 (Nr. 2078).

281 *OLG Königsberg*, JW 1927, S. 1393.

282 *OLG Königsberg*, JW 1927, S. 1393.

283 *OLG Königsberg*, JR 1926, S. 1499 f. (Nr. 2078), JW 1927, S. 1393; *OLG Hamm*, JW 1927, S. 605 f. (Nr. 9).

284 *KG Berlin*, JR 1925, S. 870 (Nr. 1217).

285 *Ruth*, JW 1927, S. 1392, Anmerkung zu *OLG Karlsruhe* vom 12. Januar 1927.

286 *OLG Frankfurt*, JR 1926, S. 1245 f. mit Einzelheiten zu Schutzmechanismen nach dem RMG; *LG Essen*, JW 1927, S. 605; *OLG Karlsruhe*, JW 1927, S. 1392 f.

freien Verfügungsbefugnis im Wege der Abtretung und der Unpfändbarkeit der Mietzinsforderungen eine wichtige Kreditgrundlage entziehe[287]. In den Augen des *LG Essen* handelte es sich bei den Mietzinsforderungen nur um wirtschaftlich gebundene, aber nicht rechtlich zweckgebundene Forderungen. Die bloße wirtschaftliche Gebundenheit stünde sowohl der Abtretbarkeit, als auch der Pfändbarkeit nicht im Wege[288]. Am schärfsten kritisierte *Ruth* die Rechtssprechung des *Kammergerichts*, die seiner Meinung zufolge, etwas „sehr Willkürliches" an sich trage und durch die wirtschaftliche Einstellung des jeweiligen Urteilsverfassers bestimmt sei[289].

cc) Die Umkehr des KG 1928

Das *Kammergericht* nahm im Beschluss vom 16. März 1928 Abstand von seiner Rechtsprechung. In den Beschlussgründen ging es allerdings nicht auf die Gegenstimmen in Literatur und Rechtsprechung ein, sondern begründete die Aufgabe seiner Rechtsprechung mit einer grundlegenden Änderung der wirtschaftlichen Verhältnisse[290]. Die Neubautätigkeit sei nicht unbeträchtlich belebt worden und der Zustand der Häuser habe insgesamt eine Verbesserung erfahren. Aus dieser wirtschaftlichen Entwicklung und einer Änderung der Gesetzgebung in ihrer Gesamtheit ergebe sich nun der Grundgedanke der Mietgesetzgebung, den Mieter vor überstürzter Mietanpassung und ungerechtfertigter Kündigung zu schützen sowie einen Interessenausgleich zwischen Mieter und Vermieter zu schaffen. Das Prinzip der Erhaltung der Häuser und Mieträume könne nicht mehr „als für die jetzige Gesetzgebung wesentlich und entscheidend anerkannt werden. Es sei nicht mehr gerechtfertigt, die Miete als zweckgebunden anzusehen"[291].

287 *Ebel*, siehe Nachweise bei *Ruth*, JW 1927, S. 1392.

288 *LG Essen*, JW 1927, S. 605.

289 *Ruth*, JW 1927, S. 1392 f. Diesen Willkürcharakter sahen *Ruth* sowie das *LG Essen*, JW 1927, S. 605, auch in der Ungleichbehandlung zwischen gesetzlicher und frei vereinbarer Miete: Die Zweckbindung galt nur für Häuser, bei denen die Miete gesetzlich bestimmt wurde. Soweit die Miethöhe frei vereinbart werden konnte, wie zum Beispiel bei Geschäftsräumen, waren die Mietzinsforderungen frei abtretbar und pfändbar.

290 *KG Berlin*, JW 1928, S. 2562 f.

291 *KG Berlin*, JW 1928, S. 2562 f. An der Umkehr der Kammergerichtsrechtsprechung wird deutlich, wie schnell der Wechsel zwischen Zweckbindung und fehlender Zweckbindung erfolgen kann. Ob die Ansicht des Kammergerichts haltbar ist, wird unten bei § 2 B III 1 a bb (4) untersucht.

dd) Die weitere Entwicklung

Nach Aufgabe der Kammergerichtsrechtsprechung wurden die Mietforderungen wieder einhellig als übertragbar und pfändbar angesehen. Im folgenden wurde der Gedanke der Zweckbindung aber vom Gesetzgeber aufgegriffen, der wiederum die Pfändbarkeit von Miet- und Pachtzinsen beschränkte[292]. Zunächst sah § 19 Abs. 2 Satz 1 ZwVVO[293] auf Antrag des Schuldners die Aufhebung der Pfändung von Miet- und Pachtzinsansprüchen vor, soweit der Schuldner diese Einkünfte zur laufenden Unterhaltung des Grundstücks oder etwa zur Vornahme notwendiger Instandsetzungsarbeiten benötigte. Damit enthielt das Gesetz nun ausdrücklich die zur Unpfändbarkeit führende Zweckbindung, die das *Kammergericht* zuvor im Wege der Gesetzesauslegung versucht hatte, zu etablieren[294]. § 19 ZwVVO stellte jedoch einzig eine Beschränkung der Pfändbarkeit dar; der vierte Absatz der Norm nahm die Abtretung und Aufrechnung ausdrücklich von der Regelung aus. Die in § 19 ZwVVO angeordnete Zweckgebundenheit von Mieten setzt sich in ihren Grundsätzen im 1953 eingeführten § 851b Abs. 1 ZPO noch heute fort. Die amtliche Begründung zu § 851b ZPO erachtete einen beschränkten Vollstreckungsschutz bei Miet- und Pachtzinsforderungen für notwendig, wobei die Begründung der des Kammergerichts im Jahre 1924 ähnelte. Ausgeführt wurde, dass „die Erhaltungs- und Instandsetzungslasten, die infolge des (2. Welt)Krieges und seiner Nachwirkungen auf dem Hausbesitz ruhten, das Bedürfnis nach einer derartigen Zweckbindung der Einkünfte aus Miet- und Pachtzinsen sogar eher gesteigert hätten“[295]. Die Einführung der Zweckbindung in Form des § 851b ZPO beruhte damit auch 1953 auf dem öffentlichen Interesse an der Wohnraumerhaltung.

b) Untermietforderungen

Im folgenden entwickelte sich die Fallgruppe „Miet- und Pachtzins“ im Bereich von Untermietforderungen fort. Bei den dazu ergangenen Entscheidungen wurde im Anschluss an die Rechtsprechung bei Baugeldern und Prozesskostenvorschüssen auch hier das treuhandartige Element der Zweckbindung näher betrachtet.

292 Dazu auch *Lippross*, S. 59.

293 Verordnung über Maßnahmen auf dem Gebiet der Zwangsvollstreckung vom 26. Mai 1933, *RGBl. I* 1933, S. 302 ff.

294 Vgl. *Sebode*, DR 1940, S. 429.

295 *BT-Drucks.* 1/Nr. 3284, S. 21.

aa) LG Frankfurt

Das *Landgericht Frankfurt* entschied am 28. Mai 1953, dass Untermietforderungen zweckgebunden und damit gemäß § 851 ZPO unpfändbar seien, soweit der Untermietzins der anteiligen Raummiete entspreche und der Hauptmieter andernfalls nicht in der Lage sei, die Wohnungsmiete aufzubringen[296]. In diesem Fall lag eine Sachverhaltskonstellation vor, nach der ein Untermietverhältnis über einen Teil der Wohnung zwischen Hauptmieter und Untermieter existierte und der Hauptmieter die Untermiete zunächst einzog, um danach die gesamte Miete an den Vermieter der Wohnung weiterzureichen. Gläubiger des Hauptmieters ließen dessen Untermietforderung gegen den Untermieter pfänden, wogegen dieser Erinnerung einlegte.

Das *LG Frankfurt* gab der Erinnerung unter Verweis auf den entgegen stehenden § 851 ZPO statt, da der Hauptmieter die Untermiete „wirtschaftlich nicht seinem Vermögen zuführe, sondern sie lediglich an den Vermieter weiterleite, ohne eigenen Nutzen zu erzielen, soweit die anteilige Raummiete nicht überschritten werde". Die Zweckbindung der Forderung, die eine Pfändung ausschließe, sei vor allem dann offenbar, wenn dem Hauptmieter keine weiteren Mittel zur Begleichung der Gesamtmiete zur Verfügung stünden. Nach der Interessenlage müsse angenommen werden, dass der „Untermieter dem Hauptmieter die Verwendung des Untermietzinses zur Bestreitung der Hauptmietzahlung zur Pflicht gemacht habe"[297]. Dies sei vor allem auf Grund der Erwägung anzunehmen, dass „dem Untermieter Rechtsnachteile für den Fall drohen könnten, daß durch die Wegpfändung der Untermieten der Hauptmieter mit der (Gesamt)miete in Verzug geriete, das zwischen ihm und dem Hauseigentümer bestehende Mietverhältnis aufgehoben und der (Haupt)mieter zur Räumung der gesamten Wohnung verurteilt würde"[298]. Das Gericht zog folglich das vertragliche Untermietverhältnis als Grundlage für eine stillschweigende Abrede über die Zweckbindung der Untermietforderung heran. Maßgeblich für die Auslegung sei die Stellung des Hauptmieters als bloßer „treuhänderischer Erheber der Untermietforderungen" bzw. als eine reine „Durchgangsstation der Untermietbeträge[299]". Der Hauptmieter sei zwar Anspruchsgläubiger der Untermietforderung geworden, sein Vermögen habe aber durch die Zahlung der Untermiete keine

296 *LG Frankfurt*, NJW 1953, S. 1598.

297 *LG Frankfurt*, NJW 1953, S. 1598.

298 Siehe dazu die Ausführungen des *OLG Frankfurt*, NJW 1953, S. 1597, (zu *LG Frankfurt*, a.a.O.)

299 *OLG Frankfurt*, NJW 1953, S. 1597; *Bögner*, Anmerkung zu *LG Frankfurt* vom 28. Mai 1953, NJW 1953, S. 1598.

Vermehrung erfahren[300]. Unklar bleibt, auf welchem dogmatischen Weg das Gericht zur Unübertragbarkeit gemäß § 851 Abs. 1 ZPO gelangte.

bb) OLG Frankfurt, LG Berlin, OLG Hamm

Die Zweckbindung durch Annahme einer stillschweigenden Vereinbarung über die Verwendung der Untermiete wurde bereits einen Monat später am 30. Juni 1953 in einem anderen Verfahren durch das *OLG Frankfurt* angegriffen[301]. *Das OLG Frankfurt* lehnte auch eine „wenigstens stillschweigende Vereinbarung" zwischen Haupt- und Untermieter ab. Es bezweifelte bereits die „Möglichkeit einer solchen Vereinbarung", ließ diese Frage aber offen und entschied, dass eine Vereinbarung – ihre Zulässigkeit unterstellt – im betreffenden Fall nicht gegeben sei, da der Untermieter durch das bestehende Mietrecht ausreichend geschützt werde[302]. Ebenso verneinten in späteren Entscheidungen das *OLG Hamm* sowie das *LG Berlin* stillschweigende Zweckbindungsvereinbarungen[303]. Das *OLG Hamm* stimmte zwar mit dem *LG Frankfurt* darüber ein, dass Zweck der Untervermietung häufig in der Bereitstellung der Mittel für die Wohnungsmiete zu sehen sei. Eine Unpfändbarkeit könne sich aus diesem Zweck allein aber nicht ergeben. Notwendig sei vielmehr eine „treuhänderische Zweckgebundenheit" dergestalt, dass der Hauptmieter sich gegenüber dem Untermieter zur unverzüglichen Weiterleitung der Untermiete an den Vermieter verpflichte. In der Regel könne eine entsprechende stillschweigende Vereinbarung nicht angenommen werden[304]. Noch strengere Voraussetzungen stellte das *LG Berlin* an eine Zweckbindung von Untermietforderungen. Es nahm an, eine Untermietforderung sei hinsichtlich §§ 399 Alternative 1 BGB, 851 Abs. 1 ZPO ihrem Wesen und ihrer Natur nach keine unübertrag- und unpfändbare Forderung. Im Einzelfall könne dem Untermietanspruch eine Zweckbindung durch Vereinbarung (§ 399 Alternative 2 BGB) verliehen werden. Beweggrund der Vereinbarung könne die Sicherung von Untermiet- und Hauptmietverhältnis durch die Weiterleitungspflicht des Hauptmieters sein. Erforderlich sei aber eine ausdrückliche

---

300 *Bögner*, Anmerkung zu LG Frankfurt vom 28. Mai 1953, NJW 1953, S. 1598.

301 *OLG Frankfurt*, NJW 1953, S. 1597.

302 Nach § 24 MSchG trat der Untermieter bei Aufhebung des Hauptmietverhältnisses nach § 4 Abs. 1 Satz 2 der Hessischen Verordnung über die vorläufige Regelung von Mietstreitigkeiten vom 23. November 1946 (*GVBl.*, S. 222) in die Rechte des Hauptmieters ein. Infolge dieser gesetzlichen Vertragsübernahme entfiel nach Ansicht des *OLG Frankfurt* für den Untermieter „jedes Interesse an dem Rechtsschicksal des Hauptmietverhältnisses".

303 *LG Berlin*, NJW 1955, S. 309 f.; *OLG Hamm*, NJW 1957, S. 68.

304 *OLG Hamm*, NJW 1957, S. 68.

Vereinbarung, nach der die Untermietforderung unmittelbar in der Person des Vermieters entstehen und diesem zufließen solle[305].

Durch die extensive Auslegungsweise des *LG Frankfurts* sahen das *OLG Hamm* und *Becker* die Gläubigerinteressen in der Zwangsvollstreckung verletzt, weil eine „solche offensichtlich konstruierte Ausdehnung des Vollstreckungsschutzes bei Forderungspfändungen den erkennbaren Absichten des Gesetzgebers widersprechen würde, der den Vollstreckungsschutz ausdrücklich auf bestimmte Fälle beschränkt habe. Insbesondere § 851b ZPO erkläre Untermietforderungen nicht für unpfändbar; die Norm sei, wie sich aus ihrer Stellung im Gesetz und der erschöpfenden Aufzählung ihrer Anwendungsfälle ergebe, eine nicht analogiefähige Ausnahmevorschrift[306].

c) Mietnebenkosten

Neben den Urteilen zum Thema Untermietforderungen hat die Rechtsprechung in jüngster Zeit durch eine Entscheidung des *OLG Celle* eine neue Wendung im Bereich der Pfändung von Mietnebenkostenforderungen erfahren. Das *OLG Celle* nahm zum ersten Mal obergerichtlich die Unpfändbarkeit von Mietnebenkostenforderungen auf Grund einer Zweckbindung gemäß § 851 Abs. 1 ZPO, § 399 Alternative 1 BGB an[307]. Das *OLG Celle* hatte die Wirksamkeit eines Pfändungs- und Überweisungsbeschluss zu beurteilen, mit dem Gläubiger unter anderem Forderungen des Vermieters (Vollstreckungsschuldners) gegen mehrere Mieter (Drittschuldner) auf Zahlung von Mietnebenkosten pfändeten. Die Nebenkosten waren mit dem Mieter gesondert vereinbart worden. Gegen die Pfändung wandte sich der Vermieter mit einer Erinnerung.

Das *OLG Celle*[308] entschied, Mietnebenkostenforderungen seien aus zwei Gründen zweckgebunden und damit allenfalls im Rahmen der Zweckbindung pfändbar. Zum einen ergäbe sich die Zweckbindung aus dem Sinn und Zweck

---

305 *LG Berlin*, NJW 1955, S. 309 f.; Zustimmend *Noack*, ZMR 1973, S. 290 f.

306 *Becker*, NJW 1954, S. 1595 f.; ebenso *OLG Hamm*, NJW 1957, S. 68. unter Bezugnahme auf den bei Untermietforderungen nicht passenden Gesetzeszweck des § 851b ZPO, der auf Erhaltung des Grundbesitzes abziele.

307 *OLG Celle*, ZMR 1999, S. 697 ff.; Davor nur *LG Frankfurt*, RPfl 1989, S. 294.

308 Die Vorinstanz, das *LG Stade*, hatte in der Pfändung keinen Verstoß gegen § 851 Abs. 1 ZPO gesehen. Dies wurde damit begründet, eine Unpfändbarkeit nach § 851 Abs. 1 ZPO ergebe sich nur, wenn die Forderungen infolge ihrer Zweckbindung nicht übertragen werden könnten, weil die zweckwidrige Verwendung eine Veränderung des Leistungsinhalts gemäß § 399 BGB bedeuten würde. Voraussetzung sei damit, dass der Verwendungszweck einer Forderung zum Inhalt der zu erbringenden Leistung gehöre, was bei den Mietnebenkosten nicht zutreffe, *LG Stade*, ZMR 1999, S. 698.

der Nebenkostenzahlung an den Vermieter. Bei den Nebenkosten handele es sich um gesondert vereinbarte Zahlungen. Diese seien in der Weise zweckgebunden, dass sie nur zur Abgeltung der ausdrücklich vereinbarten Nebenkosten bestimmt seien. Zweitens sei die Einordnung als zweckgebundene Forderung auf Grund des Mieterschutzes zwingend notwendig. Der Mieter müsse vor einer zweckwidrigen Verwendung des Geldes durch den Vermieter geschützt werden, andernfalls drohe letztlich die Einstellung der Versorgungsleistungen durch die Versorgungsunternehmen. In diesem Fall würde der Mieter Gefahr laufen, einerseits die Mietnebenkosten auf Grund mietvertraglicher Vereinbarung an den Vermieter zu zahlen und andererseits die Versorgungsunternehmen direkt bezahlen zu müssen. Das *OLG Celle* führte in dieser Entscheidung die Zweckbindung damit vornehmlich auf den seiner Ansicht nach zwingenden Mieterschutz zurück. Weitere Voraussetzungen stellte das Gericht nicht auf[309]. Das Gericht war der Auffassung, die Situation des Mieters erfordere eine „rechtliche Sicherstellung" der zweckgebundenen Verwendung. Das *OLG Celle* fasste die zweckgebundene Nebenkostenforderung unter § 399 Alternative 1 BGB, denn hierzu gehöre „mit Rücksicht auf ihren Entstehungsgrund eine höchstpersönliche sowie eine zweckgebundene Forderung, bei der eine zweckwidrige Verwendung eine Änderung des Leistungsinhalts im Sinne von § 399 Alternative 1 BGB darstellen würde"[310].

Zusammenfassend sind für die gesamte Fallgruppe der Miet- und Pachtzinsforderungen folgende Kernpunkte festzuhalten:

Begründung der Zweckbindung	Mietforderungen • Auslegung der gesetzlich statuierten Verwendungspflicht im Reichsmietengesetz. Besondere Beachtung der öffentlichen Interessen (*Kammergericht, str.*). Untermietforderungen • Zweckbindung durch Vereinbarung möglich (*LG Frankfurt*; *OLG Hamm*; *zweifelnd OLG Frankfurt*). Strittig ist, ob stillschweigende Vereinbarung ausreicht. • Zweckbindung nur, falls Untermietforderung abredegemäß in Person des Vermieters entstehen soll (*LG Berlin*). • Die vertraglich begründete Zweckbindung kann treuhandähnlichen Charakter haben (*LG Frankfurt*).

309 *Lützenrath* hält in diesem Zusammenhang ausdrücklich eine vertragliche Vereinbarung, insbesondere eine treuhänderische Zweckabrede für entbehrlich, vgl. Anmerkung zu *OLG Celle* vom 13. April 1999, ZMR 1999, S. 699 f.

310 Auf das Folgeproblem des § 851 Abs. 2 ZPO ging das *OLG Celle* nicht ein.

	• Eigenschaften des treuhandähnlichen Verhältnisses: - Vermögen des Treuhänders erfährt keine endgültige Mehrung. - Treuhänder ist nur eine „Durchgangsstation“. Mietnebenkosten • Zweckbindung wegen schutzwürdiger Interessen des Mieters und Sinn und Zweck der Nebenkostenzahlung (*OLG Celle*).
Übertragbarkeit	Mietforderungen • § 399 Alternative 1 BGB steht zweckwidriger Abtretung entgegen (*Kammergericht*). Untermietforderungen • § 399 Alternative 2 BGB kommt in Betracht (*LG Berlin*) • Keine Festlegung (*LG Frankfurt*; *OLG Hamm*) Mietnebenkostenforderungen • § 399 Alternative 1 BGB steht zweckwidriger Abtretung entgegen (*OLG Celle*)
Pfändbarkeit	• § 851 Abs. 1 ZPO steht bei fehlender Übertragbarkeit der Pfändung entgegen (*Kammergericht*; *LG Frankfurt*; *OLG Celle*).

5. Ansprüche aus einem Dienst- oder Arbeitsverhältnis

Das Problem zweckgebundener Forderungen tauchte erstmals 1926 auch im Bereich von Ansprüchen auf, die aus einem Dienst- oder Arbeitsverhältnis resultieren. Dabei handelte es sich vor allem um Lohnforderungen. Deren Pfändbarkeit ist zwar zum größten Teil durch die Vorschriften in §§ 850 – 850k ZPO geregelt[311]. Allerdings kann die Pfändbarkeit zusätzlich zu diesen Spezialregelungen durch eine Zweckbindung eingeschränkt sein. Dies zeigte sich in der Rechtsprechung zunächst in einer Entscheidung des *2. Zivilsenats des OLG Frankfurts*, bei der eine Provisionsforderung eines Handelsvertreters Pfändungsgegenstand war.

a) 2. Zivilsenat des OLG Frankfurt 1926

Im zugrunde liegenden Sachverhalt war der Vollstreckungsschuldner als Handelsvertreter ausschließlich für die Drittschuldnerin tätig und erhielt von dieser für die von ihm erzielten Verkäufe Provision. Nach dem zwischen dem Vollstreckungsschuldner und der Drittschuldnerin geschlossenen „Agentur-Vertrag“

311 Im Einzelnen dazu *Stöber*, Rn. 871 – 1280.

sollte der Vollstreckungsschuldner mit der Provision auf der einen Seite entlohnt werden, zum anderen sollte er mit dem Betrag seinen Bezirk organisieren, bereisen sowie notwendige Untervertreter anstellen. Der Anspruch auf die Provisionsauszahlung wurde zur Begleichung einer offenen Unterhaltspflicht gegenüber der früheren Ehefrau des Vollstreckungsschuldners gepfändet und dieser zur Einziehung überwiesen.

Der *zweite Senat des OLG Frankfurt* erachtete die Pfändung nach § 851 ZPO für unwirksam, wobei er auf die aufgestellten Pfändungsgrundsätze bei Baugelddarlehen hinwies[312]. Das Gericht war der Ansicht, die Pfändung dürfe sich nicht auf die Teile der Provision erstrecken, die gemäß dem Agentur-Vertrag für die oben genannten „organisatorischen" Zwecke zu verwenden sei. Eine Pfändung, die sich über diese vertragliche Regelung hinwegsetze, „würde die Grundlage des Vertrages" zerstören. Über diese auf den Einzelfall zugeschnittene Lösung hinaus, stellte der *zweite Senat* in seiner Begründung losgelöst von Provisionsforderungen eine generelle Regel über die Pfändbarkeit zweckgebundener Forderungen auf:

„Geldbeträge, die gemäß vertraglicher Vereinbarung zwischen dem Vollstreckungsschuldner und dem Drittschuldner zu einem bestimmten, im Interesse des Drittschuldners liegenden Zweck zu verwenden seien, dürfen durch die Pfändung diesem Zweck nicht entzogen werden. Der Pfändungsgläubiger kann durch die Pfändung keine bessere Rechtsstellung erwerben, als sie dem Schuldner gegenüber dem Drittschuldner zusteht. Wäre eine Pfändung zulässig, so würden die Beträge ihrem Zweck entzogen, denn der Pfändungs- und Überweisungsbeschluss gibt dem Pfändungsgläubiger das Recht, die eingezogenen Beträge zu seiner Befriedigung zu verwenden"[313].

In einem Beschluss vom 18. Oktober 1935 entschied später der *dritte Zivilsenat des OLG Frankfurt* ebenfalls, dass für eine Anwendung von § 851 ZPO eine vertragliche Abrede erforderlich sei, nach der der „Agent durch Vereinbarung mit dem Drittschuldner gehalten sei, einen Teil der ihm zustehenden Bezüge zu bestimmten vorgeschriebenen Zwecken im Interesse des Drittschuldners zu verwenden"[314]. Nur dann entstehe eine „rechtliche Zweckgebundenheit", die die Pfändung gemäß § 851 ZPO i.V.m. § 399 Alternative 1 BGB ausschließe. Der Senat grenzte an diesem Punkt die rechtliche Zweckgebundenheit zu einem bloßen „tatsächlichen[315] bzw. wirtschaftlichen[316] Zusammenhang" zwischen Provi-

---

312 *OLG Frankfurt* – Urteil vom 22. Juli 1926, JW 1927, S. 726 (727).
313 *OLG Frankfurt*, JW 1927, S. 726 (727).
314 *OLG Frankfurt*, JW 1936, S. 343 (344).
315 *OLG Frankfurt*, JW 1936, S. 343 (344).
316 So *Reichel*, Anmerkung zu OLG Frankfurt vom 22. Juli 1926, JW 1927, S. 726, Nr. 13.

sion und Aufwendungen des Handelsvertreters ab. Die letzt genannten Zusammenhänge reichten seiner Ansicht nicht aus, um eine Pfändung nach § 851 ZPO auszuschließen. Zur Annahme einer rechtlichen Zweckgebundenheit könne es nicht ausreichen, „wenn nur die Vergütung mit Rücksicht darauf, dass der Agent voraussichtlich große Aufwendungen zu machen habe, besonderes hoch bemessen sei"[317].

b) Reichsarbeitsgericht (RArbG) 1931

Die wichtige Entscheidung des *RArbG*[318] vom 17. Dezember 1930 brachte in diese Fallgruppe den Begriff des zur Zweckbindung führenden „Treuverhältnisses" ein. Prozessual lag eine Einziehungsklage vor, bei der der Kläger gegen den Drittschuldner eine durch Zwangsvollstreckung erworbene Lohn- und Gehaltsforderung des Vollstreckungsschuldners geltend machte. Der Schuldner war bei dem beklagten Drittschuldner, einem Gutsherrn, als Oberschweizer[319] beschäftigt zu einer tariflichen Jahresvergütung von ca. 10.000 RM. Vereinbart war zwischen Gutsherr und Schuldner, dass der Schuldner von diesem Betrag notwendiges Hilfspersonal entlohnen sollte. Dieses war von ihm auszusuchen und anzustellen, Arbeitgeber sollte jedoch der Gutsherr sein. Der Kläger pfändete „die Lohn- und Gehaltsforderungen des Schuldners aus dem Arbeits- und Dienstverhältnis nach Abzug von Steuern und sozialen Abgaben".

Das *RArbG* sah die durchgeführte Pfändung als unzulässig an. Grund sei ein bestehendes „Treuverhältnis" zwischen dem Schuldner und dem Drittschuldner, welches ein materiell-rechtliches Hindernis für die Pfändung darstelle[320]. Die vom Drittschuldner gezahlten Bezüge sollten zwar in das Eigentum des Schuldners fließen. Da die übermittelten Beträge aber zu einem Großteil zu dem Zweck bestimmt gewesen seien, die Hilfskräfte zu entlohnen, seien die Geldsummen dem Schuldner nicht in vollem Umfange als freies Eigentum zugeflossen. Die Stellung des Schuldners sei damit nicht rechtlich frei, sondern als durch ein Treuverhältnis gebunden anzusehen. Nach dem Treuverhältnis dürfe der Schuldner das Eigentumsrecht an den Geldbeträgen nicht zu seinem eigenen Vorteil,

---

317 *OLG Frankfurt*, JW 1936, S. 343 (344).

318 *RArbG*, Höchstrichterliche Rechtsprechung 1931, Nr. 604. *Hillebrand* sieht in dieser Entscheidung den Ausgangspunkt für die Entwicklung zweckgebundener Forderungen, RPfl. 1986, S. 464 ff. Begonnen hat die Entwicklung jedoch wie gezeigt mit den Baugeldforderungen.

319 Der Begriff „Schweizer" wurde vornehmlich auf Bauernhöfen in Süddeutschland gebraucht. Ein „Schweizer" hatte auf dem Bauernhof die Aufgabe, sich um eine bestimmte Anzahl Tiere zu kümmern. Ihm waren weitere Knechte etc. unterstellt.

320 *RArbG*, Höchstrichterliche Rechtsprechung 1931, Nr. 604.

sondern nur zugunsten der angestellten Hilfskräfte ausüben, denn das wahre Recht an diesem Teil des ausgezahlten Geldes und auch schon des Anspruchs auf Auszahlung dieses Teils sei bei dem Drittschuldner verblieben[321]. Das Treuverhältnis zeichnete sich nach dem *RArbG* also durch eine eingeschränkte Verfügungsbefugnis des Schuldners aus. Für ein Treuverhältnis sprach nach Ansicht des *RArbG* zudem die Tatsache, dass der Drittschuldner Arbeitgeber der Hilfskräfte war und nicht der Schuldner. Insofern hatte der Schuldner durch seine Zahlungen die Lohnforderungen der Hilfskräfte gegenüber dem Drittschuldner zu erfüllen.

Auf gleicher Linie entschied auch am 2. September 1935 das *LG Breslau*[322] im Fall einer Drittschuldnerin, die dem Schuldner neben den Provisionsgeldern eine tägliche Aufwandsentschädigung von 5 RM zuwandte. Der Schuldner war vertraglich verpflichtet, den Betrag ausschließlich zu Werbezwecken zu verwenden. Das *LG Breslau* sah die Aufwandsentschädigung als einen Betrag an, der nicht endgültig in das Vermögen des Schuldners übergehen und zu seiner freien Verfügung stehen sollte, sondern vielmehr durch Vereinbarung mit der Drittschuldnerin zweckgebunden sei. Das Gericht beschrieb die Position des Schuldners als „Durchgangsstation", bei der der Schuldner die empfangenen Gelder lediglich treuhänderisch für die Drittschuldnerin verwalte. Aus dieser Zweckgebundenheit folge die Unabtretbarkeit der Forderung gemäß § 399 BGB[323] und somit die Unpfändbarkeit nach § 851 ZPO.

c) KG 1935

Eine noch weiter zu Lasten des Gläubigers gehende Position nahm das *Kammergericht* in seinem Beschluss vom 10. Dezember 1935 ein[324]. Die Gläubigerin, die frühere Ehefrau des Schuldners, hatte gegen diesen wegen rückständigen Unterhalts einen Pfändungs- und Überweisungsbeschluss erwirkt, durch den die angebliche Forderung des Schuldners gegen die Drittschuldnerin auf Lohn, Provision und sonstige Bezüge bis auf einen bestimmten Grundbetrag gepfändet wurde. Dagegen wandte sich der Schuldner mit einer Erinnerung, in der er geltend machte, er müsse einen großen Teil seiner Bezüge für Spesen verbrauchen. Als Vertreter der Drittschuldnerin bereise er ländliche Bezirke, wobei Unkosten von mindestens 20 RM täglich entstünden. Das *Kammergericht* erachtete infolge dessen den Spesenanteil für pfändungsfrei.

---

321 *RArbG*, Höchstrichterliche Rechtsprechung 1931, Nr. 604.
322 *LG Breslau*, JW 1936, S. 3242 (3243).
323 Eine genaue Alternative nannte das Gericht nicht.
324 *KG*, JW 1936, S. 519 f.

In seiner Begründung schloss sich das *Kammergericht* dem vorgebrachten „Treuhänderargument" aus den eben dargestellten Entscheidungen an. Die Beträge zur Deckung des Reiseaufwands seien zweckgebunden und damit unpfändbar, da der Schuldner diesbezüglich „mehr die Eigenschaft eines Treuhänders, als die eines uneingeschränkt Verfügungsberechtigten" habe[325]. Die Besonderheit der Entscheidung lag darin, dass es das *Kammergericht* im Gegensatz zu den vorher dargestellten Entscheidungen für unerheblich hielt, ob in dem Vertrage zwischen dem Arbeitgeber und Arbeitnehmer der Spesenanteil besonders hervorgehoben sei oder nicht. Die Zweckbindung scheitere nicht daran, dass nicht ausdrücklich vereinbart worden sei, welcher Teil der Bezüge auf die Spesen entfalle und welcher Teil die eigentliche Entlohnung darstelle. Es sei in der Regel zwischen den Parteien selbstverständlich, dass der für Spesen notwendige Teil auch zu ihrer Bestreitung verwendet werden solle, eine Zweckgebundenheit läge auch ohne ein ausdrückliches Hervorheben vor[326]. Die Begründung macht nicht klar, ob dass das *Kammergericht* von einer stillschweigenden treuhänderischen Vereinbarung ausging oder vielmehr auch ein tatsächliches Treuverhältnis als ausreichend ansah. Gleichwohl dehnte das *Kammergericht* mit der großzügigen Annahme eines treuhänderischen Verhältnisses den Anwendungsbereich der Zweckgebundenheit aus.

Auch die vor diesem Hintergrund stärker drohende Missbrauchsgefahr zu Lasten des Gläubigers bewog das *Kammergericht* zu keiner anderen Ansicht. Es bejahte zwar die Gefahr, dass eine weitreichende Zweckbindung der Spesen es einem böswilligen Schuldner eröffne, sich durch Überhöhung seiner Spesen, seinen Verpflichtungen gegenüber seinen Gläubigern (hier seiner früheren Ehefrau) zu entziehen. Dem könne gerichtlich jedoch durch eine besonders sorgfältige Prüfung des Spesenumfanges begegnet werden. Zweckgebunden seien nur die tatsächlich entstandenen Spesen soweit sie erforderlich gewesen seien[327].

325 Daneben sprach das Kammergericht noch als weiteren zur Unpfändbarkeit führenden Aspekt eine Analogie zu § 811 (Abs. 1) Nr. 5 ZPO an. Es könne keinen Unterschied machen, ob Pfändungsgegenstand das Fahrzeug (§ 811 Nr. 5 ZPO a.F.) oder die Spesen eines Provisionsreisenden sei. In beiden Fällen würden die Gegenstände zur Fortführung der persönlichen Erwerbstätigkeit gebraucht, *KG*, JW 1936, S. 519 f.; Kritik: § 811 ZPO bezieht sich nur auf das Spesengeld selbst, nicht aber auf die Spesenforderung. Einzelheiten dazu unten § 7.

326 *KG*, JW 1936, S. 519 (520).

327 *KG*, JW 1936, S. 519 (520).

d) Urlaubszulagen, Jubiläumszuwendungen, Treugelder

Insbesondere in der Nachkriegszeit ist im Bereich der Ansprüche aus einem Dienst- bzw. Arbeitsverhältnis ein weiterer Bereich von Ansprüchen zu Tage getreten, die auf Grund einer Zweckbindung gemäß §§ 851 Abs. 1 ZPO, 399 Alternative 1 BGB als unpfändbar angesehen werden. Dies sind Urlaubsansprüche des Arbeitnehmers, Ansprüche auf Zuwendungen aus Anlass eines besonderen Betriebsereignisses sowie Ansprüche auf Treuegelder[328].

Bei Urlaubsansprüchen regelt § 850a Nr. 2 ZPO die Unpfändbarkeit von Urlaubsgeld[329], soweit dieses den Rahmen des Üblichen nicht übersteigt. Nicht gesetzlich geregelt ist die Frage der Pfändbarkeit von Ansprüchen auf Urlaubsentgelt bzw. auf Urlaubsabgeltung[330]. Kontrovers diskutiert wird vor allem die Pfändbarkeit des Anspruchs auf Urlaubsabgeltung[331]. Gegen eine Pfändbarkeit wird unter anderem die Zweckbindung des Anspruchs angeführt. Der Anspruch solle dem Arbeitnehmer die finanziellen Mittel an die Hand geben, sich nach Beendigung des Arbeitsverhältnisses die zur Erholung erforderliche Freizeit zu verschaffen[332].

Bei Zuwendungen aus Anlass von besonderen Betriebsereignissen sowie bei Treuegeldern[333] wird die Zweckbindung damit begründet, die Zuwendungen würden allein aus einem bestimmten Anlass gewährt und sollten daher ausschließlich dem Arbeitnehmer zukommen[334].

Die genannten Fälle werden zwar von Teilen der Literatur als zweckgebundene Forderungen bezeichnet. Sie haben im Gegensatz zu den bisher dargestellten Fällen die Besonderheit, dass bei ihnen der Vollstreckungsschuldner (Arbeitnehmer) gerade frei über das Geld verfügen können soll. Ob diese Forderungen insofern als echte zweckgebundene Forderungen angesehen werden können, ist zu klären[335].

---

328 Vgl. dazu *Stöber*, Rn. 985 – 1004 mit zahlreichen weiteren Nachweisen.

329 Urlaubsgeld ist das Geld, welches der Arbeitgeber dem Arbeitnehmer über seine gesetzliche Verpflichtung hinaus zusätzlich für den Urlaub gewährt, vgl. *Dütz*, Arbeitsrecht, Rn. 238 ff.

330 Urlaubsentgelt (§ 11 Abs. 1 BUrlG) ist die Arbeitsvergütung, die für die Dauer des Urlaubs weiter entrichtet wird. Urlaubsabgeltung ist ein Geldanspruch, der gemäß § 7 Abs. 4 BUrlG eingreift, wenn der Urlaub wegen Beendigung des Arbeitsverhältnisses nicht mehr genommen werden kann.

331 Vgl. zum Streitstand: *Pfeiffer*, NZA 1996, S. 738 ff.; *Stöber*, Rn. 985 ff.

332 Vgl. *ArbG Wuppertal*, DB 1971, S. 1773 f.; weitere Nachweise bei *Stöber*, Rn. 988.

333 Treuegelder sind Zuwendungen, die aus Anlass eines bestimmten Dienst- oder Arbeitsjubiläums des Beschäftigten erfolgen.

334 *Stöber*, Rn. 985.

335 Dazu § 2 B II 2.

Zusammenfassend haben sich bei Ansprüchen aus Dienst- und Arbeitverhältnissen folgende Aspekte der Zweckbindung ergeben:

Begründung der Zweckbindung	• Zweckbindung auf Grund vertraglicher Abrede zwischen Vollstreckungsschuldner und Drittschuldner über den Verwendungszweck (*OLG Frankfurt*). • Tatsächliche Zweckbindung reicht nicht aus (*OLG Frankfurt*) • Vertragliches Verhältnis zwischen Schuldner und Drittschuldner ist treuhandähnlich (*RArbG*; *LG Breslau; Kammergericht*) • Tatsächliches Treuverhältnis reicht nicht aus (*Unklar Kammergericht*). • Zweckbindung auch bei Ansprüchen auf Urlaubsabgeltung sowie Sonderzuwendungen des Arbeitgebers (*Stöber u.a.*).
Übertragbarkeit	• Der Treuhandcharakter beschränkt die Verfügungsbefugnis des Schuldners über den Auszahlungsanspruch (*RArbG*; *LG Berlin*; *Kammergericht*). • § 399 BGB verhindert zweckwidrige Abtretung. Alternative unklar (*LG Breslau*). • § 399 Alternative 1 BGB verhindert zweckwidrige Übertragungen (*OLG Frankfurt*; *Stöber u.a.*)
Pfändbarkeit	• § 851 Abs. 1 ZPO schließt Pfändung aus, wenn Lohnforderung wegen Zweckgebundenheit nicht übertragen werden kann (*OLG Frankfurt*; *LG Breslau*; *Stöber u.a.*).

6. Zweckgebundenheit bei einstweiligen Verfügungen

Bisher wurde die Zweckgebundenheit eines Anspruchs entweder auf ein Gesetz, eine Vereinbarung oder die Natur des Schuldverhältnisses zurückgeführt. Eine weitere Entstehungsmöglichkeit zeigte die Entscheidung des *OLG Breslau* vom 13. September 1929 auf[336]. Das Gericht war der Ansicht, eine Zweckbindung könne auch aus einer einstweiligen Verfügung folgen.

Im zugrunde liegenden Sachverhalt hatte der Beklagte ein Gut von dem Kläger gepachtet und daneben das gesamte Inventar käuflich erworben. In der Folgezeit zahlte er den Pachtzins nicht vollständig, worauf der Kläger ihn auf Zahlung des rückständigen Pachtzinses und Räumung des Gutes verklagte. Im Laufe des Rechtsstreits wurde die Räumung des Gutes angeordnet. Bis zum Abschluss des Rechtsstreits sollte ein Verwalter die Leitung des Gutes übernehmen. Der

336 *OLG Breslau*, JW 1930, S. 171.

Beklagte geriet durch die Räumung in Existenznot, denn das Inventar des Gutes stellte sein einziges Vermögen dar, aus dem er seinen Lebensunterhalt bestreiten konnte. Daher wurde im Wege von einstweiligen Verfügungen angeordnet, dass der Verwalter und der Kläger dem Beklagten einen bestimmten Geldbetrag als Ausgleich für die fortgefallene Nutzung des Inventars zahlen mussten.

Das *OLG Breslau* machte hier deutlich, dass diese Ansprüche des Beklagten „ohne Rücksicht auf etwaige Gegenforderungen des Klägers zu bewirken seien. Die Leistungen dienten zum Ausgleich der infolge der Verwaltung dem Beklagten entzogenen Nutzungen des Gutes. Schon hieraus ergebe sich, dass die dem Beklagten nach den einstweiligen Verfügungen zustehenden Ansprüche zweckgebunden seien. Es sei mit dem Sinn und Zweck der genannten Anordnungen nicht vereinbar, dass diese Ansprüche vom Kläger wegen Gegenforderungen gepfändet oder durch Aufrechnung beseitigt werden könnten. Eine Pfändung, Aufrechnung oder Zurückbehaltung sei dem Kläger nicht gestattet, weil sonst der Zweck der Anordnung vereitelt würde“[337].

7. Forderungen gegen die öffentliche Hand

Nach Ende des zweiten Weltkrieges beschäftigte sich die Rechtsprechung verstärkt mit dem Thema der Zweckbindung im Bereich von Forderungen, die gegen öffentlich-rechtliche Hoheitsträger gerichtet waren.

a) Subventionsansprüche – LG Würzburg 1951

Das *LG Würzburg*[338] hatte darüber zu entscheiden, ob ein Gläubiger, der einem Bäcker Süßwaren lieferte, den Anspruch des Bäckers gegen den Bund auf Auszahlung von Subventionen für sog. (verbilligtes) Konsumbrot pfänden konnte. Dies verneinte das Gericht, da ein zweckgebundener Anspruch vorläge und eine Pfändung den Zweck des Subventionsverfahrens gefährde. Es bestünde ein öffentliches Interesse, Subventionsforderungen als unübertragbar und unpfändbar anzusehen, denn die öffentlichen Mittel dienten dazu, den Preis für gewisse Brotsorten niedrig zu halten. Wirtschaftlich gesehen sollten die Mittel dem Konsumenten des Konsumbrotes zugute kommen. Die Subventionen dürften daher nur an Bäcker ausgezahlt werden, die Konsumbrot erstellten und müssten von diesen zur Herstellung des Konsumbrots verwendet werden. An diesem Punkt

337 *OLG Breslau*, JW 1930, S. 171; zustimmend *Stein/Jonas/Münzberg*, 20. Auflage, § 851, Rn. 22; ablehnend etwa *OLG Düsseldorf*, OLGZ 66, S. 315 ff. Zum Ganzen näher § 2 B III 3.

338 *LG Würzburg* – Beschluss vom 9. November 1951, MDR 1952, S. 172.

verwies das *LG Würzburg* auf die bei den Baugelddarlehen entstandene Lehre der relativen Pfändbarkeit. Soweit die Forderung, wegen der die Pfändung betrieben werde, im unmittelbaren Zusammenhang mit der „Zweckbestimmung" stehe, käme eine Pfändbarkeit in Betracht. Im zu entscheidenden Fall lag eine relative Pfändbarkeit nicht vor, da der Gläubiger Ansprüche aus Süßwarenlieferungen geltend machte.

Die Besonderheit des Falles bestand darin, dass das *LG Würzburg* die Unübertragbarkeit der Subventionsforderung nicht aus § 399 BGB herleitete, sondern diese „vielmehr Folge der Zweckgebundenheit sei und die Pfändbarkeit bereits nach § 851 Abs. 1 ZPO ausschließe[339]. Damit nahm das *LG Würzburg* eine eigenständige, neben § 399 BGB stehende Regelung zur Begründung der Unübertragbarkeit an. Konsequenz dieser Lösung ist die Umgehung des Streits über die Frage der Anwendbarkeit von § 851 Abs. 2 ZPO, der nach der vom *LG Würzburg* vertretenen Lösung außen vor blieb.

b) Aufbauhilfedarlehen – BGH 1957

Im Fall des *BGH* – Urteils vom 19. September 1957[340] hatte das Amt für Soforthilfe dem Beklagten gemäß § 44 Soforthilfegesetz („SHG")[341] ein Aufbauhilfedarlehen in Höhe von 4.500 DM aus einem Soforthilfefond[342] (§ 48 SHG) bewilligt. Das Darlehen sollte nach den Vergabeweisungen ausschließlich zum Aufbau von Betrieben der gewerblichen Wirtschaft dienen. Der Beklagte geriet mit der Rückzahlung des Darlehens in Rückstand, das Darlehen wurde daraufhin gekündigt. Der Streit ging um das Bestehen eines Rückzahlungsanspruchs. Der beklagte Darlehensnehmer wandte dagegen unter anderem die Aufrechnung mit einem Schadensersatzanspruch ein. Das Berufungsgericht verneinte die Aufrechnungsmöglichkeit, da von einem stillschweigend vereinbarten Aufrechnungsverbot auszugehen sei. Dem stimmte der *BGH* zu, denn aus den Bestimmungen des SHG, den hierzu ergangenen Weisungen sowie dem Darlehensver-

339 *LG Würzburg*, MDR 1952, S. 172.

340 *BGH*, NJW 1957, S. 1759 f.

341 Gesetz zur Milderung dringender sozialer Notstände vom 8. August 1949 (*WiGBl.*, S. 205.). § 44 Abs. 1 SHG: *"Im Rahmen der verfügbaren Mittel können Flüchtlingen (§ 31 Ziffer 1), Sachgeschädigten (§ 31 Ziffer 2) und politisch Verfolgten (§ 31 Ziffer 4) Aufbauhilfen gegeben werden, wenn dadurch der Aufbau einer angemessenen, der Vorbildung des Geschädigten entsprechenden Existenz oder die Umschulung für einen neuen Beruf ermöglicht wird und die eigenen Mittel hierzu nicht ausreichen".*

342 Der Soforthilfefond wurde aus öffentlichen Mitteln gespeist. §§ 1 – 25 SHG sahen die Zahlung einer sog. Soforthilfeabgabe vor, vgl. *Bühler*, Die Soforthilfe-Abgaben.

trag ergebe sich die „Zweckbestimmung" der Darlehensmittel, ausschließlich zur Existenzgründung zu dienen. Insbesondere die Weisungen sähen vor, dass die Soforthilfen nicht zur Abdeckung von Verpflichtungen verwandt werden dürften, die mit dem zu fördernden Zweck nicht in Verbindung stünden[343]. Die Zulassung der Aufrechnung bedeute eine zweckfremde Verwendung der Mittel. Wegen der „Natur des Schuldverhältnisses, namentlich der Zweckgebundenheit der Darlehensmittel verbiete sich die Aufrechnung schlechthin[344]. Der BGH verwies in diesem Zusammenhang lediglich auf § 399 BGB; §§ 851 ZPO und 394 BGB blieben unerwähnt.

c) Anspruch eines Strafgefangenen gegen die Gefängniskasse – LG Berlin 1965

Unter einem etwas anderen Blickwinkel betrachtete das *LG Berlin* das Problem zweckgebundener Forderungen[345]. Im zugrunde liegenden Sachverhalt klagte ein Strafgefangener gegen das Land Berlin aus ungerechtfertigter Bereicherung und unerlaubter Handlung. Der Kläger hatte eine 2 ½ jährige Haftstrafe zu verbüßen und musste in dieser Zeit zum Zahnarzt zu einer umfangreichen Behandlung. Der Anstaltszahnarzt veranschlagte dafür 400 DM. Ein Dritter überwies diesen Betrag an die Kasse der Strafanstalt zum Zwecke der Zahnbehandlung. Der Verwendungszweck wurde auf der Einzahlungsbestätigung der Abrechnungsstelle und in den Hausakten vermerkt. Wegen einer Gerichtskostenforderung von ca. 500 DM pfändete und überwies die Gerichtskasse den Anspruch des Klägers gegen die Gefängniskasse auf Herausgabe der verwahrten 400 DM. Der klagende Strafgefangene vertrat die Ansicht die Pfändung sei nach §§ 851 ZPO, 399 BGB unwirksam gewesen[346].

Das *LG Berlin* entschied gegen den Kläger, da seiner Ansicht nach keine Zweckbindung begründet wurde. Es sei zwar eine „Zweckbestimmung" des Geldes erfolgt. Allein diese „Zweckbestimmung" durch einen Dritten reiche aber noch nicht aus, auch eine Zweckbindung anzunehmen. Der Vermerk auf der Einzahlungsbestätigung bzw. ein möglicher Hinweis des Dritten habe keine Zweckbindung herstellen können. In diesem Vorgang könne allenfalls ein einseitiges Geschäft zu sehen sein. Ein den Einzahler verpflichtendes Treuhandverhältnis sei dadurch nicht entstanden. Die Gefängniskasse sei nach Einzahlung nicht gehindert gewesen, anderweitig über die Beträge zu verfügen.

343 *BGH*, NJW 1957, S. 1759.
344 *BGH*, NJW 1957, S. 1759 (1760).
345 *LG Berlin* – Urteil vom 20. Mai 1965, RPfl 1966, S. 311 f.
346 Eine Unpfändbarkeit gemäß § 850b Nr. 3 ZPO scheitert in diesen Konstellationen, da sich der gepfändete Anspruch nicht gegen den freigiebigen Dritten, sondern gegen die Gefängniskasse richtet. Zutreffend: *LG Frankfurt*, RPfl 1989, S. 33.

Gegen die Entscheidung wandte sich *Berner*[347], der in der vorbehaltlosen Annahme des Geldes durch die Gefängniskasse die Begründung der Zweckbindung sah. Ihm zufolge ergab sich die Zweckbindung „aus der Zweckbestimmung und den ganzen Umständen der Annahme". Eine Zweckbindung hätte nach Berner nur durch eine Ablehnung der Annahme vermieden werden können. Da dies nicht durch die Gefängniskasse geschehen sei, müsse nach „Treu und Glauben" von einer Zweckbindung ausgegangen werden.

Die Besonderheit des Falles liegt vor allem darin, dass hier eine Leistungszweckvereinbarung nicht wie üblich zwischen dem Schuldner und Drittschuldner, sondern zwischen dem Drittschuldner (Gefängniskasse) und einem unbeteiligten Dritten (Einzahler) in Frage steht[348].

d) Anspruch auf Flutschadenbeihilfe – BGH 1969

Im Urteil vom 29. Oktober 1969[349] verneinte der *BGH* die Pfändbarkeit von Ansprüchen auf Flutschadenbeihilfen gegen die freie und Hansestadt Hamburg. Der fragliche Beihilfeanspruch stand einem Gewerbetreibenden zu, der durch die große Sturmflut am 16./17. Februar 1962 geschädigt worden war. Der *BGH* begründete auch hier die Unabtretbarkeit der Auszahlungsansprüche mit der sozialen Zweckbindung der Flutschadenbeihilfe, d.h. dem Zweck, ausschließlich entstandene Flutschäden zu ersetzen. Der *BGH* führte die Unabtretbarkeit der zweckgebundenen Beihilfeforderung auf den „höchstpersönlichen Charakter" des Anspruchs zurück. § 399 BGB sei in diesem Fall entsprechend anzuwenden, so dass nach § 851 ZPO auch die Pfändung jedenfalls insoweit ausgeschlossen sei, als die Überweisung der Forderung an einen Dritten zu einer Zweckentfremdung der bewilligten Gelder führen würde[350].

Zusammenfassend ergeben sich aus der Fallgruppe der öffentlich-rechtlicher Forderungen folgende Aspekte im Hinblick auf die Zweckgebundenheit:

Begründung der Zweckbindung	• Zweckbindung aus Gesetz auf Grund des öffentlichen Interesses an einer bestimmungsgemäßen Verwendung der öffentlichen Mittel (*LG Würzburg*; *BGH 1957 und 1969*). • Zweckbindung auf Grund einer Leistungszweckvereinbarung (*LG Berlin*):

347 *Berner*, Anmerkung zu *LG Berlin* vom 20. Mai 1965, RPfl 1966, S. 311 (312).
348 Dazu § 2 B III 2 a cc (2).
349 *BGH* – Urteil vom 29. Oktober 1969, MDR 1970, S. 210 f.; diskutiert bei *Dornwald*, S. 79 ff.
350 *BGH*, MDR 1970, S. 210 (211).

	– Eine Zweckbindung ist von einer reinen „Zweckbestimmung" zu unterschieden. – Eine Leistungszweckvereinbarung kann auch zwischen dem Drittschuldner und einem Dritten in Betracht kommen.
Übertragbarkeit	• Unübertragbarkeit allein auf Grund der Zweckbindung (*LG Würzburg*). • Unübertragbarkeit auf Grund entsprechender Anwendung von § 399 BGB (*BGH, 1969*). • Unübertragbarkeit auf Grund § 399 BGB. Keine Festlegung auf eine Alternative (*BGH, 1957*)
Pfändbarkeit	• § 851 Abs. 1 ZPO schließt die Pfändung aus, wenn die Forderung wegen ihrer Zweckbindung nicht übertragbar ist (*LG Würzburg*; *BGH, 1969*). • § 851 Abs. 2 ZPO findet keine Anwendung, da die fehlende Übertragbarkeit allein auf der Zweckgebundenheit und nicht § 399 BGB beruht (*LG Würzburg*).

8. Neuere Rechtsprechung zur treuhänderischen Zweckbindung

Diese letzte Gruppe ist im Gegensatz zu den bisherigen eine „Querschnittsgruppe", denn sie betrifft Fälle aus verschiedenen Rechtsbereichen. Allen *BGH*-Entscheidungen gemeinsam ist, dass in Ihnen die Zweckbindung mit einer „treuhandartigen Verbundenheit" zwischen Vollstreckungsschuldner und Drittschuldner erklärt wurde. Wie bereits gezeigt, ist der Gedanke des treuhänderischen Verhältnisses in allen dargestellten Rechtsbereichen immer wieder vereinzelt vorgekommen. Er hat sich zu einem zentralen Begriff im Rahmen der zweckgebundenen Forderungen entwickelt. Die drei nachfolgend dargestellten *BGH*-Entscheidungen bilden in diesem Zusammenhang den vorläufigen Abschluss dieser Entwicklung.

a) BGH 1978

Ein Urteil des *BGH* vom 30. März 1978 („Architektenhonorar") erkannte einen vertraglichen Treuhandvertrag zwischen Schuldner, Drittschuldner und einer Dritten als rechtlich relevante Zweckbindung im Sinne von § 399 Alternative 1 BGB an[351]. Auf die entsprechenden Urteile bei Baugelddarlehen, Lohnforderungen und Beihilfen nahm der *BGH* ausdrücklich Bezug.

351 *BGH*, RPfl 1978, S. 248 f.

Gepfändete Forderung war ein Anspruch auf Vorschusszahlungen für Architektenleistungen. Der Architekt B (Vollstreckungsschuldner) betrieb ein eigenes Bauvorhaben, an dem der Kläger (Vollstreckungsgläubiger) Schreinerarbeiten ausführte und Werklohnansprüche gegen B erlangte. B geriet noch vor Fertigstellung des Rohbaus in Zahlungsschwierigkeiten. Ein Teil seiner Gläubiger schloss sich daraufhin zu einer BGB-Gesellschaft („Interessengemeinschaft") zusammen, um gemeinsam ihre gegen B entstandenen Forderungen zu realisieren. Der Kläger trat der Interessengemeinschaft nicht bei. Die Mitglieder der Gemeinschaft übertrugen der beklagten Bank (Drittschuldnerin) ihre Forderungen gegen B. Die Bank hatte den Bau teilweise vorfinanziert. Ihre Aufgabe sollte darin bestehen, für die Mitglieder der Interessengemeinschaft das Baugrundstück treuhänderisch zu erwerben, den Bau fertig zu stellen und das Anwesen später gewinnbringend zu veräußern. Der Veräußerungserlös sollte zur Befriedigung der Gläubigerforderungen dienen. Die Interessengemeinschaft schloss mit der beklagten Bank einen „Treuhandvertrag", in dem bestimmt war, dass die Fertigstellung im Zusammenwirken mit B als Architekt erfolgen sollte.

Hinsichtlich der Vergütung des B enthielt Ziffer 6 des Treuhandvertrages folgende Klausel:

„Der Treuhänder (die Bank) wird verpflichtet, zur Abgeltung der weiteren Architektenleistungen des Herrn B [...] bis zur Fertigstellung des Bauvorhabens monatlich bis zu einem Höchstbetrag von DM 3.000, die im Architektenbüro des Herrn B anfallenden Kosten und Auslagen zu bezahlen, in erster Linie das Gehalt der Sekretärin des Herrn B, Büromiete und Telefonkosten. Ein überschießender Honorarbetrag wird erst nach vollständigen Verkauf des Anwesens und erfolgter Abrechnung fällig".

B erkannte den Treuhandvertrag als für ihn verbindlich an. Der Kläger erwirkte gegen B einen vollstreckbaren Titel für seine Werklohnforderungen und ließ den Vorschussanspruch des B gegen die Bank aus Ziffer 6 des Treuhandvertrages pfänden und sich zur Einziehung überweisen. Die beklagte Bank zahlte nicht, woraufhin der Kläger Einziehungsklage erhob.

Der *BGH* hielt die Pfändung gemäß § 851 Abs. 1 ZPO i.V.m. § 399 Alternative 1 BGB für unwirksam. Den Vorschussansprüchen des B sei durch Ziffer 6 des Vertrages von Anfang an der Verwendungszweck beigelegt worden, nur zur Deckung notwendiger Bürounkosten zu dienen. Dieser Verwendungszweck sei Inhalt der von der beklagten Bank gegenüber B zu erbringenden Leistung geworden, eine der getroffenen Bestimmung widersprechende Verwendung der Vorschüsse würde eine Veränderung des Leistungsinhalts darstellen (§ 399 Alternative 1 BGB)[352]. Die Relevanz der Entscheidung zeigt sich in der intensiven

352 *BGH*, RPfl 1978, S. 248 (249).

Interessenabwägung, mit der der *BGH* die Annahme einer Zweckbindung durch die Abrede in Ziffer 6 des Treuhandvertrages untermauerte. Im Konflikt der widerstreitenden Interessen von Kläger und Bank gewichtete der *BGH* das schutzwürdige Interesse der Bank höher. Die Bank habe zur Durchführung ihrer Aufgaben aus dem Treuhandvertrag eines eingerichteten, störungsfrei arbeitenden Architektenbüros bedurft. Das Büro des B sei mit dem Bau bereits vertraut und daher am besten geeignet gewesen. Der Bank sei es unbenommen geblieben, die Vorschüsse nicht direkt an die „Bürogläubiger" (etwa die Sekretärin) zu zahlen, sondern dies B zu überlassen. Die schützenswerten Belange der Bank hätten es dann aber verlangt, B in seiner Verwendung der Vorschüsse zu beschränken, was Sinn der Vereinbarung über die Zweckbestimmung der Vorschüsse gewesen sei. B habe sich durch Anerkennung des Treuhandvertrages treuhänderisch gebunden, die ihm überlassenen Gelder allein zu den vertraglich bestimmten Zwecken zu verwenden. Die Ausgangssituation des Falles ähnelt insofern der oben dargestellten Entscheidung des *Reichsarbeitsgerichts*, bei der der Schweizer die Gelder für die Unterangestellten des Gutsherren verwalten sollte.

Die Entscheidung erscheint sehr weitgehend, wenn man sich verdeutlicht, dass die treuhänderische Bindung des B nicht nur im Interesse der Bank als Drittschuldnerin erfolgte, sondern vielmehr zum überwiegenden Teil die Belange der Interessengemeinschaft schützte, die die Fortführung des Baus durch B erreichen wollte. Warum sollte aber der Kläger, der frei über den Beitritt zur Interessengemeinschaft entscheiden konnte, durch diese Drittinteressen in seinem Befriedigungsinteresse beeinträchtigt werden? Der *BGH* meinte diesbezüglich, der Kläger „könne nicht erwarten, dass ihm der Zugriff auf Gelder ermöglicht werde, die B nur deshalb zufließen, weil der Bau von der Beklagten für die anderen Gläubiger weitergeführt werde und die Gelder (Vorschüsse) gerade diesem besonderen Zweck dienten. Könnte der Kläger vollstrecken, so würden seine Interessen gegenüber denen der anderen Gläubiger, von denen die Mittel letztlich stammten, in ungerechtfertigter Weise bevorzugt"[353].

b) BGH 1997

In seinem Urteil vom 20. November 1997[354] („Grundstücksfall") verfolgte der *BGH* seine im vorherigen Urteil aufgestellten Meinung, eine Zweckbindung führe gemäß § 851 Abs. 1 ZPO i.V.m. § 399 Alternative 1 BGB zur Unpfändbarkeit nicht weiter. Er ließ die Frage, ob zweckgebundene Forderungen pfändbar sind

353 *BGH*, RPfl 1978, S. 248 (249).
354 *BGH*, NJW 1998, S. 746 f.

oder nicht, offen. Gleichzeitig konkretisierte die Entscheidung aber die Anforderungen an eine treuhänderische Zweckbindung und zeigte ferner, dass das Problem der Zweckgebundenheit einer Forderung auch im Rahmen eines Drittschuldnereinwands bei einer Einziehungsklage relevant werden kann.

Die Klägerin betrieb aus einem Titel über ca. 180.000 DM die Zwangsvollstreckung gegen den Schuldner N und nahm in diesem Rahmen die Beklagte als Drittschuldnerin in Anspruch. N wollte auf seinem Grundstück Eigentumswohnungen errichten und dann veräußern. Zur Finanzierung des Vorhabens bediente sich N zweier Darlehen der F und der O. Zur Absicherung der Rückzahlungsansprüche wurden jeweils für F und O eine Grundschuld am Grundstück und den zu errichtenden Wohnungen bestellt und eingetragen. Die beklagte Drittschuldnerin war Käuferin einer der Eigentumswohnungen. Sie schloss 1993 mit N einen Kaufvertrag, der in § 5 hinsichtlich des Kaufpreises von 130.000 DM die Regelung enthielt, dass die Zahlungen auf ein Notaranderkonto zu erfolgen hätten. Die Zahlungen sollten ausschließlich zur Ablösung der Grundschulden von O und F dienen, um so der Drittschuldnerin lastenfreies Eigentum übertragen zu können. Am 12. November 1994 wurde der Drittschuldnerin der Pfändungs- und Überweisungsbeschluss hinsichtlich des Kaufpreisanspruchs zugestellt. Gleichwohl überwies die Beklagte am 14. Februar 1995 eine Kaufpreisrate von insgesamt 65.000 DM auf das Notaranderkonto. Die Klägerin behauptete, diese Zahlung sei gemäß §§ 135, 136, 433 BGB i.V.m. §§ 829, 835, 836 ZPO ihr gegenüber unwirksam gewesen und machte den Betrag klageweise geltend.

Der *BGH* war der Ansicht, es komme auf die Wirksamkeit der Pfändung nicht an, denn auch bei wirksamer Pfändung könne die Beklagte der Klägerin den Erfüllungseinwand gemäß §§ 804 Abs. 2 ZPO, 1275, 412, 404 BGB entgegenhalten[355], was sich aus der treuhänderischen Zweckbindungsabrede im Kaufvertrag ergäbe. „Die Vereinbarung im Rahmen des Kaufvertrages, die Kaufpreisforderung einer treuhänderischen Zweckbindung zur Ablösung dinglicher Belastungen des gekauften Wohnungseigentums zu unterwerfen, könne N nicht einseitig ändern. Deswegen müsse auch ein Pfändungsgläubiger eine solche Bindung gegen sich gelten lassen. Der Drittschuldner als Käufer habe daran ein schutzwürdiges Interesse, denn er habe sich nur zur Kaufpreiszahlung verpflichtet, weil der Verkäufer das Eigentum lastenfrei zu übertragen habe[356]. Der *BGH* machte zudem – wie das *LG Berlin* bei den Ansprüchen des Strafgefangenen – deutlich, dass ohne die einvernehmliche Vereinbarung im Kaufvertrag keine Zweckbindung eingetreten wäre. Es hätte nur „eine einseitige, für den

355 Normalerweise hätte die Zahlung der Beklagten auf Grund des vorher erfolgten Arrestatoriums keine Erfüllungswirkung gegenüber der Klägerin erzielen können.

356 *BGH*, NJW 1998, S. 746.

Verkäufer (N) unverbindliche Zweckbestimmung vorgelegen". Das Schutzbedürfnis der Beklagten allein hätte nicht ausgereicht, denn dadurch „könnten die den Pfändungsgläubiger schützende Vorschriften §§ 135, 136 BGB, 851 Abs. 2 ZPO nicht umgangen werden[357].

c) BGH 1999

Das viel beachtete Urteil des *BGH* vom 16. Dezember 1999[358] („Leasingfall") behandelte ebenso wie die vorangegangene Entscheidung als Schwerpunkt die Frage, unter welchen Voraussetzungen von einer „treuhänderischen Zweckbindung" gesprochen werden kann. Zum Sachverhalt:

Die beklagte Drittschuldnerin kaufte von der T-GmbH (Vollstreckungsschuldnerin), einer Leasinggesellschaft, am 9. Februar 1994 eine bestimmte Anzahl von „Full-Service-Leasing-Verträgen". Nach Nr. I 3 des Kaufvertrages sollte die Beklagte auch das Eigentum an den von den Leasingverträgen erfassten Kfz erwerben. Die Kfz waren ursprünglich von verschiedenen Banken finanziert und diesen im Hinblick auf die Darlehensrückzahlungsansprüche zur Sicherheit übereignet worden. Nr. 3 III 1 a) des Kaufvertrages sah vor, dass die Fälligkeit der Kaufpreisforderung von einer unbedingten und unwiderruflichen Freigabezusicherung seitens der Banken abhänge. Nach Nr. III 2 war außerdem die ausschließliche Kaufpreiszahlung durch die Beklagte auf debitorische Konten der T-GmbH bei den finanzierenden Banken vereinbart[359]. Erst bei Anweisung einer ausreichenden Zahlung auf die Konten der T-GmbH sollten die Banken die sicherungsübereigneten Fahrzeuge freigeben. Die T-GmbH hatte sich für diesen Fall damit einverstanden erklärt, dass das Eigentum Zug um Zug gegen Kaufpreiszahlung von den Banken auf die Beklagte übertragen wurde. Am 9. März 1994 pfändete das klagende Land wegen Steuerforderungen gegen die T-GmbH deren Kaufpreisanspruch und ließ sich diesen zur Einziehung überweisen. Die entsprechende Verfügung wurde der Beklagten am 10. März 1994 zugestellt. In der Folgezeit zahlte die Beklagte einen Geldbetrag von ca. 6.600.000 DM an die T-GmbH. Das klagende Land vertrat die Ansicht, die Zahlungen hätten ihm gegenüber keine Wirkung, da die erfolgte Pfändung wirksam gewesen sei.

357 *BGH*, NJW 1998, S. 746 (747)

358 *BGH*, LM, § 851 ZPO Nr. 9 = NJW 2000, S. 1270 f. = InVo 2000, S. 170 ff. = WM 2000, S. 264 ff.

359 Das Zustandekommen einer Vereinbarung war zwischen den Parteien streitig. Der *BGH* unterstellte bei seinen Ausführungen das Vorliegen einer entsprechenden Abrede, vgl. *BGH*, InVo 2000, S. 170 (171, linke Spalte oben.).

Der *BGH* folgte der Rechtsansicht des Klägers nicht. Die Pfändung der Kaufpreisforderung sei gemäß § 851 Abs. 1 ZPO i.V.m. § 399 BGB unwirksam gewesen, denn im vorliegenden Fall sei eine Zweckbindung mit treuhänderischen Charakter auf Grund der vereinbarten Zahlung auf die debitorischen Konten der T-GmbH gegeben. Offen blieb, unter welche Alternative des § 399 BGB eine Zweckbindungsabrede einzuordnen ist. Nach Ansicht des *BGH* war auch bei § 399 Alternative 2 BGB i.V.m. § 851 Abs. 2 ZPO angesichts des treuhänderischen Charakters von einer Unpfändbarkeit auszugehen, so dass beide Alternativen des § 399 BGB zur Unpfändbarkeit führten. Die Zweckbindung begründete das Gericht mit den schutzwürdigen Interessen der Beklagten, denn diese habe sich „zur Zahlung des Kaufpreises nur verpflichtet, weil die T-GmbH durch die Zahlungen an die Banken deren Freigabeerklärungen beizubringen versprach“[360]. Insofern verfolgte die Beklagte mit ihrer Zahlung zwei Ziele: Zum einen die Tilgung des Kaufpreisanspruchs, zum anderen die Ablösung des Sicherungseigentums der Banken[361]. Um die Ablösung des Sicherungseigentums zu erreichen, war im Kaufvertrag die Zahlung auf die debitorischen Konten der T-GmbH vertraglich festgelegt worden, um den Banken eine Verrechnungsmöglichkeit mit den bestehenden Debet-Salden zu geben.

Der *BGH* zog aus dieser Vereinbarung den „Treuhandcharakter“. Treugeber sei die Beklagte, Treuhänder die T-GmbH und Begünstigte die Banken. Nur nach außen sei die T-GmbH Inhaberin des Kaufpreisanspruchs geworden. Die „formale Rechtsposition“ habe von den Gläubigern gepfändet werden können. Intern habe die T-GmbH nur die Funktion einer „Durchgangsstation“ gehabt, da der Kaufpreisanspruch letztlich die Banken begünstigen sollte, indem mittels des Kaufpreises die Rückstände der T-GmbH gegenüber den Banken ausgeglichen werden sollten. Im Innenverhältnis sei die T-GmbH verpflichtet gewesen, den Kaufpreisanspruch allein auf dem debitorischen Konto der Banken einzuziehen, um diesen eine Verrechnungsmöglichkeit zu eröffnen[362]. Auf Grund eingeschränkter Verfügungsmacht habe die T-GmbH die Kaufpreisforderung nicht abtreten können, so dass die Forderung vom Kläger auch nicht gepfändet werden konnte.

Zusammenfassend gelten nach neuerer *BGH*-Rechtsprechung folgende Leitlinien für eine treuhandähnliche Zweckgebundenheit:

360 Insofern besteht eine Parallele zur vorangegangenen Entscheidung.

361 Vgl. *Buhlmann/Schimmel*, JA 2000, S. 538 (541).

362 *BGH*, LM, § 851 ZPO Nr. 9.

Begründung der Zweckbindung	• Zweckbindung auf Grund einer treuhänderischen Leistungszweckvereinbarung (*BGH, 1978, 1997, 1999*). • Es muss eine Zweckbindung vereinbart sein, eine einseitige Zweckbestimmung reicht nicht aus (*BGH, 1997*). • Treuhänderische Lage gegeben, wenn nach der Interessenlage die Interessen des Drittschuldners schützenswerter gegenüber denen des Pfändungsgläubigers sind (*BGH, 1978, 1997, 1999*).
Übertragbarkeit	• § 399 Alternative 1 BGB hindert die Übertragbarkeit (*BGH, 1978*). • Keine Festlegung auf eine Alternative (*BGH, 1999*). • § 399 BGB überhaupt nicht herangezogen (*BGH, 1997*)
Pfändbarkeit	• § 851 Abs. 1 ZPO i.V.m. § 399 Alternative 1 BGB hindert die Pfändbarkeit (*BGH, 1978*). • Pfändbarkeit bei treuhänderischer Abrede ausgeschlossen. § 851 Abs. 2 ZPO nicht anwendbar, obwohl § 399 Alternative 2 BGB eingreift (*BGH, 1999*).
Weitere Folgen	• Eine treuhänderische Zweckbindung beschränkt die Wirkungen des Arrestatoriums (*BGH, 1997* und *1999*). Befreiende Zahlungen an Schuldner nach Zustellungen des PfÜB möglich.

II. Begriff der Zweckgebundenheit

Die historische Entwicklung zweckgebundener Forderungen hat gezeigt, wie viele verschiedene Rechtsbereiche fortwährend von dem Problem „Zweckbindung" betroffen sind. Das Phänomen hat seit nunmehr über einem Jahrhundert eine große Relevanz insbesondere in der gerichtlichen Praxis. Die Vielfalt der Entscheidungen in den einzelnen Rechtsbereichen hat sich gleichwohl nachteilig auf die Übersichtlichkeit der generellen Strukturen einer Zweckbindung bei Forderungen ausgewirkt. Ein stringenter dogmatischer Ansatz ist nicht erkennbar. Insbesondere werden §§ 851 ZPO, 399 BGB je nach Einzelfall unterschiedlich angewandt. Generell kann allein gesagt werden, dass der Begriff der Zweckbindung beständig als Argument zur Einschränkung der Verkehrsfähigkeit einer Forderung herangezogen wurde bzw. wird. Im übrigen herrscht jedoch bis heute Uneinigkeit über die Grenzen und Wirkungen einer Zweckbindung. Die zusammenfassenden Übersichten am Ende einer jeden Fallgruppe haben diese Uneinigkeiten in folgenden Bereichen hervorgehoben:

- Begründung einer Zweckbindung
- Übertragung zweckgebundener Forderungen
- Pfändung zweckgebundener Forderungen.

Diese Arbeit zeigt im weiteren Verlauf bei diesen problematischen Punkten bereichsübergreifende Grundsätze auf, um zweckgebundene Forderungen in der Praxis leichter handhabbar zu machen. Bevor auf Begründung (*unten III*) sowie Verkehrsfähigkeit (*unten IV*) zweckgebundener Forderungen eingegangen wird, ist es zunächst notwendig, festzustellen, was unter dem Begriff der Zweckbindung überhaupt zu verstehen ist. Die nachfolgende Herleitung einer Definition geschieht auf der Basis der historischen Entwicklung. Es sind dabei drei Merkmale zu nennen, die in der überwiegenden Zahl der Entscheidungen enthalten sind und aus denen sich eine Definition der Zweckbindung ableiten lässt:

- Sachlicher Verwendungszweck
- Eingeschränkte Verfügungsbefugnis des Vollstreckungsschuldners
- Schützenswertes Interesse an zweckgerechter Verwendung

Die Merkmale im Einzelnen:

1. Sachlicher Verwendungszweck

Zweckgebundene Forderungen sind wie normale Forderungen auf einen bestimmten Leistungsgegenstand gerichtet. Leistungsgegenstand ist meist Geld, so etwa ein Darlehen, ein Prozesskostenvorschuss oder Mietnebenkosten. Zweckgebundene Forderungen haben gegenüber normalen Forderungen jedoch die Besonderheit, dass bei ihnen der Verwendungsbereich des Leistungsgegenstandes eingeschränkt ist. Die Einschränkung ergibt sich aus einem bestimmten sachlichen bzw. gegenständlichen[363] Verwendungszweck, dem der Leistungsgegenstand zugeführt werden soll[364]. Häufig verkörpert der Verwendungszweck den wirtschaftlichen Zweck einer Forderung[365]. Beispielsweise soll ein Darlehen zur finanziellen Durchführung eines Bauvorhabens; ein Prozesskostenvorschuss zur Begleichung der Gerichts- und Anwaltskosten und die Mietnebenkosten zur Bezahlung der Versorgungsunternehmen genutzt werden. Sachliche Verwendungszwecke sind darüber hinaus in weiteren, vielfältigen Sachverhaltskonstellationen

---

363 *Weitkemper*, S. 20.

364 Abgrenzung: Ein Freistellungsanspruch ist keine zweckgebundene Forderung, weil kein gegenständlicher Verwendungszweck existiert, dem der Leistungsgegenstand zuzuführen ist. Die Unübertragbarkeit folgt aus § 399 Alternative 1 BGB auf Grund der besonderen Natur des gegenseitigen Schuldverhältnisses, vgl. § 2 A I 3 c bb (2); A.A. *MüKo/Smid*, § 851, Rn. 6.

365 *Grund*, S. 63; *Sebode*, DR 1940, S. 429; *Lange*, LZ 1933, S. 218.

denkbar[366]. Voraussetzung ist, dass sich der Zweck durch eine entsprechende Verwendung des Leistungsgegenstandes erreichen lässt.

Damit eine zweckgebundene Forderung bejaht werden kann, muss der sachliche Verwendungszweck und nicht die Person des Vollstreckungsschuldners im Vordergrund stehen. Die Zweckbindung knüpft nicht an die Person des Vollstreckungsschuldners, sondern an den Gegenstand der Forderung selbst an, indem der Vollstreckungsschuldner bei der Verwendung der ihm zugeflossenen Leistung sachlich an die Einhaltung eines bestimmten Zwecks gebunden ist[367]. Entscheidend ist nicht wer den Leistungsgegenstand der vorgesehenen Verwendung zuführt, sondern dass der Zweck erreicht wird. Eine Zweckbindung ist zwar stets mit dem Vollstreckungsschuldner verknüpft, weil er es ist, der den Leistungsgegenstand zweckgerecht verwenden soll. Die Verknüpfung mit seiner Person ist gleichwohl nur notwendige Folge einer Zweckbindung und gibt der Forderung keinen höchstpersönlichen Charakter, denn ausschlaggebend und wesentlich ist der anvisierte Verwendungszweck. Eine „personenbedingte Zweckgebundenheit“[368] gibt es nicht, denn wenn die Person des Gläubigers wesentlich ist, so liegt eine höchstpersönliche Forderung vor, die bereits nach § 399 Alternative 1 BGB unübertragbar und damit auch unpfändbar (§ 851 Abs. 1 ZPO) ist[369]. In diesen Fällen braucht man den Gedanken der Zweckgebundenheit nicht als „Nothelfer“[370] heranzuziehen.

Ein in dieser Frage problematisches Beispiel sind die erwähnten Ansprüche auf Prozesskostenvorschüsse (§ 1360a Abs. 4 BGB)[371], bei denen die Gerichte durchweg die eingeschränkte Verkehrsfähigkeit mit der Zweckbindung des Anspruchs begründet haben[372]. Da jedoch ausdrücklich nur der Ehegatte berechtigt

---

366 *Sebode*, DR 1940, S. 429 (430): „die Zwecke sind verschiedenartig“. Etwa bei Lohnforderungen: Abdeckung der Reiseaufwendungen; Erfüllung von Ansprüchen, die gegen den Drittschuldner gerichtet sind; bei Subventionen: Verwendung zur Reparatur von Flutschäden; in den neueren *BGH*-Fällen: Ablösung von Sicherungsrechten Dritter.

367 *Schmies*, S. 50.

368 So zu Unrecht in Bezug auf Kreditlinien *Rosenberg/Gaul/Schilken*, § 54 I 1 a bb. Zumindest missverständlich: *BGH* (Flutschadenfall), MDR 1970, S. 210 (211, linke Spalte unten).

369 Ebenso *Stöber*, Rn. 14; *OLG Celle*, ZMR 1999, S. 698, die beide zweckgebundene Forderungen von höchstpersönlichen Forderungen trennen. Anders ohne Begründung: *Rühling*, § 851, B, *Friedländer*, siehe Nachweise bei *Weitkemper*, S. 60.

370 So *Zawar*, JW 1938, S. 432 (437).

371 § 1360a Abs. 4 BGB: „Ist ein Ehegatte nicht in der Lage, die Kosten eines Rechtsstreits zu tragen, der eine persönliche Angelegenheit betrifft, so ist der andere Ehegatte verpflichtet, ihm diese Kosten vorzuschießen, soweit dies der Billigkeit entspricht“.

372 Vgl. oben § 2 B I 3.

ist, den Prozesskostenvorschuss zu fordern, könnte man annehmen, die Person des Anspruchsinhabers sei wesentliches Merkmal der Leistungspflicht, so dass mit § 1360a Abs. 4 BGB ein Fall einer höchstpersönlichen Forderung vorläge[373]. Auf der anderen Seite könnte man aus der Bezugnahme des Gesetzeswortlautes auf die „Kosten eines Rechtsstreits über eine persönliche Angelegenheit" auf einen vorrangigen sachlichen Verwendungszweck, d.h. die Verwendung zur Deckung der Prozesskosten schließen. Betrachtet man den Sinn und Zweck der Norm so wird man letzterem den Vorzug gewähren müssen, denn § 1360a Abs. 4 BGB wurde zur Entlastung der Staatskasse geschaffen, das heißt im Vordergrund stand die Deckung der Prozesskosten durch die eheliche Beistandspflicht[374]. Nicht von wesentlicher Bedeutung war es, dass nur der Ehegatte die Leistung fordern sollte. Für eine solche Auslegung sprechen auch die Formulierungen der Gerichte, die die Verschaffung eines Vorschusses in den Vordergrund stellten[375]. Damit ist bei § 1360a Abs. 4 BGB der sachliche Verwendungszweck (Deckung der Gerichts- und Anwaltskosten) als vorrangig gegenüber einem etwaigen, höchstpersönlichen Charakter des Anspruchs anzusehen[376].

2. Eingeschränkte Verfügungsbefugnis

Ganz überwiegend wird einer Zweckbindung Einfluss auf die Übertragbarkeit der Forderung zugeschrieben[377]. Das erklärt sich daraus, dass ein bestimmter Verwendungszweck nur erreicht wird, wenn folgender Weg eingehalten wird:

---

373 Vgl. *Braun*, AcP 195 (1995), S. 311 (335 ff.), der Ansprüche aus §§ 1360, 1360a BGB generell wegen Höchstpersönlichkeit für unpfändbar hält (§§ 851 Abs. 1 ZPO, 399 BGB).

374 *BGB-MüKo/Wacke*, § 1360a, Rn. 20; Auch *OLG Köln*, NJW-RR 1993, S. 1030 ff.

375 *BGH*, NJW 1985, S. 2263 (2264, rechte Spalte oben); *LG Berlin*, FamRZ 1971, 173 (rechte Spalte oben); *OLG Naumburg*, JW 1918, S. 573 (rechte Spalte oben).

376 Es sind Fälle denkbar, in denen höchstpersönlicher Charakter und Verwendungszweck nebeneinander stehen können. Beispiel: Die Gewährung eines Darlehens hängt in der Regel maßgeblich von der Person des Kreditnehmers ab, so dass der Auszahlungsanspruch eine höchstpersönliche Forderung sein kann. Liegt gleichzeitig ein Sachzweck vor, dem der Leistungsgegenstand unbedingt zugeführt werden soll, käme auch eine Zweckbindung in Betracht. Allein die Höchstpersönlichkeit würde hier aber bereits die Übertragung hindern.

377 Deutlich dargestellt bei Baugeldforderungen: *RGZ* 84, S. 188 (193), „Keine Verfügung außerhalb vereinbarter „Zweckbestimmung"; *KG*, JW 1937, S. 2232: „Baugelder können nur an Personen abgetreten werden, die an der Herstellung des Baus beteiligt sind"; Bausparforderung: *OLG Stuttgart*, BB 1956, S. 1012: „Einschränkung der Verfügungsbefugnis"; Lohnforderungen: *RArbG*, Höchstrichterliche

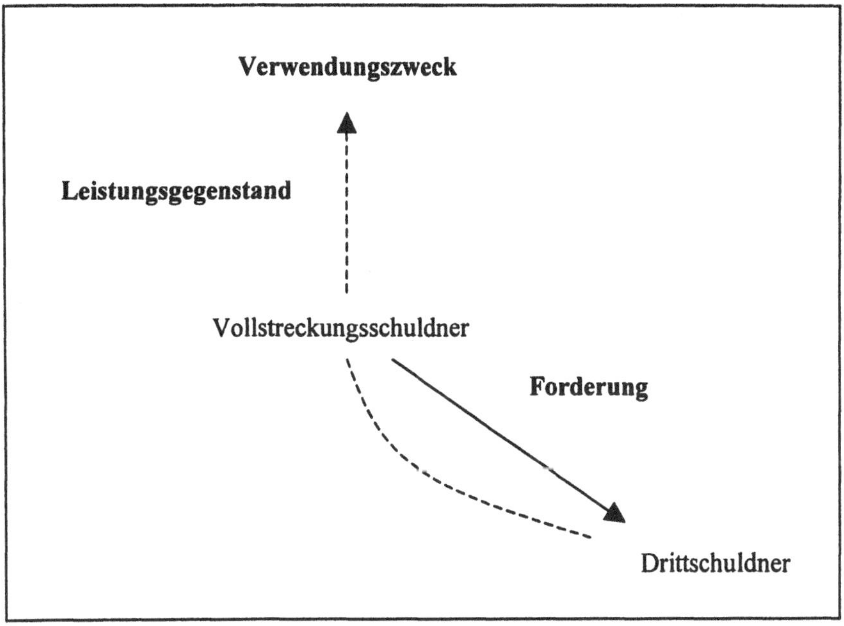

Der Vollstreckungsschuldner kann den Leistungsgegenstand nur dann dem Verwendungszweck zuführen, wenn er diesen zuvor kraft seiner Forderung vom Drittschuldner erlangt hat. Die zweckgerechte Verwendung des Leistungsgegenstandes ist gefährdet, wenn der Vollstreckungsschuldner die Forderung frei an einen Dritten übertragen könnte und somit den Erwerb des Gegenstandes vereiteln würde. Eine Zweckbindung verlangt daher, dass der Vollstreckungsschuldner in seiner Verfügungsbefugnis über die Forderung insoweit eingeschränkt ist, als der Verwendungszweck die Grenzen vorgibt, innerhalb derer der Vollstreckungsschuldner über die Forderung verfügen kann. Eine Verfügung außerhalb des Verwendungszwecks (etwa eine zweckwidrige Abtretung) wird als unzulässig angesehen. Beispielsweise kann der Bäcker seine Subventionsforderung, die nach dem Gesetz zur Herstellung von Konsumbrot zu verwenden ist, nicht an den Süßwarenlieferanten abtreten, weil dadurch der vorgesehene Verwendungszweck vereitelt würde. Abgetreten werden darf die Forderung nur an eine Person, die innerhalb der vorgesehenen Verwendungszwecks liegt, etwa einen Mehllieferanten[378].

Rechtsprechung 1931, Nr. 604: „nicht in vollem Umfange freies Eigentum"; *Zawar*, JW 1938, S. 432 (436).

378 *LG Würzburg*, MDR 1952, S. 172.

Die eingeschränkte Verfügungsbefugnis ist das Ergebnis einer Interessenabwägung. Zwischen der durch die Zweckerreichung begünstigten Person und dem Vollstreckungsschuldner besteht ein Interessengegensatz, bei dem der Vollstreckungsschuldner über die Forderung und das dadurch erlangte Geld frei verfügen will, während der Zweckbegünstigte die freie Verfügungsbefugnis einschränken, dass heißt eine Bindung des Vollstreckungsschuldners erreichen möchte. In Fällen der Zweckgebundenheit wird das Interesse des Zweckbegünstigten an der Beschränkung der freien Verfügungsbefugnis höher gewichtet. Dies muss sich der Vollstreckungsschuldner gefallen lassen; auf sein Interesse an dem Verwendungszweck kommt es nicht an[379].

Fälschlicherweise bezeichnen Teile der Rechtsprechung und der Literatur auch Forderungen als zweckgebunden, bei denen die freie Verfügungsbefugnis des Vollstreckungsschuldners gerade beabsichtigt ist. Beispiele sind die erwähnten Ansprüche des Arbeitnehmers auf Urlaubsabgeltung, Jubiläumszulagen und Treuegelder[380]. Auch hier wird zur Begründung der Unübertragbarkeit und Unpfändbarkeit das Argument der Zweckgebundenheit herangezogen. Diese Fallgruppe gehört aber aus mehreren Gründen nicht zu den hier diskutierten zweckgebundenen Forderungen im „engeren Sinn“[381].

Im Unterschied zu den echten zweckgebundenen Forderungen liegt hier kein Interessengegensatz vor, denn die Interessen des Zweckbegünstigten und des Vollstreckungsschuldners sind „gleichgerichtet“[382]. Bei Treuegeldern ist es das Motiv des Arbeitgebers, dem Arbeitnehmer die Forderung zu gewähren, um ihm einen Anreiz für weitere Arbeit in dem Unternehmen zu geben. Grund für die Auszahlung ist demnach eine Belohnung des Arbeitnehmers. Selbst wenn man dies als „Zweck“ der Auszahlung ansieht, so wird der bestimmte Geldbetrag zur freien Verfügung für die geleistete Arbeit überlassen. Gebunden ist der Arbeitnehmer in der Verwendung nicht, denn der „Zweck“, ihm eine Belohnung zukommen zu lassen, erschöpft sich bereits mit der Auszahlung. Ähnliches gilt für Ansprüche auf Urlaubsabgeltung. Ein Arbeitgeber kann seinem Arbeitnehmer nicht vorschreiben, wie dieser den Betrag zu verwenden hat, insbesondere kann er den Betrag nicht zurückfordern, wenn der Arbeitnehmer von dem Geld keinen Urlaub finanziert hat[383]. Der Arbeitnehmer kann über den ausgezahlten Abgeltungsbetrag nach freiem Belieben verfügen. Bei echten zweckgebundenen Forderungen muss dagegen die freie Verfügungsbefugnis eingeschränkt sein, was schon der Name „Zweck<u>bindung</u>“ andeutet.

---

379 Ebenso *Weitkemper*, S. 21.

380 Siehe dazu oben § 2 B I 5 d.

381 Im Ergebnis auch *Sebode*, DR 1940, S. 429 (432); *Weitkemper*, S. 23.

382 *Weitkemper*, S. 21 ff.

383 Zutreffend *LG Münster*, Beschluss vom 11. Juni 2000, InVo 2000, S. 61 (62).

Ansprüche auf Urlaubsabgeltung sind damit in ihrer Pfändbarkeit nur durch die Grenzen des § 850c ZPO eingeschränkt[384]. Ansprüche auf Treuegelder sind „personengebundene, d.h. höchstpersönliche Forderungen", denn für die Eingehung der Verpflichtung ist die Person des Arbeitnehmers von wesentlicher Bedeutung. Eine Jubiläumszulage soll nur dem Arbeitnehmer gewährt werden, der eine bestimmte Betriebszugehörigkeit vorweisen kann. Durch diese Bindung der Geldleistung an eine ganz bestimmte Person wird die Forderung zu einer höchstpersönlichen Forderung und bei einer Abtretung des Anspruchs würde sich der Leistungsinhalt auf Grund eines anderen Gläubigers ändern. Daher sind diese Forderungen gemäß § 399 Alternative 1 BGB wegen ihres höchstpersönlichen Charakters nicht übertragbar und somit unpfändbar (§ 851 Abs. 1 ZPO)[385]. Damit besteht kein Bedürfnis, diese Forderungen als zweckgebunden anzusehen. Zweckgebundene Forderungen verdrängen nicht weiteren Vollstreckungsschutz, sondern ergänzen nur bestehende Regelungen[386]. Weiterer Grund für das Ausscheiden dieser Forderungen ist auch ihre Sonderstellung in der historischen Entwicklung, die deutlich macht, dass nur bei eingeschränkter Verfügungsbefugnis von „echten" zweckgebundenen Forderungen gesprochen werden kann.

3. Schützenswertes Interesse an der zweckgerechten Verwendung

Durch die ersten beiden Merkmale wurde deutlich, dass es der Vollstreckungsschuldner hinnehmen muss, in seiner Verwendungsmöglichkeit hinsichtlich der Forderung zu Gunsten des Zweckbegünstigten eingeschränkt zu sein. Das dritte Merkmal der Zweckbindung fragt nach der Rechtfertigung für die Verknappung seiner Verfügungsmacht. Der Grund muss in den schutzwürdigen Interessen der Person zu sehen sein, die von der zweckgerechten Verwendung profitiert. Welche Personen kommen aber generell als Zweckbegünstigte in Betracht? Je nach geschütztem Interesse lassen sich die Fälle zweckgebundener Forderungen in drei Fallgruppen unterteilen[387].

384 *LG Münster*, InVo 2000, S. 61 (62).
385 Im Ergebnis auch *Weitkemper*, S. 38 f.
386 *Sebode*, DR 1940, S. 429 (433).
387 Ähnlich *Pfeiffer*, NZA 1996, S. 738 ff., Rn. 61; *Grund*, S. 67; *Sebode*, DR 1940, S. 429 (430); Teilweise abweichend *Weitkemper*, S. 17.

a) Einteilung nach Schutzadressaten

aa) Zweckbindung dient den Interessen des Drittschuldners (Fallgruppe 1)

Bei der ersten Fallgruppe sollen die dem Vollstreckungsschuldner vom Drittschuldner zufließenden Mittel zu einem bestimmten Zweck im Interesse des Drittschuldners verwendet werden. So hat der Arbeitgeber ein Interesse an der zweckgerechten Verwendung des dem Angestellten überlassenen Lohnes, der an die Unterangestellten weitergereicht werden soll. Der Untermieter hat ein Interesse an der Weiterleitung der Untermiete an den Vermieter, der Käufer der Leasing-Kfz hat ein Interesse an der Weiterleitung des Geldes an die Banken. Der Mieter, der dem Vermieter Betriebsnebenkosten zahlen muss, hat ein Interesse an der Weitergabe des Geldes an die Versorgungsunternehmen. All diese Personen waren im Rahmen der Forderungspfändung als Drittschuldner beteiligt.

bb) Zweckbindung dient den Interessen anderer Dritter bzw. der Allgemeinheit (Fallgruppe 2)

Betroffen können aber nicht nur Interessen des Drittschuldners sein. Eine zweite Fallgruppe bilden Zweckbindungsfälle, bei denen die Interessen der an der Pfändung unbeteiligten Dritten oder generell der Allgemeinheit geschützt werden. Auch in dieser Fallgruppe musste das Interesse des Vollstreckungsschuldners an einer freien Verfügungsbefugnis über die Forderung zurückstehen. Ein Bespiel ist die Kammergerichtsrechtsprechung zur Unpfändbarkeit von Mietforderungen, soweit diese die notwendigen Instandhaltungskosten für das Gebäude umfassten. Hier war das öffentliche Interesse an der Wohnraumerhaltung ausschlaggebend dafür, die Pfändung auszuschließen. Des weiteren haben bei Prozesskostenvorschüssen die Staatskasse sowie der prozessführende Rechtsanwalt Interesse an der zweckgerechten Verwendung des Geldes. Bei Subventionsforderungen verlangte das öffentliche Interesse den Einsatz der Mittel zum vorgesehenen Zweck.

cc) Zweckbindung dient den Interessen des Drittschuldners und denen von Dritten (Fallgruppe 3)

Manchmal ist es in den Entscheidungen nicht eindeutig, welcher der beiden erstgenannten Gruppen eine zweckgebundene Forderung zuzuordnen ist. Dies kann daran liegen, dass gleichzeitig die Interessen unterschiedlicher Personengruppen geschützt werden. Solche Konstellationen unterfallen der dritten Fallgruppe. Ein Beispiel sind Baugeldforderungen. Hier wird auf der einen Seite das Interesse des Drittschuldners (Kreditgewährende Bank) geschützt, der an der Verwendung des Geldes für das Bauvorhaben interessiert ist, weil für ihn regelmäßig zur Sicherung des Rückzahlungsanspruchs eine Hypothek an dem Baugrundstück bestellt ist und diese Hypothek an Wert gewinnt, je weiter das Bauvorhaben voranschreitet. Der Drittschuldner wird regelmäßig in dem Darlehensvertrag eine Vereinbarung mit dem Vollstreckungsschuldner über die Verwendung des Geldes zum Bau treffen. Auf der anderen Seite stehen die Bauhandwerker. Sie sind im Rahmen einer Pfändung außenstehende Dritte, die aber ebenfalls ein Interesse an der Erfüllung ihrer am Bau entstandenen Werklohnforderungen haben. Die Interessen der Bauhandwerker schützt das GSB, indem es gesetzlich den Verwendungszweck festlegt und die Nichteinhaltung durch den Vollstreckungsschuldner sanktioniert[388].

Durch eine Zweckbindung geschützt werden also vorrangig zu beachtende Interessen des Drittschuldners, anderer an der Pfändung unbeteiligter Dritter oder der Allgemeinheit[389]. Nicht beabsichtigt ist dagegen der Schutz der Interessen des Vollstreckungsschuldners.

Eingeschränkte Verfügungsbefugnis	
(+)	(–)
Schutz Drittschuldnerinteressen	Schutz der Interessen des Vollstreckungsschuldners
Schutz Interessen Dritter bzw. der Allgemeinheit	
Schutz von Drittschuldnerinteressen und Interessen Dritter bzw. der Allgemeinheit	

Das Problem zweckgebundener Forderungen liegt darin, zu bestimmen, wann eine Schutzwürdigkeit der Zweckbegünstigten angenommen werden kann[390], denn je weiter man den Kreis zieht, desto mehr wird eine effektive Durchsetzung der Gläubigerinteressen konterkariert, was mit dem (heutigen) Sinn der Zwangsvollstreckung nicht vereinbar ist[391]. Die Grenzziehung bei zweckgebundenen Forderungen hat demnach immer im Hinblick auf die wider-

388 Vgl. dazu *Bauer*, Das juristische Büro 1963, S. 66.

389 Ebenso *Pfeiffer*, NZA 1996, S. 738 ff. Rn. 61; *Grund*, S. 67.

390 So im Hinblick auf die Schutzwürdigkeit des Drittschuldners: *Erman*, Gedächtnisschrift für Rudolf Schmidt 1966, S. 261 (269).

391 Vgl. dazu bereits oben § 2 A III 6.

streitenden Interessen der an der Forderungspfändung beteiligten Personen, vor allem des Vollstreckungsgläubiger und des Drittschuldners zu erfolgen.

Welchem konkreten Verlauf die Grenzziehung zu folgen hat, kann nicht generell, sondern nur konkret anhand der einzelnen Entstehungstatbestände zu beantwort werden, da deren Voraussetzungen die Anforderungen dafür festlegen, ob und ggf. wie es sich rechtlich begründen lässt, den Interessen des Drittschuldners, anderer Dritter oder der Allgemeinheit rechtliche Geltung gegenüber dem grundsätzlich vorrangigen Interesse des Pfändungsgläubigers zu verschaffen.

Vor den einzelnen Entstehungstatbeständen ist die Auffassung von *Lent*[392] zu untersuchen, wonach unabhängig von dem Entstehungstatbestand der Zweckbindung eine allgemeine Aussage über die Schutzwürdigkeit getroffen werden kann.

b) Die Ansicht Lents

Lent führt den Gedanken der Zweckbindung auf die Wertungen der §§ 811, 850 ff ZPO zurück, die das Existenzminimum des Vollstreckungsschuldners im Rahmen der Zwangsvollstreckung schützen. Er meinte, es sei generell ein Schutzbedürfnis des Vollstreckungsschuldners gegeben, wenn Forderungen gepfändet würden, die der Lebenshaltung des Schuldners dienten. Dem Vollstreckungsgericht müsse die Möglichkeit eingeräumt werden, Forderungen dann für unpfändbar zu erklären, „wenn der Schuldner ihrer bedürfe, um seinen Lebensunterhalt zu bestreiten und das Vertrauen verdiene, dass er die Forderung auch dazu verwenden werde".

Lent geht in seiner Argumentation fälschlicherweise davon aus, die Interessen des Vollstreckungsschuldners stünden bei einer zweckgebundenen Forderung im Vordergrund. Dies ist indes wie eben gesehen nicht der Fall. Es mag sein, dass eine Zweckbindung auch für den Vollstreckungsschuldner im Einzelfall vorteilhaft sein kann. Gleichwohl ist das nur ein Begleitumstand und nicht Ziel der Bindung[393]. Zudem erscheint es unzulässig, aus den §§ 811, 850 ff. ZPO eine allgemeine Wertung auf gesetzlich nicht geregelte Fälle abzuleiten.

Die Ansicht *Lents* ist Teil einer Strömung in der Literatur Anfang der 30er Jahre des letzten Jahrhunderts, die den Zweckbindungsgedanken als normkonzipierendes Grundprinzip des Zwangsvollstreckungsrechts ansah[394]. Diese extensive Auslegung des Zweckbindungsgedankens zu Gunsten des Schuldners er-

---

392 *Lent*, Deutsche Justiz 1936, S. 513 ff.

393 *Sebode*, DR 1940, S. 429 (431).

394 Neben *Lent* auch *Jonas/Pohle*, S. 16 f.

klärt sich aus dem „ausufernden“ Zwangsvollstreckungsnotrecht in dieser Epoche[395]. Kritik an der „weiten Zweckbindungslehre“ kam 1983 zu Recht von *Lippross*, der die Zweckbindung nur in bestimmten Einzelfällen als Gedanke der Vollstreckungsschutznormen bejahte[396]. Dem ist zuzustimmen, denn die §§ 811, 850 ff. ZPO sind Ausnahmenormen, die einer Analogie wie *Lent* sie vornimmt, nicht zugänglich sind. Durch die Analogie würden die Fälle zweckgebundener Forderungen zu stark ausgeweitet, weil es allein der Anschauung des jeweiligen Richters überlassen wäre, ob der Schuldner die Forderung zur Deckung seiner nötigsten Lebensbedürfnisse benötigt. Des weiteren zielen die §§ 811, 850 ff. ZPO auf Schutz des Vollstreckungsschuldners ab, der nicht Zweckbegünstigter ist. Gesetzliche Ausprägung einer Zweckbindung in dem hier verstandenen Sinne sind die § 850a Nr. 5 ZPO[397] und §§ 851a, 851 b ZPO[398], weil sie neben dem Schuldnerschutz gleichzeitig dem Schutz bestimmter Interessen der Allgemeinheit dienen.

4. Zusammenfassende Definition

Aus den dargestellten Merkmalen ergibt sich folgende Definition zweckgebundener Forderungen:

- *Sachlicher Verwendungszweck*

Zweckgebundene Forderungen sind Forderungen, bei denen ein sachlicher Verwendungszweck existiert, dem das Leistungssubstrat, meistens Geld, ausschließlich zugeführt werden soll und bei denen ...

- *Eingeschränkte Verfügungsbefugnis*

... insofern die freie Verfügungsbefugnis des Vollstreckungsschuldners eingeschränkt ist, ...

---

395 Vgl. dazu bereits § 2 A III 3.

396 *Lippross*, S. 166 f.

397 Dazu generell *Stöber*, Rn. 1001; *Weitkemper* bejaht hier eine Zweckbindung im Interesse des Geldgebers, der ein Interesse daran habe, dass der Geldnehmer mit der Beihilfe seine anlässlich der Geburt bzw. Heirat entstandenen Unkosten decke, S. 9 f. *Faber*, ZBR 1957, S. 41 f., wendet § 850a Nr. 5 ZPO auch unter Heranziehung des Zweckbindungsgedankens und *BGHZ* 10, S. 295 auf den Beihilfeanspruch eines Beamten an.

398 *RGRK-Weber*, § 394, Rn. 18; *Stein/Jonas/Münzberg*, 19. Auflage, § 851b I; vgl. oben § 2 A I 1 und B I 4 a dd.

• *Schutzwürdigkeit des Verwendungszwecks*

... weil die schutzwürdigen Interessen einer Person an der Erreichung des Verwendungszwecks als vordringlich gegenüber der freien Verfügungsbefugnis des Vollstreckungsschuldners sowie als vordringlich gegenüber der Befriedigung des Vollstreckungsgläubigers angesehen werden[399].

III. Begründung zweckgebundener Forderungen

Nach der begrifflichen Einordnung zweckgebundener Forderungen wird nun deren Begründung erörtert. Hintergrund ist wie erwähnt die Frage, wie sich eine eingeschränkte Verfügungsbefugnis beim Vollstreckungsschuldner rechtfertigen lässt. In der Entwicklungsgeschichte sind verschiedene Entstehungsarten diskutiert wurden. Zum einen soll die Zweckbindung aus Gesetz folgen (Beispiele: § 1 Abs. 1 Satz 1 des Gesetzes zur Sicherung von Baugeldforderungen, § 1360a Abs. 4 BGB, Subventionsvergaberichtlinien). Daneben hat die Zweckbindung aus Vertrag große Praxisrelevanz (Beispiel: Lohnforderungen, insbesondere Provisions- und Lohnansprüche, Strafgefangenenfall, *BGH* – Fälle zur treuhänderischen Zweckbindung). Als Unterfall der vertraglichen Zweckbindung wird zudem in Betracht gezogen, eine Zweckbindung allein aus der „besonderen Natur des Schuldverhältnisses“ abzuleiten[400]. Diskutiert wird überdies die Entstehung durch richterliche Anordnung (Entscheidung des *OLG Breslau*). Die Entstehungstatbestände im Einzelnen:

1. Durch Gesetz

Die gesetzliche Zweckbindung gilt sowohl in Rechtsprechung[401], als auch in der Kommentarliteratur als anerkannt[402]. In der Entwicklungsgeschichte wurde die gesetzliche Zweckbindung bei folgenden Fallgruppen diskutiert:

---

399 Insofern richtig *Lent*, DJ 1936, S. 513 (514).

400 So *OLG Celle*, ZMR 1999, S. 697 ff.; Unklar *KG*, JW 1937, S. 519 (520); vgl. auch entsprechende Formulierungen der Gerichte in der Fallgruppe „Baugeldforderungen, § 2 B I 2.

401 Baugeldforderungen: *RGZ* 84, S. 188 ff.; *KG*, JW 1937, S. 2232; *LG Aachen*, RPfl 1962, S. 449 f.; Prozesskostenvorschuss: *LG Berlin*, FamRZ 1971, S. 173; *BGH*, NJW 1985, S. 2263 (2264); Mietforderungen: *KG*, JR 1925, S. 869 f. (Nr. 1217); Aufbauhilfedarlehen: *BGH*, NJW 1957, S. 1759 f.; Vgl. als neuere Entscheidung *OLG Köln*, NJW-RR 1993, S. 1030 ff. Hier bejaht das Gericht die Zweckbindung bei einem Zahlungsanspruch im Rahmen einer Hausratsverteilung.

- Baugeldforderungen
- Ansprüche auf Prozesskostenvorschüsse
- Mietforderungen soweit die Miete zur Gebäudeinstandhaltung und Begleichung der öffentlichen Abgaben erforderlich war.
- Beihilfeansprüche

Die gesetzliche Zweckbindung kommt besonders dann in Betracht, wenn Interessen von Dritten oder der Allgemeinheit geschützt werden sollen[403]. Grund dafür ist, dass diese Personengruppen grundsätzlich keine Möglichkeit haben werden, mit dem Vollstreckungsschuldner vertraglich einen bestimmten Verwendungszweck zu vereinbaren. Daher muss das Gesetz zum Schutz ihrer Interessen eine bestimmte Verwendung sicherstellen. Bei Baugeldforderungen schützt § 1 GSB die Interessen der Bauhandwerker, denn diese haben im Regelfall keinen Einfluss auf das Verhältnis zwischen kreditgewährender Bank und dem Bauherrn. Der Bauherr wird sich ihnen gegenüber nicht vertraglich verpflichten, das von der Bank empfangene Darlehen ausschließlich zur Befriedigung ihrer Werklohnforderungen zu verwenden. Die gesetzliche Verwendungspflicht in § 1 GSB gibt den Bauhandwerkern an dieser Stelle einen eigenen unabhängigen Schutz[404]. Bei Mietforderungen, die zur Instandhaltung des Gebäudes sowie zur Zahlung der öffentlichen Lasten dienten, wurde das öffentliche Interesse an der Wohnraumerhaltung dadurch geschützt, dass die Vermieter kraft Gesetz (Reichsmietengesetz) dazu angehalten wurden, einen Teil der Miete zur Instandsetzung der Gebäude zu verwenden[405].

Neben dem ausschließlichen Schutz von Dritten oder der Allgemeinheit, sind auch Fälle zu Tage getreten, bei denen eine gesetzliche Zweckbindung mit einer vertraglichen Zweckbindung zusammengetroffen ist. Diese Fälle, insbesondere Baugeldforderungen, sind oben als Fallgruppe 3 beschrieben worden. Hier ist hinsichtlich der Begründung einer Zweckbindung zu differenzieren. Gegenüber den Baugläubigern als unbeteiligte Dritte kommt eine gesetzliche, gegenüber

402 Vgl. etwa *Stein/Jonas/Brehm*, 21. Auflage, § 851, Rn. 20 f.; *Musielak/Becker*, § 851, Rn. 6; *Zöller/Stöber*, § 851, Rn. 3.

403 *Weitkemper*, S. 53. Entspricht Fallgruppe 2, vgl. oben § 2 B II 3 a bb.

404 Vgl. *Kiefe*, JW 1909, S. 349 (351).

405 Den Schutz der Allgemeinheit bezweckt ebenso die Verwendungspflicht in §§ 1, 3, 4, 5 und 10 Wohnungsmodernisierungsgesetz (*WoModG*) vom 23. August 1976, *BGBl. I*, S. 2429. Zum verbesserten Schutz der Bevölkerung mit "guten und preiswürdigen" Wohnungen werden nach Maßgabe des Gesetzes öffentliche Mittel bewilligt, die allein für Modernisierungsmaßnahmen zu verwenden sind.

dem Baugeldgeber als Drittschuldner eine rechtsgeschäftliche Zweckbindung in Betracht[406].

Die gesetzliche Zweckbindung umfasst des weiteren nicht allein Verwendungszwecke bzw. Verwendungspflichten, die in formellen Gesetzen vorgesehen sind. Unter dem Begriff „Gesetz" ist vielmehr ein Gesetz im materiellen Sinn zu verstehen[407]. Soweit eine abstrakt-generelle Regelung verbindlich einen Verwendungszweck bzw. eine Verwendungspflicht aufstellt, kann dies eine Zweckbindung begründen[408]. Ein formelles Parlamentsgesetz ist nicht erforderlich. Auch Vergaberichtlinien, nach denen öffentliche Mittel an den Bürger gewährt werden, können eine gesetzliche Zweckbindung hervorrufen[409].

a) Die Elemente der gesetzlichen Zweckbindung

Die Schwäche der bisherigen Diskussion in Rechtsprechung und Literatur im Bereich der gesetzlichen Zweckbindung liegt darin, dass diese zwar allgemein bejaht, jedoch nur unzureichend erörtert wird, welche Anforderungen ein Gesetz generell erfüllen muss, damit man von einer Zweckbindung ausgehen kann, die sich auf die Verkehrsfähigkeit einer Forderung auswirkt[410]. Die bisherige Diskussion beschränkt sich auf die Nennung von Einzelfallbeispielen, bei denen die Begründung der Zweckbindung jeweils auf einen bestimmten Sachbereich zugeschnitten ist. Einige der neueren Entscheidungen verweisen zur Begründung der Zweckbindung auf ältere Entscheidungen aus anderen Bereichen und nehmen für den zu entscheidenden Fall eine ähnliche Interessenlage an[411]. Durch diese

---

406 *Weitkemper*, S. 40. Es stellt sich dabei die Frage, ob die beiden Zweckbindungen sich gegenseitig beeinflussen oder unabhängig nebeneinander stehen. Zu dieser Frage siehe § 2 B III 1 a bb (4).

407 Zum Gesetzesbegriff vgl. *Maurer*, § 4, Rn. 7 ff.

408 Vgl. Beihilfefälle des *BGH*: Vergabe anhand von Richtlinien bzw. Weisungen, die eine bestimmte Verwendungspflicht des Beihilfeempfängers festlegten, NJW 1957, S. 1759 und MDR 1970, S. 210 f. Vgl. auch *Dornwald*, S. 79 ff.

409 Aufbauhilfedarlehen, *BGH*, NJW 1957, S. 1759 f.; *Dornwald*, S. 80 f.; Nicht ausreichend wäre eine bloß dienstliche Anweisung ohne Außenwirkung gegenüber dem Leistungsempfänger.

410 Überhaupt ausdrücklich behandelt wird die gesetzliche Zweckbindung in der Literatur nur bei: *Stein/Jonas/Münzberg*, 20. Auflage, § 851, Rn. 21; *Stein/Jonas/Brehm*, 21. Auflage, § 851, Rn. 21; *Stöber*, Rn. 14. Ohne Unterscheidung: *Musielak/Becker*, § 851, Rn. 6; *Baumbach/Lauterbach/Hartmann*, § 851, Rn. 16; *Schuschke*, § 851, Rn. 4 ff.

411 So verweist etwa das *OLG Köln*, NJW-RR 1993, S. 1030 ff. zur Begründung der Zweckbindung bei einem Zahlungsanspruch im Rahmen einer Hausratsverteilung auf § 1360a BGB: „Ganz ähnlich wie ein Prozesskostenvorschuss dazu bestimmt ist, dem in § 1360a IV BGB gesetzlich umschriebenen Zweck zu dienen, hat auch

Bildung von Präjudizien wird Rechtssicherheit nur in den jeweiligen Einzelfällen geschaffen. Diese Form der richterlichen Rechtsschöpfung ist auf der einen Seite notwendig, denn das Problem der zweckgebundenen Forderungen kann auf Grund der stark variierenden Sachverhaltskonstellationen keiner allgemeinen gesetzlichen Regel zugeführt werden. Um den Rechtsanwendern in zukünftig zu entscheidenden Einzelfällen aber Hilfestellungen geben zu können, ist zu analysieren, welche methodischen Schritte zur Annahme einer gesetzlichen Zweckbindung führen.

Das erste Problem liegt in der Fassung der Gesetze selbst. Einige Gesetze, denen eine Zweckbindung zugeschrieben wird, sprechen wie § 1 Abs. 1 GSB ausdrücklich von einer Verwendungspflicht des Baugeldempfängers. Andere Normen wie etwa § 1360a Abs. 4 BGB beschreiben nur vage einen Verwendungszweck („Nutzung als Prozesskostenvorschuss"). Auch hieraus soll jedoch eine Zweckbindung folgen. Fraglich ist daher, ob eine Zweckbindung eine gesetzliche Verwendungspflicht verlangt oder ob ein im Gesetz enthaltener Verwendungszweck ausreicht.

Das weitere Problem besteht darin, dass nur wenige Gesetze, die einen bestimmten Verwendungszweck oder eine Verwendungspflicht hinsichtlich des Leistungssubstrats vorsehen, gleichzeitig Regelungen über die Übertragbarkeit oder die Pfändbarkeit treffen. Solche Spezialgesetze finden sich etwa für Heirats- und Geburtshilfen in § 850a Nr. 5 ZPO, für bestimmte Forderungen der Landwirte in § 851a ZPO und für Miete- und Pachtzinsen in § 851b ZPO. Die meisten Gesetze schweigen sich jedoch zur Frage der Übertrag- und Pfändbarkeit aus. Beispiele sind hier neben § 1 GSB auch die Beihilfefälle, bei denen etwa das SHG nur eine Verwendungspflicht hinsichtlich der Subventionsmittel vorsah. Eben in diesen Fällen ist die Zweckbindung fraglich. Bei ihnen müssen die Gerichte selbst den Schluss von einem Verwendungszweck oder einer Verwendungspflicht auf eine eingeschränkte Verkehrsfähigkeit der Forderung herleiten. Ein besonders umstrittene Fallgruppe in dieser Hinsicht war die frühere Mietrechtsprechung des *Kammergerichts*. Das Reichsmietengesetz sah ausdrücklich die Pflicht des Vermieters vor, einen bestimmten Teil der Miete für Instandhaltungsarbeiten am Gebäude und andere öffentliche Abgaben zu verwenden. Das war unstreitig. Heftig umstritten war dagegen die Schlussfolgerung des *Kammergerichts* ausgehend von der gesetzlichen Verwendungspflicht auch eine Unübertrag- und Unpfändbarkeit der Mietforderung anzunehmen[412].

---

der Hausrat eine bestimmte Aufgabe, nämlich die, die Lebensführung der Ehegatten im Bereich der häuslichen Wirtschaft sicherzustellen".

412 Vgl. die Übersicht über die verschiedenen Ansichten bei *Stern*, S. 86 ff. und oben § 2 B I 4 a; In anderen Fällen beschreiben die Gerichte das Problem mit der Formu-

Vor dem Hintergrund dieser beiden Problempunkte, ist der Schritt zu einer gesetzlich begründeten Zweckbindung in zwei Stufen zu gliedern:

- **Erste Stufe:** Muss das Gesetz eine Verwendungspflicht vorsehen oder reicht ein Verwendungszweck aus?
- **Zweite Stufe:** Ergibt sich im Wege der Auslegung der gesetzliche Wille, die Übertragbarkeit und Pfändbarkeit zu beschränken?

aa) Ist eine gesetzliche Verwendungspflicht notwendig?

Die vereinzelten Literaturstimmen, die sich genauer mit den Elementen einer gesetzlich begründeten Zweckbindung beschäftigen, setzen eine gesetzliche Verwendungspflicht voraus. *Brehm* und *Münzberg* verlangen bei Subventionsansprüchen, dass die öffentlichen Mittel zu einem bestimmten Zweck verwendet werden „müssen". Die Mittel dürften beispielsweise nicht zur allgemeinen Einkommensverbesserung im Hinblick auf die Betriebserhaltung überlassen worden sein[413]. Von einer Verwendungspflicht gingen die Gerichte auch in den Fallgruppen der Baugeld-, Miet- und Beihilfeforderungen aus.

Es ist richtig, eine gesetzliche Verwendungspflicht als notwendiges Element der gesetzlich begründeten Zweckbindung zu fordern. Nach der hier vertretenen Definition zweckgebundener Forderungen sind darunter nur solche zu verstehen, bei denen die Verfügungsbefugnis des Vollstreckungsschuldners eingeschränkt ist. Eine Einschränkung setzt eine verbindliche Anweisung an den Vollstreckungsschuldner voraus, mit dem Leistungsgegenstand nur in zweckentsprechender Weise zu verfahren. Könnte er nach Belieben über Forderung und Leistungsgegenstand verfügen, so könnte er diese auch uneingeschränkt abtreten, so dass § 851 Abs. 1 ZPO einer Pfändung nicht entgegen stünde. Es bedarf einer gesetzlichen Anweisung, also einer Verwendungspflicht, als Ausgangsbasis für eine gesetzliche Zweckbindung.

In den meisten Fällen wird man eine Verwendungspflicht auch bei unklarer Gesetzesformulierung auf Grund der systematischen Stellung bzw. dem Sinn und Zweck der Norm annehmen können. Bei der *BGH* – Entscheidung zum Aufbauhilfedarlehen ergab sich aus dem SHG zusammen mit den dazu ergangenen Weisungen die gesetzliche Pflicht zur zweckgemäßen Verwendung der Bei-

---

lierung „ob von dem Gesetz eine Zweckbindung" ausgehe. Etwa *BGH*, NJW 1970, S. 211: "Zweckbindung der Beihilfe".

413 *Stein/Jonas/Brehm*, 21. Auflage, § 851, Rn. 21; *Stein/Jonas/Münzberg*, 20. Auflage, § 851, Rn. 21; Auch *Dornwald* spricht im Zusammenhang mit Subventionsansprüchen von einer verbindlichen Weisung in Bezug auf die Verwendung, S. 80 f.

hilfen, denn die Weisungen gaben vor, dass die gewährten Mittel ausschließlich zum Aufbau eines Wirtschaftsbetriebes genutzt werden durften[414].

Im Fall des § 1360a Abs. 4 BGB (Prozesskostenvorschuss) ist es dagegen fraglich, ob eine Verwendungspflicht bejaht werden kann. Der Gesetzeswortlaut hilft nicht weiter, doch eine Verwendungspflicht entspricht dem Sinn und Zweck des Anspruchs. Durch § 1360a Abs. 4 BGB soll die Staatskasse entlastet werden, indem sich der prozesswillige Ehegatte, bevor er die staatlich gewährte Prozesskostenhilfe in Anspruch nimmt, vorrangig an seinen unterhaltsverpflichteten Ehegatten wenden soll, wenn dieser leistungsfähig ist[415]. Um diesen Zweck zu erreichen, bedarf es der Pflicht des fordernden Ehegatten, das Geld an das Gericht weiterzuleiten, denn andernfalls wäre das gesetzlich vorgesehene Ziel nicht gesichert. Zudem spricht für eine gesetzliche Verwendungspflicht, dass § 1360a Absatz 4 BGB Ausfluss der Unterhaltspflicht zwischen Ehegatten ist und Unterhaltsleistungen insgesamt nur treuhänderisch erfolgen[416]. Dem fordernden Ehegatten werden die Geldmittel nur zur Bestreitung des erforderlichen Unterhaltes verschafft, im Fall des § 1360a Abs. 4 BGB nur zur Aufnahme des Rechtsstreits[417].

Ein ähnliche Lage besteht beim gesetzlichen Rückforderungsanspruch des verarmten Schenkers (§ 528 Abs. 1 Satz 1 BGB). Kann dieser nach Vollziehung der Schenkung seinen angemessenen Unterhalt nicht mehr bestreiten, so kann er vom Beschenkten die Herausgabe des Geschenks verlangen. Das zurück erhaltende Geschenk hat der Schenker ausschließlich zur Bestreitung des Lebensunterhalts zu verwenden, da der Normzweck darauf abzielt, den Schenker nicht der Sozialhilfe anheim fallen zu lassen[418]. Insofern ist auch bei § 528 Abs. 1 Satz 1 BGB von einer gesetzlichen Verwendungspflicht auszugehen, was zudem systematisch durch § 528 Abs. 1 Satz 2 BGB bestätigt wird, der dem Beschenkten die Ersetzungsbefugnis gibt, statt der Rückgabe des Geschenks den „für den Unterhalt erforderlichen Betrag“ des Schenkers zu zahlen[419].

Generell lässt sich die These aufstellen, dass ein Gesetz, welches nur einen bestimmten Verwendungszweck vorsieht, ohne eine gesetzliche Verwendungspflicht zu begründen, unvollständig und ohne Sinn wäre. Wenn das Gesetz dem Leistungsgegenstand einen bestimmten Zweck zuweist, wie etwa bei Subventio-

---

414 Vgl. *BGH*, NJW 1957, S. 1759; *Dornwald*, S. 80 f.

415 *BGB-MüKo/Wacke*, § 1360a, Rn. 20.

416 *Palandt/Brudermüller*, § 1360a, Rn. 18 und 5; *Bamberger/Roth/Beutler*, § 1360a, Rn. 9.

417 *BGH*, NJW 1985, S. 2263 (2264) m.w.N.

418 *Soergel/Mühl/Teichmann*, § 528, Rn. 1; *Wüllenkemper*, JR 1988, S. 353.

419 Vgl. auch *Soergel/Mühl/Teichmann*, § 528, Rn. 7: „Verwendung des Betrages zur Bestreitung des Lebensaufwandes des Schenkers“.

nen die Herstellung verbilligten Konsumbrots, so muss es eine Person geben, die den Gegenstand (das Geld) dem Zweck zuführt. Das wird der Anspruchsinhaber, im Fall des Konsumbrotsubventionen der Bäcker, sein. Insofern wird ein gesetzlicher Verwendungszweck grundsätzlich von einer Verwendungspflicht des Vollstreckungsschuldners begleitet werden.

Sollten sich in einem Fall keine Hinweise darauf finden, dass das Gesetz eine Verwendungspflicht begründen möchte, ist bereits deshalb eine Einschränkung der Verkehrsfähigkeit abzulehnen. Ein Beispiel ist hier die Entscheidung des *LG Oldenburg* zur Pfändbarkeit des Anspruchs auf eine Nichtvermarktungsprämie[420]. Landwirte, die sich verpflichtet hatten, bestimmte Erzeugnisse (v.a. Milcherzeugnisse) nicht zu vermarkten, konnten nach einer Verordnung der EU als Ausgleich für die Nichtvermarktung eine Prämie beanspruchen, die den Verlust der verlorenen Einkünfte ersetzen sollte[421]. Diesen Anspruch hielt das *LG Oldenburg* zu Recht für übertrag- und pfändbar. Bereits bezweifeln kann man hier, ob überhaupt ein tauglicher Verwendungszweck des Geldes vorliegt, denn es ist nicht ersichtlich, dass die Prämie außer der Kompensation des Landwirts für seinen Verlust noch einen weiteren Zweck erfüllen sollte. Es fehlt an einem darüber hinaus gehenden gegenständlichen Verwendungszweck, dem das Geld zugeführt werden sollte. Selbst wenn man die Ersatzfunktion als Verwendungszweck für ausreichend halten sollte, reicht dies für eine Zweckbindung nicht aus, denn eine besondere Verwendungspflicht hinsichtlich der Prämie war mit ihrer Gewährung nicht verbunden und vom Sinn der Prämie aus auch nicht erforderlich. Die Prämie sollte nur Ersatzfunktion für den wegen Nichtvermarktung ausgebliebenen Erlös haben und diese Funktion erfüllte die Prämie mit der Gewährung des Geldes. Der Anspruchssteller war in seiner Verfügungsbefugnis über die Prämie nicht weiter kraft Gesetzes beschränkt[422].

Als Zwischenergebnis bleibt mithin festzuhalten, dass eine gesetzliche Zweckbindung als erste Voraussetzung eine gesetzliche Verwendungspflicht verlangt.

bb) Auswirkungen der gesetzlichen Verwendungspflicht auf die Forderung

Es verbietet sich bei Vorliegen einer gesetzlichen Verwendungspflicht automatisch von einer Zweckbindung auszugehen. Ein solcher „Rund-um-Schlag" wi-

---

420 Beschluss des *LG Oldenburg* vom 1. Dezember 1978, Agrarrecht 1979, S. 152.

421 Nichtvermarktungsprämie des Rates vom 17. Mai 1977, EWG-VO Nr. 1078/77.

422 Das Gericht fügte neben dem Zweckbindungsargument ergänzend hinzu, dass der durch Vermarktung erzielte Erlös ohne weiteres pfändbar gewesen wäre und hinsichtlich des bloßen Erlösersatzes nichts anderes gelten könne, *LG Oldenburg*, Agrarrecht 1979, S. 152.

derspräche nicht nur dem grundsätzlich vorrangigen Befriedigungsinteresse des Vollstreckungsgläubigers, sondern lässt auch außer Betracht, dass ein Gesetz mit einer Verwendungspflicht ebenso andere Ziele verfolgen kann als eine eingeschränkte Verkehrsfähigkeit der Forderung. Denkbar ist es beispielsweise, dass bei einem Verstoß gegen eine gesetzliche Verwendungspflicht nur eine strafrechtliche Sanktion eingreift (etwa § 5 GSB) oder man es bei einer haftungsrechtlichen Folge für den Vollstreckungsschuldner belässt[423]. Ob eine gesetzliche Verwendungspflicht zu einer eingeschränkten Verkehrsfähigkeit der Forderung führt, ist im Einzelfall durch Auslegung des betreffenden Gesetzes zu ermitteln[424] und hier beginnt die eigentliche Rechtsunsicherheit bei der Herleitung einer gesetzlichen Zweckbindung. Die Gerichte nehmen zwar größtenteils eine Auslegung vor, legen an diese allerdings sehr unterschiedliche Maßstäbe an. Dies ist nicht verwunderlich, weil aus den Entscheidungen der Entwicklungsgeschichte ganz überwiegend nicht ersichtlich wird, wie eine gesetzliche Verwendungspflicht dogmatisch einzuordnen ist[425]. Eine solche Einordnung ist aber notwendig für eine sachgerechte Auslegung, da nur so die Auslegungskriterien konkret zu bestimmen sind.

Einige Entscheidungen führen zum rechtlichen Charakter einer gesetzlichen Zweckbindung aus, der „Verwendungszweck werde Leistungsinhalt", es sei nicht Geld „schlechthin, sondern zweckgebundenes Geld" geschuldet[426]. Es bestehen Zweifel, ob diese Einordnung haltbar ist.

(1) Verwendungszweck als Teil des Leistungsinhalts

Man muss die Formulierung, dass der Verwendungszweck Leistungsinhalt werde, vor dem Hintergrund von § 399 Alternative 1 BGB betrachten. Es wird eine ähnliche Konstruktion vorgenommen, wie sie auch bei höchstpersönlichen Forderungen erfolgt. Statt der Person des Gläubigers soll bei zweckgebundenen Forderungen der Verwendungszweck wesentlicher Inhalt der Leistungspflicht des Drittschuldners sein. So wird nicht Geld, sondern Baugeld geschuldet, womit die Verwendung des Geldes zur Fortführung des Bauvorhabens Teil dessen wer-

423 *Hagelberg*, JW 1909, S. 446 (447): „Haftung aus positiver Vertragsverletzung".
424 So auch der *BGH* zu Abtretungsverboten schweigepflichtiger Personen, MDR 1999, S. 826 ff. Vgl. § 2 A I 3 c aa (2).
425 Eine Ausnahme bildet *RGZ* 84, S. 188 ff. zu der im Anschluss Stellung genommen wird.
426 Prozesskostenvorschuss: *OLG Naumburg*, JW 1918, S. 573; Mietforderungen: *KG*, JR 1925, S. 869 ff.; Baugeld: *OLG Breslau*, Das Recht 1903, S. 404. Diese Formulierung wird ebenso bei der vertraglichen Zweckbindung verwandt, siehe § 2 B III 2 a bb (1).

den soll, was die Bank zu leisten hat. Der Verwendungszweck wird als wesentlich angesehen, weil man die Übertragung des Anspruchs beschränken möchte. Grund dafür ist, dass eine zweckwidrige Abtretung der Gesamtkonzeption des Geschäfts zu widersprechen scheint[427]. Erachtet man den Verwendungszweck als wesentlich für die Leistungspflicht des Drittschuldners, so ist gemäß § 399 Alternative 1 BGB eine zweckwidrige Abtretung ausgeschlossen, weil eine Leistungsänderung droht. Es besteht über diese Konstruktion jedoch die Gefahr, dass sich die Fälle der Zweckbindung beliebig ausdehnen lassen. Beispielsweise wäre es die Grundkonzeption bei einer Subventionsgewährung, dass die Mittel nur dem Wiederaufbau eines zerstörten Wirtschaftbetriebes dienen sollen. Eine Abtretung des Anspruchs an einen Erwerber, der die Mittel zu seiner eigenen Befriedigung verwendet, würde die Gesamtkonzeption zerstören, wonach wegen Inhaltsänderung die Abtretung nach § 399 Alternative 1 BGB untersagt wäre.

Diese Ansicht mag zwar im Ergebnis zu gerechten Lösungen führen. In ihrer dogmatischen Herleitung überzeugt die Meinung nicht[428]. Verwunderlich ist zunächst, dass nur vom „Verwendungszweck" die Rede ist, denn wie festgestellt, liegt bei gesetzlich zweckgebundenen Forderungen mehr als der bloße Verwendungszweck vor, nämlich eine gesetzliche Verwendungspflicht[429]. Richtigerweise muss man daher die Frage stellen, ob eine gesetzliche Verwendungspflicht Leistungsinhalt werden kann. Dies ist zu verneinen, denn Inhalt der Leistungspflicht des Drittschuldners ist allein das Recht des Vollstreckungsschuldners, einen Vorteil für sich zu fordern[430]. Eine Verpflichtung, die sich an den Vollstreckungsschuldner richtet, ist nicht Bestandteil der Leistungspflicht des Drittschuldners. Die nur den Verwendungszweck betrachtende Meinung kann daher die Einordnung der Verwendungspflicht in das Schuldverhältnis nicht erklären und erfasst insofern nicht das wahre Wesen der gesetzlichen Zweckbindung. Überdies spricht gegen die Ansicht, dass sie keine klare Grenzziehung der Zweckbindung ermöglicht, denn das Zweckbindungsproblem wird auf die Frage verschoben, ob ein bestimmter Verwendungszweck im Einzelfall „wesentlich" für die Rechtsbeziehung zwischen Schuldner und Drittschuldner ist. Wie soll das verlässlich beurteilt werden können? Man könnte sich auf den Standpunkt stellen, jeder Verwendungszweck sei wesentlich, weil ihn das Gesetz vorsieht. Damit würde sich der Kreis gesetzlich zweckgebundener Forderungen stark erweitern. Will man nicht so weit gehen, muss man zwischen verschiedenen Verwendungszwecken unterscheiden. Wonach soll man aber entscheiden, ob ein

427 *Nörr/Scheyhing*, § 3 II 4.
428 Ebenso *Kiefe*, JW 1909, S. 382 ff.
429 Dies kann (zumindest) für die im Gesetz ausdrücklich vorgesehenen Verwendungspflichten nicht geleugnet werden.
430 Vgl. § 241 Abs. 1 Satz 1 BGB.

gesetzlich vorgesehener Verwendungszweck wesentlicher ist als ein anderer? Das alleinige Abstellen auf den Verwendungszweck als Leistungsinhalt ist mithin abzulehnen. Es müssen andere Einordnungsmöglichkeiten gefunden werden, die die Natur der gesetzlichen Zweckbindung sachgerecht berücksichtigen können. Vornehmlich in der Literatur werden dazu als Auslegungsmöglichkeiten die Einordnung als anspruchsbegründendes Merkmal, als Last, als Widmung sowie als Verbotsgesetz vertreten:

(2) Anspruchsbegründendes Merkmal

Weitkemper legt eine gesetzliche Verwendungspflicht als selbständige Voraussetzung für den Anspruch aus, was er missverständlich als **Last** bezeichnet[431]. Unter dem Begriff „Last" versteht er ein eingeschränktes Forderungsrecht. Bei einer gesetzlichen „Zweckbestimmung" könne der Vollstreckungsschuldner den Leistungsgegenstand erst dann fordern, wenn die zweckentsprechende Verwendung sichergestellt sei. Der Bauherr könnte beispielsweise das Baugeld erst fordern, nachdem er Maßnahmen ergriffen habe, durch die die Weiterleitung der Gelder an die Bauhandwerker gesichert sei. Damit sei die Einhaltung der „Zweckbestimmung" für den Vollstreckungsschuldner keine Verpflichtung, sondern ein Gebot im eigenen Interesse, weil er vor Sicherstellung der Zweckerreichung nicht berechtigt sei, die Leistung zu fordern.

Für eine Einstufung als anspruchsbegründendes Merkmal spricht nach *Weitkemper* ein Vergleich mit der gesetzlichen Regelung des § 97 VVG bei Feuerversicherungen. Gemäß § 97 VVG ist der Versicherer, der vereinbart hat, die Entschädigungssumme nur zur Wiederherstellung des versicherten Gebäudes zu zahlen, erst dann zur Zahlung verpflichtet, wenn die Verwendung der Versicherungssumme für die Wiederherstellung des Gebäudes sichergestellt ist. Die Sicherstellung der zweckgerechten Verwendung ist nicht nur eine Fälligkeitsvoraussetzung, sondern ein Tatbestandsmerkmal des Anspruchs[432]. Gegen eine pauschale Heranziehung dieser Wertung auf zweckgebundene Forderungen spricht aber, dass der Gesetzgeber im Versicherungsvertragsgesetz zum Schutz der Realgläubiger eine spezielle Regelung geschaffen hat, deren Wertung nicht ver-

431 *Weitkemper*, S. 53 ff. Auch *Breit* sprach von dem „mit einer Zweckbestimmung belasteten Geld", JW 1909, S. 349 (353).

432 Vgl. *Römer/Langheid*, § 97, Rn. 1 und 20 (letztere zu Möglichkeiten der „Sicherstellung" der beabsichtigten Verwendung: Abschluss eines Bauvertrages ohne Rücktrittsmöglichkeit; Festlegung, dass Zahlung an Treuhänder oder auf ein treuhänderisch verwaltetes Konto). *Langheid* lehnt überdies eine zur Unpfändbarkeit führende Zweckbindung der Entschädigungsforderung ab, weil die Pfändung vor Sicherstellung bereits mangels Forderung ins Leere gehe, a.a.O., Rn. 4.

allgemeinerungsfähig ist. Denn in anderen Fällen ist vom Gesetzgeber nur eine Verwendungspflicht vorgesehen, ohne eine spezielle Regelung wie in den §§ 97 ff. VVG hinzuzufügen. Auch die Beihilfefälle sprechen gegen eine Einordnung als anspruchsbegründendes Merkmal. Eine zweckentsprechende Verwendung des Geldes war nicht Voraussetzung für die Gewährung der Flutschadenbeihilfe[433]. Der Antragssteller musste nicht Belege über bereits zum Wiederaufbau erbrachte Aufwendungen beibringen, um die Subvention überhaupt fordern zu können. Auch für die Gewährung der Soforthilfe musste nur dargelegt werden, dass die „Voraussetzungen für die Erlangung einer gesicherten Existenz geschaffen werden", nicht dagegen dass entsprechende Voraussetzungen bereits geschaffen worden waren[434]. Letztlich spricht auch die gesetzliche Regelung im RMG gegen diese Ansicht. § 6 RMG enthielt die Möglichkeit, dass im Fall der zweckwidrigen Verwendung der Mieten durch den Vermieter eine öffentliche Stelle geeignete Anordnungen zur Durchführung der Instandsetzungsarbeiten treffen konnte. § 6 Abs. 2 Satz 3 RMG bestimmte, dass im Fall der Anordnung insoweit der Anspruch des Vermieters auf Zahlung des Mietzinses erlöschen sollte[435]. Das RMG ging also bereits vor Sicherstellung der zweckgerechten Verwendung von einem bestehenden Anspruch aus. Insofern ist die gesetzliche Verwendungspflicht nicht als anspruchsbegründendes Merkmal anzusehen.

(3) Last

Weitkempers fälschlicherweise gebrauchte Begriff der „Last" könnte aber den Weg zu einer weiteren Einordnungsmöglichkeit aufzeigen. Unter einer Last wird allgemein die auf einer Sache oder einem Recht liegende Verpflichtung zu Leistungen verstanden, die aus der Sache oder dem Recht zu entrichten sind und den Nutzungswert mindern[436]. Privatrechtliche Lasten sind etwa Überbau- und Notwegrenten (§§ 912 Abs. 2 Satz 1, 917 Abs. 2 Satz 1 BGB), öffentlich-rechtliche Lasten zum Beispiel Gemeindesteuern[437]. Die gesetzliche Verwendungspflicht könnte als eine auf der Forderung ruhende Verpflichtung angesehen werden. Legt man allerdings die genannte Definition zugrunde, so ist die gesetzlich begründete Verwendungspflicht keine Last.

---

433 So auch *Dornwald*, S. 81.

434 Vgl. Textausgabe zum SHG, S. 107.

435 § 6 Abs. 2 Satz 3 RMG: „Ist eine solche Anordnung getroffen, so erlischt insoweit der Anspruch des Vermieters auf Zahlung des Mietzinses; nicht verwendete Beträge sind dem Vermieter herauszugeben".

436 *OLG Hamm*, NJW 1989, S. 839 (840); *RGZ* 66, S. 316 (318 f.).

437 *Soergel/Marly*, § 103, Rn. 3; *Erman/Michalski*, 9. Auflage, § 103, Rn. 2; *Staudinger/Coing*, 11. Auflage, § 103, Rn. 3.

Fraglich ist bereits, ob die Pflicht den Nutzungswert einer Forderung schmälert. Das ist nicht notwendigerweise der Fall, denn wenn etwa der Baugeldempfänger das Baugeld zweckgerecht den Baugläubigern zuführt, erhält er wie von vornherein beabsichtigt das fertiggestellte Bauvorhaben. Der Nutzungswert der Darlehensforderung ist für ihn durch die Verwendungspflicht nicht geschmälert. Die Einordnung als Last scheitert aber vor allem am Vorliegen einer persönlichen Verpflichtung des Vollstreckungsschuldners. Persönliche Verpflichtungen privatrechtlicher und öffentlich-rechtlicher Natur stellen keine Lasten einer Sache dar[438], denn sie „belasten" nicht den Gegenstand, sondern verpflichten den Eigentümer bzw. Inhaber, die Verpflichtung persönlich zu erbringen[439]. Die gesetzliche Verwendungspflicht ist aber eine solche persönliche Verpflichtung, die den Forderungsinhaber etwa als „Baugeldempfänger" oder als „Antragssteller, der eine Subventionszahlung begehrt" persönlich verpflichtet, die zweckgerechte Verwendung zu erbringen. Dagegen wird die Forderung selbst nicht belastet.

(4) Auslegung als Widmung

Ein weiterer Begründungsvorschlag geht dahin, eine gesetzliche Verwendungspflicht als Widmung des Leistungsgegenstandes anzusehen. Das *Reichsgericht*[440] war im Bereich des Baugeldes der Meinung, die vertragliche Festlegung einer bestimmten Verwendung durch Bauherr und Baugeldgeber werde durch das GSB in eine öffentlich-rechtliche Beziehung gestellt. Das Geld werde einem öffentlichen Zweck gewidmet und diene der Allgemeinheit, die ein Interesse an der Befriedigung der Baugläubiger habe. Der Baugläubiger könne nach getroffener Leistungszweckvereinbarung auch Dritten gegenüber nicht mehr anders über das Geld verfügen.

Die Einordnung als Widmung erfasst das Wesen der gesetzlichen Verwendungspflicht nur unzureichend. Die Widmung ist kein gesetzlich definierter Rechtsbegriff. Die Widmung entstammt dem öffentlichen Recht, insbesondere dem Straßen- und Wegerecht und dem Recht der öffentlichen Einrichtungen. Durch die Widmung erhält ein Gegenstand wie etwa ein Sportplatz die Eigenschaft einer öffentlichen Sache. Gleichzeitig werden der genaue Nutzungszweck sowie die Nutzungsgrenzen der Sache festgelegt[441]. Die gesetzliche Verwendungspflicht hat mit der Widmung gemeinsam, dass sie den Umfang bestimmt,

---

438 *BGH*, NJW 1989, S. 839 (840) und NJW 1990, S. 111 (112) – Streupflicht -; *OLG Schleswig*, VersR 1973, S. 677; *Palandt/Heinrichs*, § 103, Rn. 1. m.w.N.

439 *RGZ* 129, S. 10 (12 f.) – polizeiliche Ordnungsverfügung -.

440 *RGZ* 84, S. 188 (193).

441 *Schmidt-Aßmann*, Besonderes Verwaltungsrecht, 1. Abschnitt, Rn. 107; *Axer*, S. 225.

zu dem der Leistungsgegenstand fortan ausschließlich genutzt werden soll. Im Gegensatz zu einer Widmung verleiht eine gesetzliche Verwendungspflicht dem Leistungsgegenstand aber nicht nur die Eigenschaft, dem Verwendungszweck zu dienen. Vielmehr entsteht die Pflicht des Leistungsempfängers, das Geld zweckgerecht zu verwenden. Diese Verpflichtung wird durch den öffentlich-rechtlich geprägten Begriff der Widmung nicht deutlich. Daher weist die Einordnung als Widmung zwar in die richtige Richtung, bleibt aber unvollständig.

Gegen die Ansicht des *Reichsgerichts* spricht zudem, dass sie eine vertragliche Verwendungspflicht zwischen Vollstreckungsschuldner und Drittschuldner als Voraussetzung für eine Widmung vorsieht. Eine gesetzliche Verwendungspflicht besteht aber auch ohne eine vertragliche Leistungszweckvereinbarung, was sich etwa an § 1 Abs. 1 Satz 1 GSB zeigt, dessen Wortlaut keine vertragliche Vereinbarung verlangt[442]. Dies ist sachgerecht, denn gerade im Fall einer fehlenden rechtsgeschäftlichen Verwendungspflicht bestehen schutzwürdige Interessen der Baugläubiger an einer zweckgerechten Verwendung. Soweit das Gesetz also nicht selbst eine Leistungszweckvereinbarung verlangt, ist eine solche nicht Voraussetzung.

(5) Auslegung als Verbotsgesetz

Eine zunehmende Ansicht diskutiert die Frage, ob in der gesetzlichen Verwendungspflicht ein Verbotsgesetz gemäß § 134 BGB[443] zu sehen ist. *Dornwald*[444] meint, es läge in sämtlichen Fällen gesetzlicher Zweckbindung eine Anweisung des Gesetzes vor, die unmittelbare Auswirkungen auf die Möglichkeit des Leistungsempfängers habe, im Rahmen seiner privatautonomen Gestaltungsmacht über den Anspruch zu verfügen. Der Empfänger sei gehalten, solche Verfügungen über den Anspruch zu unterlassen, die der „Zweckbestimmung" widersprechen würden. Damit sei die Weisung als Verbotsgesetz im Sinne von § 134 BGB aufzufassen. *Sack* bejaht für das GSB die Nichtigkeit einer Vereinbarung, die eine Zahlung ohne Rücksicht auf die in §§ 1, 5 GSB geschützten Belange zum Inhalt habe[445]. Der *BGH* hat ebenfalls die Eigenschaft des § 1 GSB als Verbotsgesetz in Betracht gezogen, im Ergebnis aber offengelassen, da im zu

442 Auch *Bauer* geht davon aus, dass § 1 GSB keine vertragliche Abrede über die Verwendung voraussetzt, Das juristische Büro 1963, S. 66.

443 § 134 BGB: *„Ein Rechtsgeschäft, das gegen ein gesetzliches Verbot verstößt, ist nichtig, wenn sich aus dem Gesetz nicht ein anderes ergibt".*

444 *Dornwald*, S. 83.

445 *Staudinger/Sack*, § 134, Rn. 212; a.A. *Hagelberg*, JW 1909, S. 446 ff.

entscheidenden Fall seiner Ansicht nach bereits kein Verstoß gegen die Verwendungspflicht vorlag[446].

Meiner Ansicht nach ist die Einstufung einer gesetzlichen Verwendungspflicht als Verbotsgesetz rechtsdogmatisch überzeugend. § 134 BGB ist eine Schranke der Privatautonomie[447], indem bei Verstoß gegen ein Verbotsgesetz die Nichtigkeit der Abtretung angeordnet wird. Eine zweckgebundene Forderung ist auf Grund der erwünschten Einschränkung der Verfügungsbefugnis beim Schuldner ebenfalls Ausdruck einer eingeschränkten Privatautonomie. Die gesetzlichen Verwendungspflichten weisen den Vollstreckungsschuldner zu einem bestimmten Verhalten an. Zweckwidrige Verfügungen über Forderung und Leistungsgegenstand sollen dem Schuldner verboten sein. Genau dieses Ziel kann über § 134 BGB erreicht werden. § 134 BGB hat zudem nach zutreffender *BGH*-Ansicht neben der Abtretbarkeit einer Forderung auch Auswirkung auf deren Pfändbarkeit, wenn sich aus dem Verbotsgesetz ein entsprechender Wille ableiten lässt[448]. Die insofern zu stellende Frage ist, ob sich gesetzliche Verwendungspflichten als Verbotsgesetze auslegen lassen, deren Gesetzeszweck neben der Nichtigkeit einer zweckwidrigen Abtretung auch auf die Unzulässigkeit einer zweckwidrigen Pfändung der Forderung abzielt. Ist das der Fall, ist eine gesetzliche Zweckbindung gegeben. Ob der Ansicht von *Dornwald*, in jedem Fall einer gesetzlichen Verwendungspflicht sei ein entsprechendes Verbotsgesetz gegeben[449], gänzlich gefolgt werden kann, ist zweifelhaft.

Dem *BGH* zufolge liegt ein Verbotsgesetz im Sinne des § 134 BGB vor, wenn eine Rechtsnorm ihrem Sinn und Zweck zufolge, die zivilrechtliche Nichtigkeit eines Rechtsgeschäfts als Folge des Gesetzesverstoßes nach sich ziehen will. Entscheidend ist, ob das Gesetz sich nicht nur gegen den Abschluss des Rechtsgeschäfts wendet, sondern auch gegen seine privatrechtliche Wirksamkeit und damit gegen seinen wirtschaftlichen Erfolg[450]. Die Entscheidung, ob ein Verbotsgesetz vorliegt, kann nie allein dem Wortlaut eines Gesetzes entnommen werden. Dieser bildet nur einen von mehreren Anhaltspunkten für die Auslegung. Entscheidend ist die Sinnermittlung. Kann sie gewichtige Argumente für oder gegen das Vorliegen eines Verbotsgesetzes erschließen, so steht ihrem Resultat der Gesetzeswortlaut nicht entgegen[451]. Gesetze, die der Disposition der

446 *BGH*, NJW 1986, S. 1104 f.; offengelassen auch von *Soergel/Hefermehl*, § 134, Rn. 16.
447 *Soergel/Hefermehl*, § 134, Rn. 1; *RGRK-Krüger-Nieland/Zöller*, § 134, Rn. 1.
448 *BGH*, MDR 1999, S. 826 ff. und oben § 1 A I 3 c aa (2).
449 *Dornwald*, S. 82 – 84.
450 *BGH*, NJW 1986, S. 1104 f. m.w.N. zur ständigen Rechtsprechung des *BGH*.
451 *BGB-MüKo/Mayer-Maly*, § 134, Rn. 42.

Parteien unterstehen, können nie Verbotsgesetzes sein[452]. Bei zwingenden Gesetzen ist es umstritten, ob stets ein Verbotsgesetz bejaht werden kann[453]. Dafür spricht, dass zwingende Gesetze die Grenzen der Privatautonomie „abstecken" und Rechtsgeschäften die diese Grenzen überschreiten über § 134 BGB die rechtliche Anerkennung versagt werden soll[454]. Deswegen wird häufig die zwingende Natur eines Gesetzes auf ihre Eigenschaft als Verbotsgesetz hinweisen, muss aber durch eine teleologische Auslegung des Gesetzes im Einzelfall bestätigt werden[455], denn § 134 BGB will nur dann zur Anwendung kommen, „wenn sich nicht aus dem Gesetz ein anderes ergibt".

Für die Fälle einer gesetzlichen Verwendungspflicht wird man im Rahmen der teleologischen Auslegung neben diesen allgemeinen Voraussetzungen noch einen speziellen Aspekt berücksichtigen müssen, der in der Regel zur Annahme eines Verbotsgesetzes führen wird. Dies ist der den Konstellationen einer gesetzlichen Verwendungspflicht zugrunde liegende treuhandartige Charakter, der bei Wirksamkeit einer zweckwidrigen Abtretung und Pfändung beeinträchtigt werden würde.

Es gibt den treuhandartigen Charakter nicht nur bei einer vertraglichen[456], sondern auch bei der gesetzlichen Zweckbindung. Beispiele, bei denen das treuhandähnliche Verhältnis erkennbar ist, sind § 1 Abs. 1 Satz 1 GSB[457] und § 1360a Abs. 4 BGB[458]. Der treuhandähnliche Charakter besteht in diesen Fällen zunächst darin, dass der Vollstreckungsschuldner bei der Ausübung seiner Verfügungshoheit über die Forderung die Interessen der durch das Gesetz geschützten Personen beachten muss. Er wird durch die gesetzliche Verwendungspflicht zu einem Handeln (überwiegend) in fremden Interesse verpflichtet. Das *Reichgericht* sprach bei Baugeldforderungen davon, der Baugeldempfänger sei nur „Verwahrer" des Baugeldes für die Gesamtheit der Baugläubiger[459].

Weiteres Merkmal des treuhandähnlichen Verhältnisses ist, dass das Vermögen des Vollstreckungsschuldners nur vorübergehend vermehrt wird. Dauerhaft soll ihm der wirtschaftliche Wert des Leistungsgegenstandes nicht zukommen.

---

452 *BGB-MüKo/Mayer-Maly*, § 134, Rn. 43.
453 *BGHZ* 29, 120, 124 f. hat hier keine allgemeine Entscheidung getroffen. Dafür: *Staudinger/Coing*, 11. Auflage, § 134, Rn. 2; Dagegen: *Soergel/Hefermehl*, § 134, Rn. 2; *BGB-MüKo/Mayer-Maly*, § 134, Rn. 43.
454 *Staudinger/Coing*, 11. Auflage, § 134, Rn. 2; vgl. auch *Soergel/Hefermehl*, § 134, Rn. 3.
455 Ebenso *BGB-MüKo/Mayer-Maly*, § 134, Rn. 43 mit 46.
456 Vgl. unten § 2 B III 2 a cc (3).
457 Vgl. *RGZ* 84, S. 188 ff.
458 Hier hat der *BGH* ein treuhänderisches Verhältnis ohne weitere Konkretisierung bejaht, NJW 1985, S. 2263 f.
459 *RGZ* 84, S. 188 (193).

Bei Baugeldforderungen soll die endgültige wirtschaftliche Vermögensmehrung bei den Bauglӓubigern erzeugt werden; bei öffentlich-rechtlichen Beihilfen bei den Personen, die dem Subventionsempfänger Leistungen für den Wiederaufbau zerstörter Gebäude erbringen und bei einem Prozesskostenvorschuss soll das Geld letzten Endes dem Gericht und dem Rechtsanwalt zustehen, der fordernde Ehegatte hat nur eine Vermittlungsposition hinsichtlich des Geldes. Der treuhandähnliche Charakter ist also dadurch gekennzeichnet, dass der Vollstreckungsschuldner kraft Gesetz nur eine „Durchlaufstation" für den Leistungsgegenstand ist. Man kann den Leistungsgegenstand und zugleich die auf dessen Erlangung gerichtete Forderung als zeitweiliges Sondervermögen des Vollstreckungsschuldners ansehen.

Die gesetzlich beabsichtigte Weiterleitung des Sondervermögens kann nur dann Erfolg haben, wenn der Vollstreckungsschuldner den Empfang des Leistungsgegenstandes und damit dessen Weitergabe nicht durch eine zweckwidrige Abtretung der Forderung zunichte machen kann. Ansonsten würde die kraft Gesetz angeordnete treuhänderähnliche Lage nicht funktionieren, weil der Vollstreckungsschuldner den Gegenstand bereits nicht mehr fordern könnte. Leidtragende wären die durch die Verwendungspflicht geschützten Personen. Im Ergebnis würde somit bei wirksamer Abtretung der Gesetzeszweck vereitelt[460]. Gleiches gilt für den Fall der Pfändung durch einen zweckfremden Gläubiger, da der Drittschuldner nun verpflichtet wird, entgegen dem eigentlichen Gesetzeszweck an den Gläubiger zu zahlen, der das Geld zu seiner eigenen Befriedigung verwenden wird. Sowohl die Abtretung an, als auch die Pfändung durch einen außenstehenden Dritten verletzen das gesetzlich begründete treuhandähnliche Verhältnis. Aus diesen Überlegungen wird man bei gesetzlichen Verwendungspflichten, die eine treuhandartige Lage vermitteln, grundsätzlich auf ein Verbotsgesetz schließen können, dass die Verkehrsfähigkeit der Forderung einschränkt.

Wie weit der Kreis gesetzlich zweckgebundener Forderungen unter Zugrundelegung dieser Auslegungsmaßstäbe zu fassen ist, wird im folgenden anhand von einigen Beispielen aus der Entwicklungsgeschichte – beginnend mit Baugeldforderungen – untersucht.

Bei § 1 Abs. 1 GSB hat *Hagelberg* die Eigenschaft der Norm als Verbotsgesetz verneint, da die Regelung seiner Ansicht nach nur die positive Verpflichtung über die Verwendung der Baugelder aufstelle, ohne jedoch eine anderweiti-

460 Vgl. *Wagner*, RPfl 1973, S. 206 (207) für Ansprüche von Wehrpflichtigen auf Leistungen nach dem Unterhaltssicherungsgesetz („USG") vom 31. Mai 1961, *BGBl. I*, S. 661, 1079: „Würden die nach dem USG bewilligten Leistungen abgetreten, könnte der mit ihnen bezweckte Leistungserfolg nicht mehr sichergestellt bleiben".

ge Verwendung zu verbieten. Auch ein argumentum e contrario, dass eine Verwendung außerhalb der erlaubten Fällen unstatthaft sei, entspreche nicht der Zielrichtung des Gesetzes[461]. Der *BGH* meinte, wenn eine Vereinbarung zum Inhalt habe, dass die Zahlung ohne Rücksicht auf die in §§ 1, 5 GSB geschützten Belange der beteiligten Bauglâubiger erfolgen solle, käme ein Verstoß gegen ein gesetzliches Verbot mit der Rechtsfolge der Nichtigkeit nach § 134 BGB in Betracht[462]. Im Ergebnis ist die Verbotsgesetzeigenschaft von § 1 Abs. 1 Satz 1 GSB zu bejahen. Die Vorschrift ist im öffentlichen Interesse erlassen, sie ist zwingend, was bereits aus der Strafandrohung bei Pflichtenverstoß ersichtlich wird. Die treuhandähnliche Position, die das Gesetz dem Baugeldempfänger auferlegt, verbietet ihm zweckwidrige Verfügungen über das Baugeld und den Anspruch auf Erlangung des Geldes[463]. Die treuhandähnliche Position wäre bei Wirksamkeit einer zweckwidrigen Abtretung bzw. Pfändung verletzt, was zu Lasten der Baugeldgläubiger als Schutzadressaten der Norm gehen würde. Insofern ist es vom Sinn und Zweck des § 1 Abs. 1 Satz 1 GSB erfasst, einer zweckwidrigen Abtretung und Pfändung des Baugeldanspruchs die Wirksamkeit zu versagen.

Anders ist im Hinblick auf die frühere Mietrechtsprechung des *Kammergerichts* zu entscheiden. Der Fehler des *Kammergerichts* lag darin, mit nur vager Begründung dem RMG den Willen zu unterstellen, die Verkehrsfähigkeit der Mietforderungen einschränken zu wollen. So zog das *Kammergericht* zur Begründung der zweckbedingten Unpfändbarkeit die „Gesamtheit der Normen" aus dem Reichsmietengesetz heran. Es nahm keine genaue Auslegung anhand der Norm vor, die die Verwendungspflicht begründete. Der pauschale Verweis auf die Gesamtheit der Normen des Reichsmietengesetz ist zur Begründung eines Verbotsgesetzes nicht tragfähig. Es sind konkret die Normen zu untersuchen, die eine Verwendungspflicht aufstellen. Sind diese zwingend und begründen eine treuhandähnliche Lage, spricht viel dafür die Verbotsgesetzeigenschaft anzunehmen. Bei dem RMG war dies nicht der Fall, denn die Gegenansicht zum *Kammergericht* hat gezeigt, dass die gesetzliche Verwendungspflicht keinen Einfluss auf die Verkehrsfähigkeit der Mietforderung haben sollte[464]. Der Hinweis des *Kammergerichts* auf die seinerzeitigen öffentlichen Interessen der Wohnungsfürsorge ist kein überzeugendes Argument für die Auslegung der

461 *Hagelberg*, JW 1909, S. 446 (447).

462 *BGH*, NJW 1986, S. 1104 f. Der *BGH* bejahte damit die Möglichkeit, dass auch Gesetze Verbotsgesetze sein können, deren Verbot sich nur an eine der Vertragsparteien richtet (hier den Baugeldempfänger).

463 *RGZ* 84, S. 188 (193); vgl. *Litterscheid*, JW 1912, S. 1017 (1018), der ebenfalls von einer „Vereitelung des Willens des Gesetzgebers" spricht.

464 Vgl. die Nachweise bei § 2 B I 4 a bb.

Verwendungspflicht als Verbotsgesetz. Wenn äußere Umstände, die sich jederzeit schnell ändern können und ggf. auch nur lokal begrenzt sind[465], maßgeblichen Einfluss auf die Zweckbindung haben, so ist keine Rechtssicherheit für den Rechtsverkehr mehr gewährleistet. Pfändet der Gläubiger die (Miet)forderungen in wirtschaftlich schlechten Zeiten oder erwirbt diese durch Rechtsgeschäft, geht er leer aus, in besseren Zeiten hat er Glück. *Ruth* ist deshalb zuzustimmen, dass es willkürlich erscheint, wenn die Zweckbindung von den allgemeinen wirtschaftlichen Verhältnissen abhängig gemacht wird[466]. Ein reines wirtschaftliches Bedürfnis kann eine rechtlich relevante Zweckbindung nicht begründen[467].

In den Beihilfefällen sind in den Weisungen der Behörden über die Pflicht zur zweckgerechten Verwendung des Geldes ebenfalls Verbotsgesetze gemäß § 134 BGB zu sehen. Die Weisungen legten fest, dass die öffentlichen Mittel nicht für andere als den festgelegten Zwecken verwandt werden durften[468]. Auch hier war der Subventionsempfänger nur eine Durchgangsstation hinsichtlich der Mittel, eine wirksame Abtretung bzw. Pfändung durch außenstehende Dritte hätte zur Vereitelung des gesetzlich bestimmten Subventionszwecks geführt[469]. § 1360a Abs. 4 BGB ist ebenfalls als Verbotsgesetz auszulegen. Wenn der prozessbereite Ehegatte den Vorschussanspruch gegen seinen unterhaltsberechtigten Ehegatten an Dritte wirksam abtreten könnte oder Dritte den Anspruch pfänden könnten, so wäre der fordernde Ehegatte in erster Linie wieder auf die staatliche Prozesskostenhilfe angewiesen. Gerade dies will der Vorschussanspruch, der die Subsidiarität der staatlichen Fürsorge sichern möchte, aber vermeiden[470]. Aus ähnlichen Erwägungen ist die zwingende Vorschrift in § 528 Abs. 1 Satz 1 BGB

---

465 Die Wohnungsnot war in einer Großstadt wie Berlin natürlich größer als in ländlicheren Gebieten.

466 Vgl. *Ruth*, JW 1927, S. 1392, Anmerkung zu OLG Karlsruhe vom 12. Januar 1927. Zu bedenken ist, dass das Recht auch in der Lage sein muss, auf wirtschaftliche Notlagen zu reagieren. In der Zwangsvollstreckung kommt in diesem Zusammenhang etwa § 765a ZPO in Betracht.

467 Ebenso *LG Essen*, JW 1927, S. 605 (Punkt 9).

468 Vgl. *BGH*, NJW 1957, S. 1759. Der *BGH* nahm eine verbotene zweckwidrige Verwendung bereits für den Fall der Aufrechnung an. Nichts anderes kann dann für die zweckwidrige Abtretung und Pfändung gelten.

469 Gegen die Annahme eines Verbotsgesetzes spricht nicht, dass Folge einer zweckwidrigen Verwendung gleichzeitig auch das Recht zur fristlosen Kündigung war (vgl. *BGH*, NJW 1957, S. 1759). Die Kündigung war das Mittel, sich von den Verpflichtungen gegenüber dem Subventionsempfänger zu lösen. Sie veranlasst nicht zu der Annahme, dass eine zweckwidrige Abtretung wirksam sein sollte.

470 Vgl. *BGB-MüKo/Wacke*, § 1360a, Rn. 20. Dieser gesetzgeberische Wille zeigt sich auch darin, dass eine Gesetzesänderung, nach der die Vorschusspflicht beseitigt werden sollte, letztendlich wegen heftiger Kritik wieder aufgegeben wurde, *BT-Drucks.* 7/4361, S. 26 f.

als Verbotsgesetz anzusehen. Die Interessen der Allgemeinheit verlangen, dass der verarmte Schenker vor Inanspruchnahme der Sozialhilfe die Mittel zum notwendigen Lebensunterhalt vom Beschenkten bezieht[471]. Der Vorrang der „privaten“ Hilfe wird durch § 2 Abs. 1 BSHG angeordnet. Dieser Gesetzeszweck würde vereitelt, wenn eine zweckwidrige Abtretung und Pfändung des Rückforderungsanspruchs wirksam wäre. Damit wird § 528 Abs. 1 Satz 1 BGB zu Recht als zweckgebundener Anspruch bezeichnet[472].

Dornwald ist also im Ergebnis darin zuzustimmen, dass man im Regelfall von einem Verbotsgesetzcharakter gesetzlicher Verwendungspflichten ausgehen kann. Abzulehnen ist aber seine Ansicht, man müsse stets von einem Verbotsgesetz ausgehen. Erforderlich ist bei gesetzlichen Verwendungspflichten eine genaue Gesetzesauslegung nach den für Verbotsgesetze geltenden Maßstäben. Ist die gesetzliche Verwendungspflicht zwingend und vermittelt ein treuhandähnliches Verhältnis zwischen Schuldner, Drittschuldner und Dritten, so stützt dies die Annahme eines Verbotsgesetzes, welches die Verkehrsfähigkeit einschränkt.

(6) Eigenständige gesetzliche Pflicht

Soweit man nicht zu einem Verbotsgesetz gelangt, ist die gesetzliche Verwendungspflicht eine eigenständige gesetzliche Weisung an den Vollstreckungsschuldner[473] und steht unabhängig neben dem Forderungsrecht des Schuldners[474]. Eine eingeschränkte Verkehrsfähigkeit der Forderung kommt dann nicht in Betracht, denn wird die Forderung abgetreten, so verbleibt die Verwendungsverpflichtung beim Vollstreckungsschuldner grundsätzlich erhalten. Einwände gegen eine Zulassung der Abtretung sind hier nicht ersichtlich, weil die Verwendungspflicht keine Auswirkungen auf die Forderung hat. Insbesondere bleibt der Inhalt der abgetretenen Forderung unverändert[475], so dass § 399 Alternative 1 BGB nicht eingreift. Die Forderung ist in diesem Fall nicht gemäß § 851 Abs. 1 ZPO unpfändbar[476].

471 *Soergel/Mühl/Teichmann*, § 528, Rn. 1.

472 Im Ergebnis ebenso *Wüllenkemper*, JR 1988, S. 353 (357 f.), der allerdings fälschlicherweise auf § 399 Alternative 1 BGB abstellt.

473 *Hagelberg*, JW 1909, S. 446 (448); *Weitkemper*, S. 62; Vgl. *Dornwald*, S. 81.

474 Zuzustimmen ist daher dem *OLG Königsberg* (Mietforderungen), das annahm, die Mietforderung bleibe insbesondere für den Mieter „Mietzins“, d.h. seine Leistungspflicht werde von der Verwendungspflicht aus dem RMG nicht inhaltlich beeinflusst, JW 1927, S. 1393; JR 1926, S. 1499 f. (Nr. 2078).

475 *Weitkemper*, S. 67.

476 Einzelheiten: § 2 B IV 2 a.

b) Zwischenergebnis

Die gesetzliche Begründung einer Zweckbindung ist möglich. Sie erfolgt in zwei Schritten. Zunächst ist ein Gesetz erforderlich, dass den Empfänger der Leistung zur zweckgerechten Verwendung verpflichtet („Gesetzliche Verwendungspflicht"). Des weiteren ist im Wege der Gesetzesauslegung festzustellen, ob das Gesetz ein Verbotsgesetz oder eine eigenständig neben dem Anspruch stehende Pflicht darstellt. Gelangt man zur Annahme eines Verbotsgesetzes, so folgt die Einschränkung der Verkehrsfähigkeit aus § 134 BGB. Gelangt man im Wege der Auslegung zu einer selbständigen Pflicht, so steht diese unabhängig neben der Forderung und hat keinen Einfluss auf deren Verkehrsfähigkeit. Im letzteren Fall ist keine gesetzliche Zweckbindung gegeben.

2. Durch Vereinbarung

Eine vertragliche Zweckbindung wurde in der Entwicklungsgeschichte bei folgenden Fallgruppen diskutiert:

- Baugeldforderungen
- Untermietforderungen
- Mietnebenkosten
- Lohn- und Provisionsforderungen
- Auszahlungsanspruch des Strafgefangenen
- Sämtliche *BGH*-Fälle zur treuhänderischen Zweckbindung

a) Die Elemente der rechtsgeschäftlichen Zweckbindung

Unter vertraglich zweckgebundene Forderungen werden zwei Sachverhaltskonstellationen gefasst:

- *Direkte Leistungszweckvereinbarung*

Die Parteien können zum einen unmittelbar vereinbaren, dass der Vollstreckungsschuldner verpflichtet ist, den Leistungsgegenstand zweckgerecht zu verwenden; in diesem Fall treffen sie eine direkte „Leistungszweckvereinbarung[477]. Diese Konstellation ist Gegenstand der meisten Entscheidungen, die die vertragliche Zweckbindung behandeln. Der Streit geht hier vornehmlich um die Frage,

477 Statt von Leistungszweckvereinbarung wird im folgenden zum Teil der Begriff „Verwendungspflicht" synonym verwendet.

welche Anforderungen an das Zustandekommen der Vereinbarung zu stellen sind.

• *Besondere Natur des Schuldverhältnisses*

In der zweiten Konstellation gehen die Parteien nur ein bestimmtes Schuldverhältnis ein, aus dessen Natur die zur Unübertrag- bzw. Unpfändbarkeit führende Zweckbindung abgeleitet wird. So wurde bei Baugeldforderungen eine Zweckbindung mit der „besonderen Natur des Baugeldvertrages" begründet[478]. In einem weiteren Fall schlossen Vermieter und Mieter einen Mietvertrag, der die gesonderte Zahlung der Mietnebenkosten vorsah. Kann sich ohne weitere Vereinbarung allein aus dem Mietvertrag die Zweckbindung der Nebenkostenforderungen ergeben? Das *OLG Celle* hat dies wie oben gesehen bejaht, weil die gesonderte Behandlung von Nebenkosten in der Regel dazu führe, dass die darauf gerichteten Zahlungen des Mieters nur für die ausdrücklich vereinbarten Ausgabenarten (Etwa: Sammelheizung, Fahrstuhlkosten, Treppenhausreinigung, Wassergeld) bestimmt seien[479]. Danach wäre es möglich, eine Zweckbindung ohne direkte Leistungszweckvereinbarung zu erreichen. Insofern stellt sich zuerst die Frage:

aa) Bedarf es für eine vertragliche Zweckbindung einer Leistungszweckvereinbarung?

Neben den angesprochenen Gerichtsentscheidungen erachten auch Teile der Literatur eine rechtlich bindende Vereinbarung über die Verwendung des Leistungsgegenstandes für nicht erforderlich. So meint *Lützenrath*[480] im Anschluss an die Entscheidung des *OLG Celle*, „eine Zweckbindung sei gegeben, wenn von der Natur des Schuldverhältnisses her ein schutzwürdiges Interesse des (Dritt)Schuldners anzuerkennen sei, nur an eine bestimmte Person leisten zu müssen, ein beliebiger Gläubigerwechsel also unzumutbar erschiene". Weitergehende Anforderungen seien an das Vorliegen einer Zweckbindung nicht zu stellen. Insbesondere bedürfe es keiner Vereinbarung etwa in Form einer Treuhandabrede. Vertreter dieser Ansicht ist zudem *Sebode*. Er hält eine Vereinbarung für eine Zweckbindung nicht unbedingt für erforderlich[481]. Er argumen-

478 *OLG Frankfurt*, Frankfurter Rundschau, 37. Jahrgang (1905), Bd. 3 (Nr. 35), S. 259 ff., Ähnlich *Kammergericht*, JW 1937, S. 2232.

479 *OLG Celle*, ZMR 1999, S. 697 ff., vgl. § 2 B I 4 c. Dem zustimmend *Stöber*, Rn. 221.

480 *Lützenrath*, Anmerkung zu OLG Celle vom 13. April 1999, ZMR 1999, S. 699 ff.

481 *Sebode*, DR 1940, S. 429 (432); dem zustimmend *Weitkemper*, S. 46 ff.

tiert, eine Zweckbindung könne nicht vom Zufall abhängen, ob die Parteien eine Vereinbarung getroffen haben oder nicht. Die wirtschaftlichen Bedürfnisse machten es erforderlich, auch eine tatsächliche Zweckbindung zuzulassen (wirtschaftliche Betrachtungsweise[482]). Eine tatsächliche Zweckbindung solle danach vorliegen, wenn der Leistungsgegenstand nach den Umständen des Falles für bestimmte Zwecke benötigt werde. Auch *John* hält scheinbar eine vertragliche Vereinbarung für nicht notwendig. Er lässt es ausreichen, dass die Umstände von dem Schuldner die Verwendung des ihm geschuldeten Gegenstandes zu einem gewissen Zweck erzwingen und der Dritte an dieser Verwendung ein berechtigtes Interesse hat[483].

Diese Meinungen sind als zu weitgehend abzulehnen[484]; eine „tatsächliche" Zweckbindung kann aus mehreren Gründen nicht zur Einschränkung der Übertrag- und Pfändbarkeit führen. Zunächst droht die Zulassung einer tatsächlichen Zweckbindung, die allein durch die Umstände des jeweiligen Einzelfalles begründet wird, den Kreis zweckgebundener Forderungen ausufern zu lassen. Verlässliche Kriterien dafür, wie Umstände beschaffen sein müssen, um zu einer Zweckbindung zu führen, sind nicht ersichtlich. Was gilt beispielsweise bei einem Handwerksmeister, dem zur Herstellung eines Werkes Material unter Eigentumsvorbehalt geliefert wird[485]. Ist seine Werklohnforderung in Höhe der Materialkosten wegen Zweckbindung unpfändbar, weil das Vorliegen des Eigentumsvorbehalts vermuten lässt, dass der Handwerksmeister den Werklohn an den Lieferanten weiterreicht, das heißt der Werklohn durch die tatsächlichen Umstände zur Erfüllung der Lieferantenforderung „bestimmt" ist? Wie ist es bei einem Handelsvertreter, der ohne weitere Vereinbarung über die Verwendung eine hohe Vergütung für voraussichtlich hohe Geschäftsaufwendungen erhält?[486] Auch hier würden die tatsächlichen Umstände auf eine Zweckbindung hindeuten, weil nach einer wirtschaftlichen Betrachtungsweise anzunehmen ist, dass der Geschäftsherr den erhöhten Betrag nur gewährt, damit die hohen Spesenkosten der bevorstehenden Geschäftsreise gedeckt werden können. Bei einem Handelsvertreter, der eine geringe Vergütung bekommt, weisen die Umstände in die andere Richtung, denn die Höhe der Forderung lässt nicht vermuten, dass mit der Zahlung noch andere Zwecke als die Vergütung des Handelsvertreters er-

---

482 *Jonas*, JW 1936, S. 890 (891); *Zawar*, JW 1938, S. 432 (437).

483 *John*, MDR 1954, S. 725 ff.

484 So bereits *RGZ* 38, S. 308 (311) – Baugeldforderungen -; Ebenso *Lange*, LZ 1933, S. 218 (223 f.); *Grund*, S. 74 ff.; *Breit*, JW 1909, S. 349 ff.; *LG Berlin*, RPfl. 1966, S. 311 f.; *Schmies*, S. 53 – 57; *OLG Frankfurt*, JW 1927, S. 726 f. und JW 1936, S. 343 (344) – Provisionsforderungen -.

485 Beispiel von *Becker*, NJW 1954, S. 1595 (1596).

486 Beispiel des *OLG Frankfurt*, JW 1936, S. 343 (344).

reicht werden sollen. Der Provisionsanspruch des ersten ist zweckgebunden, der des zweiten nicht. Ein rechtlich relevanter Grund, der diese Unterscheidung rechtfertigt, liegt indes nicht vor, denn die Frage der Zweckbindung kann nicht von den tatsächlichen Umständen, wie der Höhe der Forderung abhängen.

Eine Zweckbindung muss vielmehr bei dem Willen der Parteien ansetzen, eine Verwendungspflicht des Vollstreckungsschuldners zu begründen. Wenn also im erwähnten Beispiel keine Einigung zwischen Handelsvertreter und dem Geschäftsherren über die Verwendung des erhöhten Provisionsteils zur Deckung von Aufwendungen vorliegt, handelt es sich um einen rein wirtschaftlichen Zusammenhang zwischen Forderung und Verwendungszweck, der auf die Verkehrsfähigkeit der Forderung keinen Einfluss hat[487].

Ob der zu fordernde Leistungsgegenstand einer bestimmten Verwendung zugeführt werden soll, kann kein Außenstehender wie das Gericht im Nachhinein allein anhand der äußeren Umstände beurteilen. Wenn dies so wäre, würde eine richterliche Interessenabwägung allein über die Zweckgebundenheit entscheiden. Dem Richter würde ein Mittel zur Ausdehnung des Vollstreckungsschutzes an die Hand gegeben, welches die ZPO in ihrer heutigen Ausgestaltung gerade vermeiden wollte. Die ZPO hat bewusst mit § 765a ZPO eine Norm geschaffen, nach der eine Vollstreckungsmaßnahme nur dann vom Richter verhindert werden kann, wenn sie unter voller Würdigung des Schutzbedürfnisses des Gläubigers wegen „besonderer Umstände" eine Härte bedeuten würde, die mit den guten Sitten nicht vereinbar wäre. Der kraft Gesetz vorgesehene „Ausnahmecharakter des § 765a ZPO"[488] würde bei zweckgebundenen Forderungen umgangen, wenn man zur Begründung der Zweckgebundenheit lediglich auf die äußeren Umstände des jeweiligen Einzelfalles abstellt und damit einen weitreichenden Pfändungsschutz gewährt.

Außerdem setzt man durch die Zulassung einer tatsächlichen Zweckbindung die Rechtssicherheit ohne Not aufs Spiel, denn Schuldner und Drittschuldner haben es in der Hand, eine Verwendungspflicht zu vereinbaren. So zufällig, wie die Gegenansicht meint, ist eine solche Vereinbarung nicht. Eine Leistungszweckvereinbarung kommt regelmäßig im Verhältnis zwischen Drittschuldner und Vollstreckungsschuldner in Betracht (Oben als *Fallgruppe 1* bezeichnet[489]), während an der Pfändung unbeteiligte Personen durch eine gesetzliche Verwen-

---

487 *Reichel*, Anmerkung zu *OLG Frankfurt* vom 22. Juli 1926, JW 1927, S. 726 (727).

488 So *Baur/Stürner*, § 47.4. und 47.7., S. 542 ff., der allerdings darauf hinweist, dass § 765a ZPO in der Praxis oft unter Missachtung seines Ausnahmecharakters angewendet wird; *Thomas/Putzo*, § 765a, Rn. 2; *Bruns/Peters*, S. 313 (314): „exzeptioneller Charakter der Klausel"; *Stein/Jonas/Münzberg*, 22. Auflage, § 765a, Rn. 1: „§ 765a will nur in besonders liegenden Ausnahmefällen helfen".

489 Vgl. § 2 B II 3 a aa.

dungspflicht zu schützen sind (Oben *Fallgruppe 2*). Der Drittschuldner, der eine bestimmte Verwendung des Leistungsgegenstandes erreichen will, wird diese im Zusammenhang mit der Eingehung seiner Leistungsverpflichtung vertraglich regeln. So wird die kreditgewährende Bank, zu deren Gunsten eine Hypothek auf dem Baugrundstück bestellt ist, beim Abschluss des Darlehensvertrages die Möglichkeit, darauf zu drängen, dass im Vertrag eine entsprechende Verwendungspflicht des Bauherrn hinsichtlich des Geldes festgelegt wird, weil der Wert ihrer Hypothek mit Voranschreiten des Baus steigt[490].

Letztlich stimmt die Ablehnung einer tatsächlichen Zweckbindung mit der Intention des BGB-Gesetzgebers überein, wonach eine von den Parteien ausgehende Beschränkung der Übertragbarkeit einer Forderung einer rechtlich bindenden Vereinbarung bedarf (§ 399 Alternative 2 BGB)[491]. Gleiches hat für die vertragliche Zweckbindung zu gelten. Die eingeschränkte Verkehrsfähigkeit der Forderung kann nur bei Vorliegen einer Einigung gerechtfertigt sein, die den Vollstreckungsschuldner verpflichtet, den Leistungsgegenstand zweckgerecht zu nutzen[492]. Eine tatsächliche Zweckbindung auf Grund der besonderen Natur eines Schuldverhältnisses reicht nicht aus[493].

Sollte im Einzelfall keine Vereinbarung zwischen den Parteien festgestellt werden können, so bleibt nur der Weg einer gesetzlichen und – wie unten noch zu prüfen ist – eventuell auch richterlichen Zweckbegründung.

bb) Dogmatische Einordnung einer Leistungszweckvereinbarung

Um die Anforderungen an eine Leistungszweckabrede feststellen zu können, bedarf es wie bei der gesetzlich begründeten Zweckbindung der dogmatischen Einordnung der Vereinbarung in das Schuldverhältnis zwischen Schuldner und Drittschuldner. Auch bei der vertraglichen Zweckbindung verweisen zahlreiche Gerichtsentscheidungen und Kommentierungen auf § 399 Alternative 1 BGB bzw. enthalten die Formulierung ein bestimmter Verwendungszweck werde „Leistungsinhalt“ oder den Passus es werde „Geld nur zu einem bestimmten

490 *Weitkemper*, S. 11 f.
491 Vgl. oben § 2 A I 3 c cc.
492 Ebenso: *Schuschke*, § 851, Rn. 6; *Breit*, JW 1909, S. 403. Er meint zutreffend, die „Zweckbestimmung“ sei in Wahrheit nichts als die obligatorische Verpflichtung des Leistungsempfängers; Vgl. auch *OLG Frankfurt*, JW 1927, S. 726 ff. und JW 1936, S. 343 ff.
493 Abzulehnen ist daher bei Baugeldforderungen: *OLG Frankfurt*, Frankfurter Rundschau 1905, Bd. 3 (Nr. 35), S. 259 ff.

Verwendungszweck geschuldet"[494]. Auch hier bei der vertraglichen Zweckbegründung bestehen Zweifel, ob diese Konstruktion haltbar ist.

(1) Verwendungszweck als Leistungsinhalt (§ 399 Alternative 1 BGB)

Natürlich können sich die Parteien eines Schuldverhältnisses auf Grund Privatautonomie und Vertragsfreiheit in den Grenzen des Gesetzes frei entscheiden, was Inhalt des Schuldverhältnis werden soll. Sie könnten daher frei einen bestimmten Verwendungszweck des Geldes festlegen[495]. Die Festlegung nur eines Verwendungszwecks entspricht aber nicht dem, was die Parteien mit einer Leistungszweckvereinbarung erreichen wollen. Das wahre Ziel ist die Verpflichtung des Vollstreckungsschuldners, den Leistungsgegenstand einem sachlichen Verwendungszweck zuzuführen[496]. Die Vereinbarung eines Verwendungszwecks ohne korrespondierende Verwendungspflicht macht keinen Sinn, weil sie dem Drittschuldner nicht die Möglichkeit bietet, die zweckgerechte Verwendung vom Vollstreckungsschuldner zu verlangen und dies notfalls auch gerichtlich durchsetzen zu können[497]. Insofern erfasst wie bei der gesetzlichen Verwendungspflicht die häufig genutzte Formulierung der Rechtsprechung nicht die wirkliche Natur der rechtsgeschäftlichen Zweckbindung.

Die Formulierung wird allein im Hinblick auf § 399 Alternative 1 BGB gebraucht, um eine Übertragung der Forderung wegen der Gefahr der Inhaltsänderung ausschließen zu können. Der Verwendungszweck der Leistung wird in den Inhalt der Leistungspflicht des Drittschuldners einbezogen und als wesentlicher Bestandteil gewertet, um die Gesamtkonzeption des Schuldverhältnisses vor einem Auseinanderbrechen auf Grund zweckwidriger Abtretung zu schützen[498]. Dogmatisch ist das nicht überzeugend, weil der Verwendungszweck nur ein Teil der Leistungszweckvereinbarung ist und die gerade auch vorliegende Verwendungspflicht unberücksichtigt bleibt.

Es müssen daher anderweitige Einordnungsmöglichkeiten gefunden werden. Vertreten werden die Einordnung als Gegenleistung, als Bedingung sowie als Auflage.

---

494 Mietnebenkosten: *OLG Celle*, ZMR 1999, S. 697 (699); Architektenhonorar: *BGH*, RPfl 1978, S. 248 (249); Allgemein: *Stöber*, Rn. 14; *Baur/Stürner*, § 25.6., S. 282; *Lackmann*, Rn. 358; *Musielak/Becker*, § 851, Rn. 6; *Zöller/Stöber*, § 851, Rn. 3; *Gaul*, KTS 1989, S. 3 (12).

495 Ebenso *Palandt/Heinrichs*, Einl. § 145, Rn. 13: Aus der Privatautonomie entspringt auch die Freiheit inhaltlicher Gestaltung. Zudem *Weitkemper*, S. 19.

496 Zutreffend *Schuschke*, § 851, Rn. 6.

497 Vgl. *Schmies*, S. 57 m.w.N., der ebenfalls die rechtliche Durchsetzbarkeit fordert.

498 *OLG Düsseldorf*, ZMR 2000, S. 211 (214). Dazu bereits oben § 2 B III 1 a bb (1).

(2) Gegenleistung

Vereinzelt ist bei Baugeldforderungen in Betracht gezogen worden, die zweckgerechte Verwendung des Geldes zur Durchführung des Bauvorhabens als vertragliche Gegenleistung des Vollstreckungsschuldner für sein eigenes Forderungsrecht gegen den Drittschuldner anzusehen[499]. Diese Ansicht ist abzulehnen. Eine Gegenleistung setzt voraus, dass eine synallagmatische Verknüpfung zwischen Verwendungspflicht des Schuldners und Leistungspflicht des Drittschuldners besteht. Ein Synallagma liegt vor, wenn jeder Vertragspartner seine Leistung um der Gegenleistung willen verspricht; die Leistung des einen ist das Entgelt für die Leistung des anderen[500]. Diese Voraussetzungen treffen auf eine Leistungszweckvereinbarung nicht zu, denn der Drittschuldner erwartet eine zweckentsprechende Verwendung nicht als Ausgleich für seine Leistung, sondern vielmehr zusätzlich zu seiner Leistung. Eine vertragliche Zweckbindung geht über das Synallagma hinaus[501]. Zudem würde die Einstufung als Gegenleistung dazu führen, dass der Drittschuldner vor Sicherstellung der zweckgerechten Verwendung seine Leistung nicht zu erbringen bräuchte. Er hätte ein Zurückbehaltungsrecht aus § 320 Abs. 1 BGB, welches aber nicht die Abtretung der Forderung und damit deren Pfändung hindern könnte, da eine Forderung nicht einredefrei sein muss, um gepfändet zu werden. Das Zurückbehaltungsrecht wäre nur ein Recht des Drittschuldners, welches dem Pfändungsgläubiger nach erfolgter Pfändung im Rahmen einer Einziehungsklage entgegenhalten werden könnte[502].

Somit kann die Einstufung als Gegenleistung das Phänomen der zur Unpfändbarkeit führenden, vertraglichen Zweckbindung nicht erklären.

(3) Bedingung

In Betracht könnte die Einordnung als Bedingung kommen[503]. Eine Bedingung ist die durch Parteiwillen in das Rechtsgeschäft eingefügte Bestimmung, die die Rechtswirkungen des Geschäfts von einem zukünftigen ungewissen Ereignis ab-

---

499 *LG Frankfurt*, Frankfurter Rundschau 1905, Bd. 3 (Nr. 35), S. 259 (260); *Friedländer*, Nachweise dafür bei *Weitkemper*, S. 47.

500 Sog. „do ut des" Verhältnis; *BGHZ* 77, S. 359 (363); *Hk-BGB/Schulze*, Vor. § 320, Rn. 2.

501 *Schuschke*, § 851, Rn. 6 für alle Arten der Zweckbindung.

502 *Schuschke*, § 851, Rn. 6

503 *Weitkemper*, S. 49; *Werner/Machunsky*, BB 1982, S. 1581 (1583): „stillschweigende Bedingung".

hängig macht[504]. Ein solches Ereignis könnte in der zweckentsprechenden Verwendung des Geldes zu sehen sein. Eine aufschiebende Bedingung würde das Rechtsgeschäft bis zum Bedingungseintritt suspendieren (§ 158 Abs. 1 BGB). Der Vollstreckungsschuldner würde die zu pfändende Geldforderung überhaupt erst erwerben, nachdem er die zweckentsprechende Verwendung sichergestellt hat[505]. Eine aufschiebende Bedingung entspricht grundsätzlich nicht dem Willen der Parteien, denn gewollt ist kein in der Schwebe befindliches Rechtsgeschäft. Beabsichtigt ist, dem Vollstreckungsschuldner von Beginn an eine vollständige Forderung auf das Geld zu geben. Der Vollstreckungsschuldner hat per se ein Interesse, die Leistung sofort fordern zu können, denn eine Bedingung schränkt seine Rechte ihn ein. Gleichzeitig wird auch dem Drittschuldner daran gelegen sein, die Forderung nicht durch die zweckentsprechende Verwendung zu bedingen, denn der Drittschuldner hat im Normalfall eine Gegenleistung für seine zu erbringende Leistung vereinbart. Diese Gegenleistung kann er erst dann fordern, ohne einem Zurückbehaltungsrecht des Vollstreckungsschuldners ausgesetzt zu sein, wenn er selbst seine Leistung erbracht hat[506].

Ebenso wenig trifft eine auflösende Bedingung (§ 158 Abs. 2 BGB) den Parteiwillen. Durch eine auflösende Bedingung würde die Forderung bei Sicherstellung zweckentsprechender Verwendung aufgelöst. Gerade das stimmt mit dem Parteiwillen nicht überein, wonach eine weiterhin bestehende Forderung benötigt wird, um dem Vollstreckungsschuldner den Erwerb des Leistungsgegenstandes zu ermöglichen.

504 *Hk-BGB/Dörner*, § 158, Rn. 1; *Erman/Hefermehl*, 9. Auflage, Vor. § 158, Rn. 1; *Palandt/Heinrichs*, Einl. § 158, Rn. 1. Da die Bedingung ein Rechtsgeschäft zwischen den Parteien voraussetzt, kam oben bei der gesetzlichen Zweckbindung eine Bedingung nicht in Betracht. Dagegen ist das, was *Weitkemper* missverständlich als „Last“ bezeichnet bei der vertraglichen Zweckbindung als rechtsgeschäftlich vereinbarte Bedingung zu deuten, da die „Last“ dazu führt, dass der Vollstreckungsschuldner die Leistung erst nach Sicherstellung der zweckgerechten Verwendung fordern kann, vgl. Weitkemper, S. 55 i.Vm. S 54.

505 Fraglich ist, wie eine Sicherstellung praktisch erfolgen soll. Muss der Vollstreckungsschuldner den zu fordernden Betrag selbst vorschießen oder muss er für die Auszahlung des Geldes an einen Treuhänder Sorge tragen?

506 Nimmt man dennoch eine aufschiebende Bedingung an, so liegt für den Gläubiger vor Bedingungseintritt kein Pfändungsobjekt vor. Pfändet der Gläubiger nach Bedingungseintritt, hat er sich also vorher verpflichtet, die zweckgerechte Verwendung sicherzustellen, so gelten bezüglich der Verkehrsfähigkeit der Forderung die Ausführungen unten bei § 2 B IV 1.

(4) Auflage

Der vereinbarte Verwendungszweck könnte allerdings eine Auflage darstellen[507]. Das Gesetz enthält keine Definition des Begriffs. Die Auflage kommt im BGB im Schenkungs- und Vermächtnisrecht vor. Im Schenkungsrecht sieht eine verbreitete Ansicht in der Auflage eine dem Rechtsgeschäft beigefügte Zwecknebenbestimmung, die eine Rechtsverpflichtung des Beschenkten zu einer Leistung beinhaltet[508]. Die Leistung hat aus dem Wert und auf der Grundlage des geschenkten Gegenstandes zu erfolgen, jedoch nicht unbedingt aus dem Gegenstand selbst[509]. Das Rechtsgeschäft, d.h. die Schenkungsforderung, ist im Gegensatz zu einer Bedingung sofort voll wirksam[510].

Der Unterschied zwischen einer synallagmatischen Gegenleistung und einer Schenkung unter Auflage liegt darin, dass die Vollziehung der Auflage erst verlangt werden kann, wenn der Schenker seinerseits geleistet hat.

Die Einordnung der Leistungszweckvereinbarung als Auflage erfasst zutreffend die vertragliche Verpflichtung des Vollstreckungsschuldners, den Leistungsgegenstand, den er fordern kann, in einem ganz bestimmten Sinne zu verwenden. Diese Verpflichtung soll auch mit Hilfe des Leistungsgegenstandes, der weiterzureichen ist, erfüllt werden. Gegen eine Auflage spricht aber, dass diese nur bei vereinzelten Schuldverhältnissen vorgesehen ist. Selbst wenn *Reichel*[511] der Ansicht ist, eine Auflage gäbe es nicht nur im Schenkungs- und Vermächtnisrecht, so findet diese Auffassung im Gesetz keinen Niederschlag. Allein die §§ 525 ff. und §§ 1940, 2192 ff. BGB enthalten Bestimmungen über die Auflage. Es erscheint daher sachgerechter, eine Leistungszweckvereinbarung als Nebenabrede zu kennzeichnen. In der Sache ergeben sich keine Unterschiede zu einer Auflage.

---

507 Dies nehmen an: *Schmies*, S. 59 f.; *Sebode*, DR 1940, S. 429 (432); *Bögner*, Anmerkung zu *LG Frankfurt* vom 28. Mai 1953, NJW 1953, S. 1598; *Lange*, LZ 1933, S. 223; *Reichel*, Anmerkung zu OLG Frankfurt vom 22. Juli 1926, JW 1927, S. 726 f. zieht eine Auflage in Betracht, verneint diese aber bei Provisionsforderungen mit dem Hinweis auf einen entgegen stehenden Parteiwillen.

508 *Soergel/Mühl/Teichmann*, § 525, Rn. 1 m.w.N. Damit gleicht die zivilrechtliche Auflage der Auflage im öffentlichen Recht gemäß § 36 Abs. 2 Nr. 4 VwVfG, welche ebenfalls eine eigene Sachregelung darstellt, nämlich die Verpflichtung des durch den Verwaltungsakt Begünstigten zu einem bestimmten Tun, Dulden oder Unterlassen, vgl. *Maurer*, § 12, Rn. 9.

509 *Soergel/Mühl/Teichmann*, § 525, Rn. 1.

510 *Palandt/Heinrichs*, Einl. § 158, Rn. 4.

511 *Reichel*, Anmerkung zu *OLG Frankfurt*, JW 1927, S. 726.

(5) Eigenständige Verpflichtung

Die rechtsgeschäftlich vereinbarte Zweckbindung ist somit die eigenständige vertragliche Verpflichtung des Vollstreckungsschuldners zur zweckgerechten Verwendung. Sie stellt eine Nebenleistungspflicht des Vollstreckungsschuldners dar. Nebenleistungspflichten können auch den Gläubiger einer Forderung, hier den Vollstreckungsschuldner, treffen und verschiedenen Zielen dienen[512]. Beispielsweise seien die Abnahmepflicht beim Kauf (§ 433 Abs. 2 BGB) sowie die Pflicht zur Aushändigung einer Quittung (§ 368 BGB) genannt. Die vereinbarte Verwendungspflicht steht ab dem Zeitpunkt der Anspruchsbegründung neben dem zu pfändenden Anspruch. Die Verpflichtung muss klagbar sein, denn die Interessen des Drittschuldners können gegenüber dem Vollstreckungsgläubiger nur dann schutzwürdig sein, wenn sie rechtlich abgesichert, d.h. durchsetzbar sind[513].

cc) Voraussetzungen der Vereinbarung

Nach der dogmatischen Einordnung einer Zweckvereinbarung als eigenständige vertragliche Nebenabrede kann nun geklärt werden, welche genauen Anforderungen an eine solche Leistungszweckvereinbarung zu stellen sind. An diesem Punkt gab es zwischen zahlreichen Entscheidungen Meinungsunterschiede. Diese betrafen vor allem die Frage, ob eine ausdrückliche Vereinbarung erforderlich ist[514] oder eine stillschweigende Einigung genügt[515].

Des weiteren finden sich in den Entscheidungen immer wieder begriffliche Unschärfen. Zum einen wird die Unübertrag- und Unpfändbarkeit mit einer „Zweckbestimmung", zum anderen mit einer „Zweckbindung" begründet. Zweckbindung ist – um es vorwegzunehmen – der richtige Begriff.

512 *Gernhuber*, § 2 III 4.

513 Zustimmend *Schmies*, S. 57 und 59 f., der annimmt, die Vollstreckung würde nach den §§ 887, 888 ZPO erfolgen. *Weitkemper* verneint zu Unrecht eine einklagbare Verpflichtung, S. 53. Inwieweit die Leistungszweckvereinbarung auf die Verkehrsfähigkeit Einfluss hat, wird unten bei § 2 B IV 2 geklärt.

514 So *LG Berlin*, NJW 1955, S. 309 f. (Untermiete).

515 So *LG Frankfurt*, NJW 1953, S. 1598. Zweifelnd *OLG Frankfurt*, NJW 1957, S. 1597; *OLG Hamm*, NJW 1957, S. 68 (Untermiete); Allgemein: *Weitkemper*, S. 63 m.w.N.

(1) Abgrenzung zur reinen Zweckbestimmung

Unter einer Zweckbestimmung ist die einseitige Festlegung eines Verwendungszwecks durch den Drittschuldner zu verstehen. Diese genügt nicht, um Rechtsfolgen für die Verkehrsfähigkeit einer Forderung auszulösen[516]. Auch wenn die Anweisung des Drittschuldners, mit dem auszuschüttenden Geld in einer bestimmten Weise zu verfahren, von seinem Standpunkt aus vernünftig erscheint, hat die einseitige Zweckbestimmung keine Wirkung auf den Rechtsverkehr[517]. Notwendig ist eine (einvernehmliche) Einigung der Parteien über die Zuführung des Leistungsgegenstandes zu einem Verwendungszweck. So sah es auch das *LG Berlin* im Strafgefangenenfall, in dem die Gefängniskasse den Anspruch des Strafgefangenen pfänden durfte, weil allein eine „Zweckbestimmung" erfolgt war[518]. Dem schloss sich der *BGH* im Grundstücksfall an[519].

Eine einseitige Zweckbestimmung scheidet zu Recht aus, weil ansonsten die Wertungen der §§ 137 Satz 1, 399 Alternative 2 BGB umgangen würde. Danach bedarf es zur Einschränkung der freien Verfügungsbefugnis einer rechtlich bindenden Einigung und nicht allein einer einseitigen Erklärung. In Bezug auf die Forderungspfändung wäre das Interesse des Pfändungsgläubigers zudem unangemessen gegenüber dem Interesse des Drittschuldners beeinträchtigt, denn es würde jede an den Vollstreckungsschuldner gemachte Zuwendung unter Bestimmung eines Verwendungszwecks zur vertraglichen Zweckbindung führen[520]. Eine Zweckbestimmung ist vielmehr als Angebot des Drittschuldners auszulegen, eine Leistungszweckvereinbarung abzuschließen. Erforderlich ist die Annahme seitens des Vollstreckungsschuldners.

(2) Einigung über Verwendungszweck

Die Einigung muss auf einen bestimmten Sachzweck gerichtet sein, zu dem die Forderung verwertet werden soll und muss die Pflicht des Vollstreckungsschuld-

---

516 *BGH*, NJW 1998, S. 746 (747) = DNotZ 1998, S. 630 f. (Grundstücksfall); *Hillebrand*, RPfl 1986, S. 464 (466); *LG Berlin*, RPfl 1966, S. 311 f. (Strafgefangenenfall); *LG Frankfurt*, RPfl 1989, S. 33 f.; *Musielak/Becker*, § 851, Rn. 6; auch *Sebode*, DR 1940, S. 429 (431), der jedoch keinen wesentlichen Unterschied zwischen den Begriffen „Zweckbestimmung" und „Zweckbindung" sieht.

517 *BGH*, DNotZ 1998, S. 627 (630/631): Verlangt war hier eine kaufvertragliche Hinterlegungs- und Ablösevereinbarung; *Weitkemper*, S. 24.

518 *LG Berlin*, RPfl 1966, S. 311 f.

519 *BGH*, NJW 1998, S. 746 (747).

520 Ebenso *Hillebrand*, RPfl. 1986, S. 464 (466). Eine einseitige Zweckbestimmung ist in *RGZ* 38, S, 308 anzunehmen, da nur von den Interessen des Baugeldgebers die Rede war, vgl. oben § 2 B I 2 a.

ners zur zweckentsprechenden Verwendung des Leistungsgegenstandes begründen. Parteien der Einigung sind Schuldner und Drittschuldner. Die Einigung erfolgt bestenfalls ausdrücklich. Eine Leistungszweckvereinbarung könnte lauten: „Der Leistungsempfänger hat den Gegenstand der Leistung zu folgendem Zweck zu verwenden, ..." Eine ausdrückliche Leistungszweckvereinbarung ist ebenso in folgender Formulierung zu sehen, die Gegenstand des *BGH* – Falles zur Pfändung des Honoraranspruchs eines Architekten war:

„Der Treuhänder (der Drittschuldner) wird verpflichtet [...], die im Architekturbüro des Herrn B anfallenden Kosten und Auslagen zu bezahlen, in erster Linie das Gehalt der Sekretärin, Büromiete und Telefonkosten".

Durch die ausdrückliche Nennung verschiedener Verwendungsarten wird deutlich, dass Architekt B als Gläubiger der Vorschussforderung, die eingehenden Zahlungen nicht für sich behalten durfte, sondern verpflichtet war, die Zahlungen an die Sekretärin, den Vermieter und die Telefongesellschaft weiterzuleiten[521].

Fraglich ist, ob eine Leistungszweckvereinbarung auch stillschweigend (konkludent) geschlossen werden kann. Insbesondere rechtsunkundige Personen werden regelmäßig keine ausdrückliche Leistungszweckvereinbarung treffen[522]. Eine enge Ansicht, die eine stillschweigende Leistungszweckvereinbarung ablehnt[523], muss sich entgegen halten lassen, dass nicht ersichtlich ist, warum eine auf ausdrücklicher Leistungszweckvereinbarung beruhende Zweckbindung für den Vollstreckungsgläubiger weniger einschneidende Folgen haben soll. Im Gegenteil haben es Drittschuldner und Schuldner im Fall einer konkludenten Abrede schwerer, das Vorliegen einer vertraglichen Zweckbindung darzulegen und zu beweisen. Gelingt ihnen die Darlegung, so muss einer konkludenten Leistungszweckvereinbarung die gleiche Wirkung wie einer ausdrücklichen Abrede zugeschrieben werden, denn auch hier haben sich Schuldner und Drittschuldner einvernehmlich auf die Pflicht des Schuldners geeinigt, den Leistungsgegenstand einem bestimmten Verwendungszweck zuzuführen. Die Zulassung einer stillschweigenden Leistungszweckvereinbarung bedeutet nicht, dass die Einigung in Bezug auf den Verwendungszweck unpräzise werden darf. Die Umstände des Einzelfalles müssen den Schluss auf eine konkrete Zweckabrede zulassen[524], sie müssen auf einen genau zu bestimmenden, sachlichen Verwendungszweck hin-

521 So auch *Schmies*, S. 59.

522 *John*, MDR 1954, S. 725 (726).

523 *LG Berlin*, NJW 1955, S. 309 (310); Zweifelnd: *OLG Frankfurt*, NJW 1953, S. 1597; *OLG Hamm*, NJW 1957, S. 68; *Becker*, NJW 1954, S. 1595 f. (Untermiete).

524 Vgl. *Gaul*, KTS 1989, S. 3 (14 f.), im Gegensatz zu *Erman*, Gedächtnisschrift für Rudolf Schmidt 1966, S. 261 (267 f.).

weisen. Zudem darf nicht allein das wirtschaftliche Motiv des Drittschuldners herangezogen werden[525]. Eine rechtsgeschäftliche Zweckbindung folgt nicht aus dem bloßen Motiv, aus dem heraus der Drittschuldner die Verpflichtung eingegangen ist. Voraussetzung einer stillschweigenden Leistungszweckvereinbarung ist, dass Handlungen oder Verhaltensweisen offensichtlich werden, die den Schluss auf einen beiderseitigen Rechtsbindungswillen zulassen[526].

Ein Beispiel für eine (teilweise) stillschweigende Leistungszweckvereinbarung ist der Strafgefangenenfall des *LG Berlin*[527]. Der einzahlende Dritte machte der Gefängniskasse das Angebot auf Abschluss einer Leistungszweckvereinbarung, indem er ausdrücklich die Zahlung für die Zahnbehandlung bestimmte. Eine konkludente Annahme des Angebots kann in der Eintragung des Verwendungszwecks in den Akten gesehen werden, da die Gefängniskasse so gegenüber dem Einzahlenden ihren Willen kundtat, den Verwendungszweck anzuerkennen. Hätte sie dagegen den Zahlung kommentarlos entgegen genommen, wäre eine konkludente Einigung abzulehnen gewesen, da das bloße Schweigen grundsätzlich keine rechtsgeschäftlichen Wirkungen auslöst[528].

Der Strafgefangenenfall ist gleichwohl ein Sonderfall einer Leistungszweckvereinbarung, da Parteien der Vereinbarung nicht Schuldner und Drittschuldner waren, sondern einzahlender Dritter und die Gefängniskasse als Drittschuldnerin. Die gepfändete Auszahlungsforderung des Gefangenen konnte hier nur mittels eines echten Vertrages zugunsten Dritter (§§ 328 ff. BGB) begründet werden. Der einzahlende Dritte war Versprechensempfänger, die Gefängniskasse Versprechender und der Gefangene begünstigter Dritter[529]. In dieser Position konnte der Gefangene gegen die Gefängniskasse einen Anspruch auf Auszahlung des eingezahlten Geldes geltend machen. Die Leistungszweckvereinbarung zwischen Gefängniskasse und dem Dritten konnte die Verfügungsbefugnis des begünstigten Gefangenen jedoch nicht einschränken, was sich aus der Struktur

---

525 *Gaul*, KTS 1989, S. 3 (14 f.) zum Fall einer Kreditvergabe. Dazu ausführlich § 4 III 2.

526 Vgl. *Soergel/Hefermehl*, Vor. § 116, Rn. 31; *Palandt/Heinrichs*, Einf. § 116, R. 6; *Schmies*, S. 59/60, gelangt bereits zu einer stillschweigenden Einigung, wenn ein überwiegendes Interesse des Drittschuldners vorliegt. Dies erscheint zu weitgehend. Zu berücksichtigen ist, ob ein gegenseitiger Rechtsbindungswille erkennbar wird. Ebenso reicht eine rein tatsächliche Einigung nicht aus, wie sie etwa für eine Zweckkondiktion (§ 812 Abs. 1 Satz 2 Alternative 2 BGB) vorausgesetzt wird. Dort müssen sich die Parteien über einen Zweck der Leistung einigen, der über den mit jeder Leistung notwendig verfolgten Zweck hinaus geht, vgl. *Palandt/Sprau*, § 812, Rn. 86.

527 *LG Berlin*, RPfl 1966, S. 311. Siehe § 2 B I 7 c.

528 *Soergel/Hefermehl*, Vor. § 116, Rn. 32 ff.; *Palandt/Heinrichs*, Einf. § 116, Rn. 7.

529 Zu diesen Begriffen: *Gernhuber*, § 20, S. 464 ff.

eines echten Vertrages zugunsten Dritter ergibt. Der Dritte erwirbt sein Forderungsrecht unmittelbar durch das Rechtsgeschäft zwischen Versprechenden und Versprechensempfänger[530]. Die Einwendungen und Einreden des Versprechenden, die diesem im Hinblick auf den Anspruch gegenüber dem Versprechensempfänger zustehen, muss auch der Dritte gegen sich gelten lassen. Ansonsten tritt er aber nicht in das Deckungsverhältnis mit ein[531]. Das bedeutet, eine dort getroffene Leistungszweckvereinbarung bindet ihn nicht und kann nicht zur Zweckbindung seines Forderungsrechts führen. Dazu notwendig wäre eine weitere Vereinbarung entweder zwischen Dritten und Versprechenden oder zwischen Dritten und dem Versprechensempfänger über die Verwendung des Leistungsgegenstandes. Hinweise dafür, dass eine solche Leistungszweckvereinbarung im Strafgefangenenfall vorlag, finden sich nicht, so dass deshalb eine Zweckgebundenheit des Auszahlungsanspruchs zu verneinen war[532].

Auf Grundlage der gefundenen Ergebnisse kann aber im Fall des *OLG Celle* eine stillschweigende Leistungszweckvereinbarung bejaht werden[533]. Bei Nebenkosten steht ein konkreter Verwendungszweck fest, da die Zahlungen anteilig die Forderungen der einzelnen Versorgungsunternehmen abdecken sollen. Soweit die Mietvertragsparteien die Zahlungen im Mietvertrag gesondert vereinbaren, ist dies ein Zeichen dafür, dass die für Nebenkosten anfallenden Beträge nicht wie die normale Miete dem Vermieter zukommen sollen, sondern dieser verpflichtet wird, die Zahlungen an die Versorgungsunternehmen weiterzuleiten. Der Vermieter hat ein Interesse an der Weiterleitung, um nicht wegen ausbleibender Versorgungsleistungen Mängelansprüchen der Mieter ausgesetzt zu sein. Für den im Haus wohnenden Mieter ist das Interesse an der Aufrechterhaltung der Versorgung offensichtlich. Insgesamt wird damit der Wille der Parteien deutlich, eine bindende Weiterleitungspflicht des Vermieters zu begründen.

An Hinweisen auf eine stillschweigende Einigung fehlt es dagegen im Untermietfall des *LG Frankfurt*. Das *LG Frankfurt* nahm an, der Untermieter „habe dem Untervermieter die Verwendung des Untermietzinses zur Bestreitung der Hauptmietzahlung zur Pflicht gemacht“[534]. Eine Partei kann der anderen jedoch

530 *Gernhuber*, § 20 I 3.

531 *Hk-BGB/Schulze*, § 328, Rn. 11; *Palandt/Heinrichs*, § 328, Rn. 5.

532 Die Entscheidung des LG Berlin macht nicht klar, ob das Gericht ebenfalls einen echten Vertrag zugunsten Dritter annahm. Zumindest sprach das Gericht zutreffend davon, der Gefangene sei nicht gegenüber dem Einzahler zur zweckgerechten Verwendung verpflichtet, RPfl 1966, S. 311 mit Verweis auf *OLG Düsseldorf*, RPfl 1960, S. 304, das gleicher Ansicht war.

533 Insofern führen in diesem Fall die Meinung, die auch nur die tatsächlichen Umstände des Einzelfalles für eine Zweckbindung ausreichen lässt und die hier vertretene Ansicht zu gleichen Ergebnissen.

534 *LG Frankfurt*, NJW 1953, S. 1598.

nicht einseitig eine Verwendungspflicht auferlegen. Es reicht nicht, dass allein der Untermieter schutzwürdig ist, denn dann liegt nur eine einseitige Zweckbestimmung des Drittschuldners vor[535]. Im Untermietfall könnte für einen beiderseitigen Parteiwillen sprechen, dass der Hauptmieter im Zeitpunkt des Abschlusses des Untermietvertrages über keine weiteren finanziellen Mittel zur Begleichung der Hauptmietzahlung verfügt und deshalb dringend auf die Untermiete angewiesen ist, um die Wohnung halten zu können. Dies muss dem Untermieter bekannt sein, denn ansonsten kann nicht davon ausgegangen werden, ihm sei die Weiterleitung seiner Untermietzahlungen wichtig. Da diese Umstände in der Entscheidung des *LG Frankfurts* nicht hinreichend erörtert wurden, war die Annahme einer Unabtret- und Unpfändbarkeit auf Grund vertraglicher Zweckbindung falsch[536].

In vielen Fällen haben die Parteien allerdings gar keine Einigung über eine Verwendungspflicht erzielt. Sie haben schlichtweg nicht daran gedacht. Eine vertragliche Zweckbindung kann in diesen Fällen nur begründet werden, wenn man eine Leistungszweckvereinbarung im Wege der ergänzenden Vertragsauslegung zulässt. Für diese wäre es erforderlich, dass sich aus der gegenseitigen Interessenlage unter Berücksichtigung von Treu und Glauben der Schluss ergibt, dass eine Leistungszweckvereinbarung getroffen worden wäre, wenn die Parteien eine solche bedacht hätten[537]. Die ergänzende Vertragsauslegung dient dazu, Lücken im Vertrag zu schließen. Das Gericht unterstellt den Parteien einen hypothetischen Rechtsbindungswillen. Zugunsten einer Leistungszweckvereinbarung im Wege ergänzender Vertragsauslegung könnte man anführen, dass die Parteien einer ausdrücklichen Zweckbindungsabrede nicht besser stehen sollen, als die Personen, die dies zwar vergessen haben, aber die nach der bestehenden Interessenlage eine solche Abrede getroffen hätten.

Die überwiegenden Argumente sprechen allerdings gegen die Zulässigkeit der ergänzenden Vertragsauslegung. Drittschuldner und Schuldner haben die Möglichkeit eine Leistungszweckvereinbarung zu schließen, um so die Verkehrsfähigkeit der Forderung einzuschränken. Aus dieser Möglichkeit resultiert gleichzeitig die „Obliegenheit" eine Vereinbarung zu treffen. Die Entscheidungsgewalt über die Verkehrsfähigkeit liegt bei den Parteien und nicht beim

---

535 Ebenso *BGH*, DNotZ 1998, S. 630 f.: „Schutzwürdigkeit allein des Käufers ist nicht ausreichend."

536 Das Gericht begnügte sich mit der Aussage, dass die Weiterleitungspflicht jedenfalls dann angenommen werden könne, „wenn der Untervermieter andernfalls nicht in der Lage sei, seinen Mietzins aufzubringen", NJW 1953, S. 1598. Wie hier: *Stöber*, Rn. 264; *Becker*, NJW 1954, S. 1595; *OLG Frankfurt*, NJW 1953, S. 1597; *LG Berlin*, NJW 1955, S. 309; *OLG Hamm*, NJW 1957, S. 68.

537 *BGHZ* 127, S. 138 (142); 90, S. 69 (77); 84, S. 1 (7).

Gericht, welches die ergänzende Vertragsauslegung vornimmt. Auch § 399 Alternative 2 BGB verlangt eine getroffene Abrede und lässt nicht den Schluss auf einen hypothetischen Abtretungsausschluss zu[538]. Daneben bestünde bei Zulassung der ergänzenden Auslegung die Gefahr, dass der Kreis zweckgebundener Forderungen wiederum zu Lasten des Vollstreckungsgläubigers ohne taugliches Abgrenzungskriterium zu einer rein tatsächlichen Zweckbindung ausgedehnt wird. Das Gericht hätte zu prüfen, ob Umstände gegeben sind, die auf einen bestimmten Verwendungszweck hindeuten und den beiderseitigen Parteiwillen erkennbar machen, dass eine Verwendungspflicht erwünscht ist. Regelmäßig wird man aber nur ein Interesse des Drittschuldners an der Zweckbindung vorfinden. Dem Vollstreckungsschuldner müsste man unterstellen, dass er sich nach Treu und Glauben auf eine Verwendungspflicht hätte einlassen müssen. Insgesamt ist daher eine Leistungszweckvereinbarung im Wege der ergänzenden Vertragsauslegung abzulehnen.

(3) Erfordernis einer treuhandartigen Zweckgebundenheit

(a) Streitstand

Wie bisher gesehen, braucht es für eine zur Einschränkung der Verkehrsfähigkeit führenden Zweckbindung einer konkreten, ausdrücklich oder konkludent vereinbarten Verwendungspflicht. Fraglich ist aber weiterhin, ob die vereinbarte Verwendungspflicht allein ausreicht, um eine für die Verkehrsfähigkeit relevante Rechtswirkung zu erzielen. Dieser Punkt wird vor allem im Schrifttum unterschiedlich beurteilt[539]. Eine Ansicht hält die Leistungszweckvereinbarung für ausreichend, eine andere zunehmende Auffassung fordert zusätzlich einen treuhänderischen bzw. treuhandartigen Charakter der Abrede.

Stöber sieht die Konstellation einer „treuhänderischen Bindung des Leistungsempfängers" nur als einen Fall der rechtsgeschäftlichen Zweckbindung an, macht ein solches Verhältnis aber nicht zu dessen Voraussetzung[540]. *Gaul* meint, die Zweckbindung müsse nicht durch das Treuhandkriterium eng gefasst werden; ausreichend sei eine konkrete Zweckabrede[541].

Dagegen ist *Putzo* der Ansicht, eine Zweckbindung könne nicht durch bloße Abrede zwischen Schuldner und Drittschuldner herbeigeführt werden[542]. Auch

538 Oben § 2 A I 3 c cc.

539 Zu diesem Streit mit weiteren Nachweisen siehe *BGH*, NJW 2000, S. 1270.

540 *Zöller/Stöber*, § 851, Rn. 3; ebenso *Schuschke*, § 851, Rn. 5.

541 *Gaul*, KTS 1989, S. 3 (14).

542 *Thomas/Putzo*, § 851, Rn. 3; Ebenso: *Baur/Stürner*, Rn. 25.6., S. 282. Ein „treugutartiges Verhältnis" fordert auch *Weitkemper*, der zu Recht an das Vorliegen eines

Smid und *Gottwald* sprechen davon, dass die Mittel, auf die der Schuldner einen Anspruch gegenüber dem Drittschuldner habe, „gleichsam treugutartig" gebunden seien[543]. In obigen Darstellung der Entwicklungsgeschichte wurde deutlich, dass die Rechtsprechung in der gesamten Entwicklungsgeschichte immer wieder das treuhänderische Verhältnis zur Begründung der (vertraglichen) Zweckbindung herangezogen hat. Das *RArbG* hat das „Treuverhältnis" zwischen Gutsherr und Schweizer als Argument für die Unpfändbarkeit einer Lohnforderung angeführt, durch die neben der reinen Vergütung auch andere Zwecke verbunden waren[544]. Da der Lohnanspruch teilweise zur Entlohnung weiterer Unterangestellter dienen sollte, sei das wahre Recht an dem Anspruch und dem Lohn bei dem Arbeitgeber als Treugeber verblieben. Auch in den Untermietfällen wurde teilweise auf eine treuhänderische Stellung des Hauptmieters verwiesen, der reine „Durchgangsstation" der Untermietbeträge sei[545]. Die neueren *BGH* – Fälle zum Thema „zweckgebundene Forderung" enthalten durchweg den Bezug zum Treuhänderargument[546].

(b) Stellungnahme

Meines Erachtens ist letzterer Meinung zuzustimmen. Nur eine treuhandartige Leistungszweckvereinbarung kann eine vertragliche Zweckbindung herbeiführen. Unter einem treuhandartigen Verhältnis ist eine Beziehung zwischen Drittschuldner und Vollstreckungsschuldner zu verstehen, bei der der Drittschuldner dem Schuldner aus seinem Vermögen einen Gegenstand zu treuen Händen anvertraut und zwar derart, dass der Schuldner das übertragene Recht im eigenen Namen aber primär im Interesse des Drittschuldners gebrauchen soll[547]. Die Forderung als Treugut scheidet hierbei wie bei einem fiduziarischen Rechtsgeschäft nur rechtlich nicht aber wirtschaftlich aus dem Vermögen des Dritt-

---

solchen Verhältnisses strenge Anforderungen stellen will. Er differenziert bei diesem Erfordernis jedoch nicht zwischen gesetzlicher und vertraglicher Zweckbegründung, S. 43 ff.; ebenso *Schmies*, S. 54 ff.; *Rühling*, § 851, B a, S. 219.

543 *MüKo/Smid*, § 851, Rn. 6; Daneben: *Gottwald*, § 851, Rn. 5; *Musielak/Becker*, § 851, Rn. 6; *Hillebrand*, RPfl 1986, S. 464 (465); *Grund*, S. 67 ff.; *Lackmann*, Rn. 360; unklar *Stein/Jonas/Brehm*, 21. Auflage, § 851, Rn. 20, nach dem vertragliche Leistungszweckvereinbarungen eine uneigennützige Treuhandabrede begründen können.

544 *RArbG*, Höchstrichterliche Rechtsprechung 1931, Nr. 604.

545 *Bögner*, Anmerkung zu *LG Frankfurt* vom 28. Mai 1953, NJW 1953, S. 1598. Zur treuhänderischen Bindung eines Anspruchs auf Zahlung einer Mietkaution, *OLG Düsseldorf*, ZMR 2000, S. 211 (214).

546 Vgl. oben § 2 B I 8.

547 *RGZ* 84, S. 214 (217).

schuldners aus[548]. Wenn eine solche Lage zu bejahen ist, kann man die Interessen des Drittschuldners höher bewerten als das Befriedigungsinteresse des Vollstreckungsgläubigers[549].

Warum ist das so? Warum müssen hier die Interessen des Gläubigers zurückstehen? Grundsätzlich widerspricht die Verhinderung eines Gläubigerzugriffs auf Vermögen des Schuldners dem Zweck der Zwangsvollstreckung, denn wie insbesondere die geschichtliche Entwicklung der ZPO gezeigt hat, soll die Durchsetzung der Gläubigerinteressen heutzutage im Vordergrund stehen. Der Entzug von Schuldnervermögen bedarf einer besonderen Rechtfertigung. Eben diese Rechtfertigung kann bei vertraglich zweckgebundenen Forderungen nur durch eine treugutartige Abrede zwischen Vollstreckungs- und Drittschuldner erfolgen. Das erklärt sich daraus, dass dem Pfändungsgläubiger als Zugriffsobjekt im Wege der Zwangsvollstreckung nur das Vermögen des Schuldners zusteht[550]. In der ZPO findet diese Wertung etwa in §§ 807 und 918 ZPO Ausdruck. Sowohl bei der eidesstattlichen (Offenbarungs)Versicherung, als auch bei einem persönlichen Arrest spricht das Gesetz allein vom „Vermögen des Schuldners“. Ein Zugriff auf das Vermögen Dritter ist in der Zwangsvollstreckung unzulässig[551]. Dem Gläubiger ist es untersagt, schuldnerfremde Sachen zu pfänden und damit nach dinglicher Rechtslage auf Drittvermögen zuzugreifen[552]. Ebenso kann der Gläubiger keine Forderung pfänden, die der Schuldner bereits vorher abgetreten hat; die Pfändung geht hier ins Leere[553] und der Pfändungs- und Überweisungsbeschluss erzeugt nur den falschen Schein einer wirksamen Pfändung. Betroffene Dritte können sich gegen eine Verletzung ihrer Rechte mittels der Erinnerung (§ 766 ZPO), der Drittwiderspruchsklage (§ 771 ZPO) oder im Rahmen der Einziehungsklage zur Wehr setzen.

Eine ähnliche Lage findet man ebenso in der Konstellation von Leistungszweckvereinbarungen vor. Der Leistungsgegenstand und damit gleichzeitig der

---

548 *OLG Düsseldorf*, ZMR 2000, S. 211 (214) für den Anspruch eines Mieters auf Rückzahlung einer Mietkaution: „Die Sicherheitsleistung des Mieters [...] ist unabhängig von einer vertragsmäßigen Übereignung an den Vermieter wirtschaftlich dem Mieter zuzuordnen“; *Weitkemper*, S. 29 f.; *Bögner*, Anmerkung zu *LG Frankfurt* vom 28. Mai 1953, NJW 1953, S. 1598.

549 *Schmies*, S. 54.

550 *Rosenberg/Gaul/Schilken*, § 34 I; *Thomas/Putzo*, Vorb. § 704, Rn. 35; *Baur/Stürner*, § 22.2 ff., S. 243 ff.; *Stein/Jonas/Münzberg*, 22. Auflage, § 765a, Rn. 1.

551 *Baur/Stürner*, § 22.2., S. 243.

552 Nach der herrschenden „gemischt privat-öffentlichrechtlichen Theorie“ kommt es zur wirksamen Verstrickung, ohne das aber ein Pfändungspfandrecht entsteht, dass dem Gläubiger die Verwertung erlaubt, vgl. *Baur/Stürner*, § 27.6 ff., S. 327 ff.

553 *BGH* vom 23. Oktober 2003, WuB VI A. § 104 VerglO 1.04 mit Anmerkung *Smid*; *Lackmann*, Rn. 301.

darauf gerichtete Anspruch gehen zwar formell rechtlich in das Vermögen des Vollstreckungsschuldners über, aber wirtschaftlich gesehen gehören sie nicht dem Vollstreckungsschuldner, sondern dem Drittschuldner[554]. Das „wahre" Recht an Forderung und Leistungsgegenstand verbleibt bei ihm. Wie bereits bei der gesetzlichen Zweckbindung angedeutet, muss man das Vermögen des Vollstreckungsschuldners gedanklich in verschiedene Posten trennen. Auf der einen Seite gibt es das Schuldnervermögen, dass dem Schuldner rechtlich und auch wirtschaftlich zusteht. Darüber kann er frei verfügen. Dieses unterliegt – ungeachtet anderer Pfändungsschutzvorschriften – als Haftungsmasse der Zwangsvollstreckung. Das treuhandartig gebundene Vermögen ist dagegen Sondervermögen. Es lagert nur „übergangsweise" beim Schuldner. Es ist nicht für den endgültigen Verbleib beim Schuldner bestimmt, sondern soll vereinbarungsgemäß weitergereicht werden. Der Pfändungsgläubiger greift demnach bei vertraglicher Zweckbindung wirtschaftlich betrachtet auf „Drittvermögen" zu, was dem Grundsatz der Zwangsvollstreckung widerspricht. Das Zwangsvollstrekkungsrecht muss in dieser treuhandartigen Situation von dem Prinzip der rein dinglichen Vermögenszuordnung abweichen und hat auch die wirtschaftliche Zuordnung zu beachten[555].

Der Pfändungsgläubiger muss es hinnehmen, dass der Vollstreckungsschuldner kraft verbindlicher Verpflichtung gegenüber dem Drittschuldner gehalten ist, das, was er als Leistungsgegenstand fordern kann, nicht dauerhaft seinem Vermögen zuzuführen, sondern weiterzuleiten, denn durch die Pfändung des Sondervermögens würden schützenswerte Interessen des Drittschuldners beeinträchtigt. Der Drittschuldner könnte sich nicht gegen die Einziehung des Geldes wehren, hätte es aber nicht in der Hand, die zweckentsprechende Verwendung durch den Gläubiger sicherzustellen[556]. Er würde daher das dem Vollstreckungsschuldner nur im Hinblick auf die zweckgerechte Verwendung zeitweise überlassene Vermögen verlieren, ohne das es den beabsichtigen Zweck erfüllt hätte.

Auf der anderen Seite wird der Pfändungsgläubiger bei einer treuhandartigen Lage nicht unangemessen benachteiligt, wenn er an der Pfändung gehindert ist. Ohne die treuhandartige Abrede hätte sich der Drittschuldner im Regelfall nicht auf eine Verbindlichkeit gegenüber dem Vollstreckungsschuldner eingelassen, weil die Zweckerreichung maßgeblich für die Eingehung der eigenen Verpflichtung war. Der Pfändungsgläubiger hätte also ohne die Abrede überhaupt

554 *Hillebrand*, RPfl 1986, S. 464 (465).
555 *Blomeyer*, § 36 III., S. 152 ff. m.w.N. zur ähnlichen Behandlung von echten Treuhandverhältnissen.
556 *Hillebrand*, RPfl 1986, S. 464 (465).

keine Forderung als Zugriffsobjekt zur Verfügung gehabt[557]. Insofern wird bei Begründung einer zweckgebundenen Forderung nur für die Zweckbegünstigten neues Vermögen beim Vollstreckungsschuldner geschaffen, auf das sie zugreifen können. Für andere, außerhalb des Zwecks stehende Gläubiger, gestaltet sich die rechtsgeschäftliche Zweckbegründung dagegen „vermögensneutral".

Diese Ansicht rechtfertigt sich noch aus einer anderen Überlegung heraus: Dem Drittschuldner steht alternativ zur Weiterleitung des Leistungsgegenstandes durch den Schuldner auch der Weg offen, den Gegenstand direkt an den Zweckbegünstigten zu leiten[558]. So könnte die Bank das Baugeld direkt an die Baugläubiger zahlen; der Gutsherr könnte seine Unterangestellten unmittelbar entlohnen und der Käufer der Leasingverträge bzw. –autos könnte den Kaufpreis direkt an die sicherungsnehmenden Banken zahlen oder dem Verkäufer einen unübertrag- und unpfändbaren Schuldbefreiungsanspruch verschaffen[559]. Wählt der Drittschuldner diesen „Weg A"[560], so entsteht für die Gläubiger des Schuldners erkennbar kein zugrifffähiges Vermögen. Es kann dem Drittschuldner aber nicht zur Last fallen, wenn er sich für Weg B, das heißt die Zahlung über den Schuldner entscheidet, denn das Ziel ist in beiden Fällen gleich und es erschiene willkürlich, wenn der Pfändungsgläubiger von der ggf. zufälligen Wahl profitieren könnte.

Ausgehend von dieser Interessenlage ist es gerechtfertigt, einer treuhandartigen Leistungszweckvereinbarung „dingliche Wirkung" gegenüber dem Pfändungsgläubiger zuzuerkennen. Im Gegensatz zur gesetzlichen Zweckbindung ist das treuhandartige Verhältnis bei der vertraglichen Zweckbindung demnach nicht nur ein Aspekt im Rahmen der Auslegung, ob ein Gesetz ein Verbotsgesetz ist oder nicht, sondern eine notwendige Voraussetzung der Zweckbindung.

Entscheidend für die zukünftige Behandlung vertraglich zweckgebundener Forderungen wird die Konkretisierung des treuhandähnlichen Verhältnisses durch die Rechtsprechung sein[561]. Eine treuhandartige Leistungszweckbestimmung kann bejaht werden, wenn folgende Voraussetzungen gegeben sind:

---

557 Zutreffend *Smid*, Anmerkung zum *BGH* -Urteil vom 16. Dezember 1999, LM, § 851 Nr. 9.

558 Das *LG Berlin*, NJW 1955, S. 310 verkennt diese Wahlmöglichkeit, wenn es für eine vertragliche Zweckbindung fordert, dass der Zweckbegünstigte einen eigenen Anspruch auf die Leistung erhalten müsse. Es steht den Parteien offen, auch eine Zahlung „übers Eck" zu vereinbaren.

559 Zur Behandlung von Schuldbefreiungsansprüchen vgl. § 2 A I 3 c bb (2).

560 *Smid*, Anmerkung zum *BGH*-Urteil vom 16. Dezember 1999, LM, § 851 Nr. 9.

561 *Weitkemper* meint zu Recht, durch die einzelnen Voraussetzungen des Treuhandkriteriums könne die Unsicherheit über die Frage, wann eine vertragliche Zweckbindung anzunehmen sei, verringert werden, S. 31 f.

• *Differenz zwischen rechtlicher und wirtschaftlicher Lage*

Die treuhandartige Leistungszweckvereinbarung ist wesentlich durch eine Differenz zwischen rechtlicher und wirtschaftlicher Lage gekennzeichnet. Dem Vollstreckungsschuldner werden vom Drittschuldner mehr Rechte übertragen, als es dem wirtschaftlichen Zweck entspricht[562]. Hinsichtlich der übertragenen Rechtspositionen hat der Schuldner nur eine „nominelle Stellung".

• *Keine endgültige Vermögensmehrung beim Vollstreckungsschuldner*

Die rechtlich stärkere Stellung soll dem Vollstreckungsschuldner nicht endgültig verbleiben. Nicht sein Vermögen soll letztendlich vermehrt werden, sondern dass des durch die Abrede Begünstigten. Begünstigte waren im *BGH* – Fall zum Architektenhonorar die Sekretärin und die anderen Gläubiger des Architekten; im Lohnforderungsfall des *RArbG* die Unterangestellten. Der Vollstreckungsschuldner war in allen Fällen nur eine „Durchgangsstation"[563]. Er verwaltete – gewissermaßen als „Werkzeug"[564] des Drittschuldners – die Ansprüche vorübergehend für diesen[565].

• *Bindung an die Interessen des Drittschuldners*

Der Vollstreckungsschuldner führt die Verwaltung der Forderungen überwiegend im Interesse des Drittschuldners. Die Interessen des Drittschuldners an einer Weiterleitung der Gelder müssen rechtlich abgesichert sein, was durch eine bindende Vereinbarung mit dem Vollstreckungsschuldner erreicht wird, nach der dieser von seiner Rechtsmacht nur in zweckentsprechender Weise Gebrauch machen darf[566]. Ein nur tatsächliches Treuhandverhältnis reicht für eine Zweckbindung nicht aus[567], denn bei nur tatsächlicher Bindung ist der Vollstreckungsschuldner rechtlich nicht in seiner Verfügungsbefugnis über die Forderung eingeschränkt, so dass ein notwendiges Element der Zweckbindung fehlt. Es mag auch in solchen Konstellationen einen sachlichen Verwendungszweck geben,

562 *OLG Düsseldorf*, ZMR 2000, S. 211 (214); *Weitkemper*, S. 30.
563 *BGH*, NJW 2000, S. 1270 (1271) – Leasingfall -.
564 *Weitkemper*, S. 29.
565 *LG Breslau*, JW 1935, S. 3242 (3243). Zu vergleichen ist das treuhandähnliche Verhältnis mit der sog. fremdnützigen Verwaltungstreuhand. Zu diesem Begriff: *Blomeyer*, § 36 III.
566 *BGH*, NJW 2000, S. 1270 (1271).
567 So aber *Jonas*, Anmerkung zu *KG* – Urteil vom 10. Dezember 1935, JW 1936, S. 890 f.; Unklar *Kammergericht*, JW 1936, S. 519 ff.

dem der Leistungsgegenstand nach dem Willen des Drittschuldners zugeführt werden soll. Die Durchsetzung kann der Drittschuldner aber nicht erzwingen. Für den Pfändungsgläubiger würde es von der Art der äußeren Umstände abhängen, ob unpfändbares Sondervermögen vorliegt oder nicht. Diese Ansicht ist zu weitgehend und schränkt die Befriedigungsinteressen des Pfändungsgläubigers zu stark ein. Wie oben dargelegt folgt aus der Möglichkeit des Drittschuldners eine Leistungszweckvereinbarung zu treffen auch die „Obliegenheit", eine solche Abrede einzugehen. Trifft er sie nicht, ist er hinsichtlich einer zweckwidrigen Abtretung bzw. Pfändung der Forderung nicht schützenswert.

Zu beachten ist, dass die drei aufgezeigten Kriterien eines treuhandähnlichen Verhältnisses durch eine Leistungszweckvereinbarung bereits vorgezeichnet sind, denn eine Leistungszweckvereinbarung bindet den Vollstreckungsschuldner gegenüber dem Drittschuldner und sorgt dafür, dass das Vermögen des Vollstreckungsschuldners nicht endgültig vermehrt wird, weil eine Weiterleitungspflicht besteht. Der Vollstreckungsschuldner handelt auf Grund der Leistungszweckvereinbarung zudem im Interesse des Drittschuldners. Es lässt sich mithin der Grundsatz aufstellen, dass bei Vorliegen einer Verwendungspflicht auch ein treuhandartiges Verhältnis bejaht werden kann[568]. Damit verliert der Eingangs dargestellte Meinungsstreit an Bedeutung, was der *BGH* in Kaufpreisforderungsfall zu Recht erkannt hat[569].

Es gibt jedoch zwei weitere bislang unerwähnt gebliebene Anforderungen an ein treuhandartiges Verhältnis. Die Grundlagen für diese weiteren Kriterien liegen einzelnen, im folgenden dargestellten Entscheidungen der Entwicklungsgeschichte zugrunde, sind bislang jedoch nicht speziell hervorgehoben worden. Es sind der zeitliche sowie der sachliche Zusammenhang zwischen zu pfändender Forderung und Verwendungspflicht.

(c) Zeitlicher und sachlicher Zusammenhang

Der Drittschuldner ist nur dann schützenswert, wenn Forderung und Leistungszweckvereinbarung zeitgleich entstehen. Allein dann kann man davon sprechen, dass von vornherein Sondervermögen des Vollstreckungsschuldners begründet wird. Dagegen liegt keine Schutzwürdigkeit vor, wenn einer bereits bestehenden Forderung nachträglich ein bestimmter Leistungszweck durch Vereinbarung

568 Vgl. *Rühling*, § 851, B a: „Die treugutartige Zweckbindung ist zu verstehen als Auflage der Verwendung für Zwecke und gemäß Weisung des Drittschuldners ohne eigenen Vorteil des Schuldners".

569 Ebenso *Smid*, Anmerkung zum *BGH*-Urteil vom 16. Dezember 1999, LM, § 851 Nr. 9.

auferlegt wird[570]. In diesem Fall hätte sich der Drittschuldner nicht ausschließlich im Hinblick auf die Zweckerreichung zur eigenen Leistung verpflichtet. Es droht in diesem Fall die Gefahr, dass bestehendes und zugrifffähiges Vermögen des Vollstreckungsschuldners seinen Gläubigern missbräuchlich entzogen wird. Wenn zum Beispiel der Gutsherr im Fall des *RArbG* seinem Schweizer erst eine erhöhte Lohnforderung zugestanden und einige Zeit später mit diesem eine Weiterleitungspflicht an die Unterangestellten vereinbart hätte, so wäre die Lohnforderung anfangs Teil des haftenden Schuldnervermögens gewesen. Würde eine nachträgliche Leistungszweckvereinbarung zur Zweckbindung führen, so würde dem Vollstreckungsgläubiger zugrifffähiges Vermögen entzogen. Die oben angestellten Überlegungen zum wirtschaftlichen Drittvermögen treffen hier nicht zu, weil die schützenswerten Interessen des Drittschuldners fehlen. Entweder die Forderung ist von Anfang an Sondervermögen und damit für Nicht-Zweckgläubiger „vermögensneutral", oder nicht. Eine spätere Umwandlung von Schuldner- in wirtschaftliches Drittvermögen ist aus Gläubigerschutzgesichtspunkten nicht möglich. Insbesondere kann sich der Drittschuldner nicht durch Leistungszweckvereinbarungen im nachhinein vor nachträglichen Veränderungen der Vermögenslage beim Vollstreckungsschuldner schützen, dieses Risiko hat er hinzunehmen.

Weiterhin muss man verlangen, dass die Leistungszweckvereinbarung durch das konkrete Geschäft veranlasst ist[571]. Der sachliche Zusammenhang setzt eine geschäftsspezifische Zweckabrede voraus. Die Leistungszweckvereinbarung muss dem Rechtsgeschäft dienlich sein, aus dem die zu pfändende Forderung stammt. Die Vereinbarung sichert es ab, dass sich der Drittschuldner auf das konkrete Geschäft und damit auf die Forderung des Vollstreckungsschuldners gegen ihn einlässt[572]. Der sachliche Zusammenhang bedeutet, dass ohne die Leistungszweckvereinbarung die zu pfändende Forderung gar nicht oder nur verändert entstanden wäre. Der sachliche Zusammenhang ist Voraussetzung dafür, die Interessen des Drittschuldners als schützenswert anzuerkennen, denn wenn die zu pfändende Forderung auch ohne die Weiterleitungspflicht entstanden wäre, liegt kein Sondervermögen vor, dass vor dem Zugriff des Gläubigers gesichert werden muss.

---

570 Zutreffend *Weitkemper*, S. 18: „Zweckgebundene Forderungen sind an den bei ihrer Entstehung bestimmten Zweck gebunden". Ähnlich wenngleich in der Formulierung etwas unklar *Schuschke*, nach dem die Zweckbindung „bereits vor der Pfändung bestanden haben muss", § 851, Rn. 5.

571 *Brandi-Dohrn*, BB 2001, S. 1115 (1116).

572 *Smid*, Anmerkung zum *BGH*-Urteil vom 16. Dezember 1999, LM, § 851 Nr. 9: „Ohne die Zweckabrede der Parteien würde der Kaufvertrag nicht zu Stande kommen können."

Vor diesem Hintergrund können nun die einschlägigen Entscheidungen der Entwicklungsgeschichte bewertet werden:

Die zeitlichen und sachlichen Zusammenhänge sind in den *BGH* – Entscheidungen zum Architektenhonorar sowie zur Pfändung der Kaufpreisforderung im Leasingfall zu bejahen[573]. Im Architektenhonorarfall wurde der Anspruch des Architekten gegenüber der Bank in Ziffer 6 des Treuhandvertrages zeitgleich mit der Verpflichtung des Architekten begründet, den Vorschuss zweckentsprechend zu verwenden. Die Bank verpflichtete sich zudem nur im Hinblick auf die Fortführung des Baus gegenüber B zur Zahlung, da zur Fortführung des Architektenbüros und damit zur Fortführung des Bauvorhabens finanzielle Mittel notwendig waren. Im Leasingfall wollte sich der Drittschuldner zur Zahlung des Kaufpreises verpflichten, weil mit dem Vollstreckungsschuldner ein Mechanismus vereinbart war, auf Grund dessen der Drittschuldner lastenfreies Eigentum an den Leasingfahrzeugen erlangen konnte[574]. Notwendig war die Freigabeerklärung der Banken und um diese zu bekommen, war die Einzahlung des Kaufpreises auf die debitorisch geführten Konten des Schuldners erforderlich[575]. Dieser Mechanismus war dem Kauf von vornherein beilegt, so dass bei Entstehung des Forderungsrechts Sondervermögen des Vollstreckungsschuldners begründet wurde. Die Interessen der Gläubiger wurden nicht unangemessen benachteiligt, denn vor der Begründung der Forderung hatte der Vollstreckungsschuldner kein zugriffsfähiges Vermögen[576]. Nach der Begründung der Forderung stand dem Vollstreckungsschuldner nur eine zeitweise vorhandene formelle Rechtsposition zu, aber kein damit verbundener, wirtschaftlicher Vermögenszuwachs, den ein Gläubiger hätte pfänden können.

Ebenso gelangt man im Lohnforderungsfall des *RArbG*[577] zum Ergebnis, dass ein zeitlicher und sachlicher Zusammenhang gegeben war. Der Gutsherr sah sich den Gehaltsforderungen seiner Unterangestellten ausgesetzt. Um die Erfüllung der Ansprüche zur erreichen, hätte er direkt an alle Unterangestellten zahlen können (Weg A). Er wählte jedoch den für ihn vermutlich einfacheren Weg B

573 Vgl. § 2 B I 8 a und c.

574 Im Grundstücksfall des *BGH*, NJW 1998, S. 746 f., war ebenso zeitgleich mit der Begründung der Kaufpreisforderung die Zahlung des Kaufpreises auf ein Notaranderkonto vereinbart, wodurch die auf dem Grundstück liegenden Grundschulden abgelöst und lastenfreies Eigentum übertragen werden konnte. Insofern lag ein zeitlicher und sachlicher Zusammenhang vor.

575 Die Leistungszweckvereinbarung beinhaltete hier die Pflicht des Schuldners, eine Verrechnungsmöglichkeit für Kaufpreis und Ansprüche der Banken zu schaffen. Dies ist als Sonderfall einer Weiterleitungspflicht anzusehen, vgl. *BGH*, NJW 2000, S. 1270 (1271, rechte Spalte oben).

576 *Smid*, Anmerkung zum *BGH*-Urteil vom 16. Dezember 1999, LM, § 851 Nr. 9.

577 *RArbG*, Höchstrichterliche Rechtsprechung 1931, Nr. 604.

und verpflichtete sich gegenüber seinem Angestellten, der die Unterangestellten leitete, zu einer erhöhten Lohnzahlung. Das Ziel blieb das gleiche: Der erhöhte Teil war von vornherein zur Weitergabe an die Unterangestellten bestimmt. Die Forderung des Angestellten hatte von Anfang an den Charakter von Sondervermögen.

In den Provisionsfällen kann man einen sachlichen Zusammenhang bejahen, weil einem Handelsvertreter außer bei Handelsüblichkeit kein Ersatzanspruch für im regelmäßigen Geschäftsbetrieb entstandene Aufwendungen zusteht (§ 87 d HGB). Vereinbaren Handelsvertreter und Unternehmer im Einzelfall dennoch eine Aufwandsentschädigung, so ist davon auszugehen, dass der Unternehmer sich nur darauf einlässt, weil er in diesem Einzelfall die Spesen tragen möchte und der Vertreter gehalten sein soll, das Geld ausschließlich zu diesem Zweck zu verwenden. Ob in den entschiedenen Fällen zudem ein zeitlicher Zusammenhang gegeben war, kann auf Grund der in dieser Hinsicht unklaren Sachverhalte nicht beurteilt werden[578].

Nicht schützenswert sind die Interessen des Untermieters dagegen im Untermietfall. Ungeachtet, dass man hier bereits das Zustandekommen einer Leistungszweckvereinbarung verneinen muss, ist es zudem nicht ersichtlich, dass die Untermietforderung des Hauptmieters ausschließlich im Zusammenhang mit einer Weiterleitungspflicht des Mietzinses an den Vermieter begründet wurde. Die Entscheidung lässt nicht erkennen, dass die Weiterleitung an den Vermieter für den Untermieter so wesentlich war, dass ohne sie keine Untermietforderung zustande gekommen wäre. Es fehlt der sachliche Zusammenhang. Nur dann, wenn – für den Untermieter ersichtlich! – der Hauptmieter bereits bei Vertragsabschluss finanziell dringend auf die Untermiete angewiesen war und ohne sie die Gesamtmiete nicht hätte begleichen können, könnte man einen treuhandartigen Charakter in Betracht ziehen. Denn unter diesen Umständen war die Weiterleitung des Geldes für den Untermieter ausschlaggebend, das Untermietverhältnis überhaupt einzugehen.

b) Zwischenergebnis

Insgesamt ist zur vertraglichen Zweckbindung festzuhalten, dass eine solche durch eine verbindliche Leistungszweckvereinbarung begründet werden kann. Die Vereinbarung muss treuhandartigen Charakter haben, weil in diesen Fällen die Interessen des Drittschuldners an einer zweckgerechten Verwendung das Zugriffsinteresse des Gläubigers überwiegen. Der Pfändungsgläubiger darf nicht

578 Insbesondere *OLG Frankfurt*, JW 1936, S. 343 (344) geht nicht auf den Zeitpunkt der Abrede ein.

auf das beim Schuldner vorübergehend vorhandene, wirtschaftliche Drittvermögen zugreifen. Die treuhandartige Lage ist Folge einer vertraglichen Verwendungspflicht, wenn Pflicht und gepfändete Forderung im zeitlichen und sachlichen Zusammenhang entstanden sind.

3. Durch richterliche Anordnung

Zusätzlich zu den bisher behandelten Fällen der gesetzlichen sowie vertraglichen Zweckbindung, könnte ein dritter Weg, zweckgebundene Forderungen zu begründen, der einer Gestaltung mittels richterlichen Aktes sein. Diese Möglichkeit diskutierte erstmals das *OLG Breslau*[579]. Es ist bis heute umstritten, ob Geldleistungen, die im Rahmen einer nicht anders abwendbaren Notlage durch das Gericht im Wege einer einstweiligen Rechtsschutz zugesprochen werden, generell zweckgebunden sind[580].

Münzberg zufolge entsteht eine richterliche Zweckgebundenheit, wenn dem Vollstreckungsschuldner wegen einer nicht anders abzuwendenden Notlage besonders dringliche Geldzahlungen, insbesondere Unterhaltsleistungen, durch einstweilige Verfügungen oder Anordnungen zugebilligt werden. Die Zweckbindung werde hier nicht allein vom Richter geschaffen, sondern folge aus der Notlage und der vom Richter festzustellenden besonderen Dringlichkeit[581]. *Münzberg* meint, aus dem Sinn und Zweck des einstweiligen Rechtsschutzes, wesentliche Nachteile beim Vollstreckungsschuldner zu verhindern, leite sich das Verbot ab, dass sich unbeteiligte Dritte durch Abtretung, (Ver-) Pfändung in den Genuss der (provisorischen) Ansprüche setzen[582].

Die Ansicht *Münzbergs* ist abzulehnen[583]. Zwar ist die Überlegung richtig, einen provisorischen Anspruch vor dem Zugriff anderer Personen zu schützen, wenn dieser der Überbrückung einer Notsituation dient. Beispielsweise darf einem Ehegatten der dringend benötigte Unterhaltsanspruch nicht wieder durch Gläubigerzugriff entzogen werden, denn dies könnte leicht seine Existenzge-

---

579 *OLG Breslau*, JW 1930, S. 171. Siehe dazu § 2 B I 6.

580 Für eine Zweckbindung: *Stein/Jonas/Münzberg*, 20. Auflage, § 851, Rn. 22; *MüKo/Smid*, § 851, Rn. 7; *Sebode*, DR 1940, S. 429 (430). Missverständlich: *Weitkemper*, S. 40 im Gegensatz zu S. 82; dagegen: *Stöber*, Rn. 14, der nur die gesetzliche und vereinbarte Zweckbindung annimmt; *Stein/Jonas/Brehm*, 21. Auflage, § 851, Rn. 22.

581 *Stein/Jonas/Münzberg*, 20. Auflage, § 851, Rn. 22 i.V.m. *Stein/Jonas/Grunsky*, Vor. 935, Rn. 38 ff., auf die *Münzberg* Bezug nimmt. Dem stimmt *Smid* zu, nach dem als rechtliche Folge der Notlage des Schuldners auch die Zweckbindung durch die richterliche Anordnung festgestellt wird, *MüKo/Smid*, § 851, Rn. 7.

582 Vgl. auch *OLG Breslau*, JW 1930, S. 171.

583 Ebenso *Stein/Jonas/Brehm*, 21. Auflage, § 851, Rn. 22; *Weitkemper*, S. 43.

fährdung auslösen. Gleichwohl erscheint es nicht überzeugend, diesen Existenzschutz über die Konstruktion einer richterlichen Zweckbindung herleiten zu wollen. Zweckgebunden ist ein Anspruch nur dann, wenn dieser Charakter aus dem Gesetz oder einer Vereinbarung folgt. Die Wahl der Rechtsschutzform ändert dagegen nichts an der Verkehrsfähigkeit eines Anspruchs. Das *OLG Düsseldorf* hat dazu richtig ausgeführt, dass ein Zahlungsanspruch, für den nach materiellen Recht eine – die Pfändung hindernde – Zweckbindung nicht besteht, auch dann pfändbar bleibt, wenn er teilweise durch einstweilige Verfügung zu einem dringlichen Zweck zugebilligt wird[584].

Zunächst setzen die Befürworter einer Zweckbindung durch einstweiligen Rechtsschutz am falschen Punkt an. Sie begründen ihre Auffassung überwiegend mit Entscheidungen, in denen dem Vollstreckungsschuldner im Wege der einstweiligen Anordnung gemäß § 620 ZPO ein unterhaltsrechtlicher Anspruch auf Kostenvorschuss nach § 1360a BGB (§ 1387 BGB a.F.) gewährt wurde[585]. Wahrer Grund für dic Annahme einer Zweckbindung in diesen Entscheidungen ist nicht die einsteilige Anordnung, sondern die Vorschrift des § 1360a BGB. Es liegt eine gesetzliche Zweckbindung vor[586].

Daneben will *Münzberg* aber im Anschluss an das *OLG Breslau* auch andere im Wege einer einstweiligen Leistungsverfügung festgestellten Ansprüche einer Zweckbindung unterwerfen, die nicht bereits aus anderen Gründen unpfändbar sind. Zur Einschränkung der damit entstehenden richterlichen Zweckbindung fordert er von den Gerichten, diese müssten die hohen Anforderungen für solch regelwidrige Leistungsverfügungen ernstnehmen[587]. Diese Meinung überzeugt nicht. Die Zweckbindung ergibt sich nicht aus der richterlichen Anordnung einer einstweiligen Leistungsverfügung. Zunächst ändert sich der Charakter eines Anspruchs nicht dadurch, dass eine Dringlichkeit für seine Durchsetzung hinzutritt. Die Dringlichkeit, d.h. der Arrest- bzw. Verfügungsgrund hat nur Auswirkungen auf die Art der gerichtlichen Verfahrensweise, aber nicht auf die materiellrechtliche Natur des Anspruchs. Der Verfügungsgrund ist allein eine verfah-

584 *OLG Düsseldorf*, OLGE 66, S. 315 f.

585 *OLG Naumburg*, JW 1918, S. 573; *BGH*, NJW 1985, S. 2263; *MüKo/Smid*, § 851, Rn. 7, verweist auf die vorstehende *BGH* – Entscheidung.

586 Dazu § 2 B III 1 a bb (5). Soweit durch eine Pfändung des Anspruchs eine besondere Härte hervorgerufen würde, kann § 765a ZPO dem Schuldner zur Seite stehen (etwa bei Gefahr der Unterversorgung von Kindern), vgl. *Staudinger/Jonas/Münzberg*, 22. Auflage, § 765a, Rn. 6. Zudem werden die Unterhaltsberechtigten auch durch § 850d ZPO geschützt, der sie in ihren Pfändungsmöglichkeiten privilegiert, indem sie in erweiterten Umfang auf das Arbeitseinkommen des Unterhaltsverpflichteten zugreifen können, vgl. im Einzelnen etwa *Stöber*, Rn. 1075 ff.; *MüKo/Smid*, § 850d, Rn. 1.

587 *Stein/Jonas/Münzberg*, 20. Auflage, § 851, Rn. 22.

rensmäßige Voraussetzung, um im einstweiligen Rechtsschutz entscheiden zu können[588]. Zudem ist eine Zweckbindung durch eine einstweilige Verfügung abzulehnen, weil eine einstweilige Leistungsverfügung dem Antragssteller keine bestimmte Verwendung des Geldes aufgibt[589]. Die Annahme, das Gericht ordne mit dem Erlass einer einstweiligen Verfügung gleichzeitig auch eine Beschränkung der Verfügungsbefugnis des Anspruchsstellers an, wäre eine bloße Fiktion. Mangels eingeschränkter Verfügungsbefugnis fehlt damit nach der hier vertretenen Ansicht ein wesentliches Merkmal einer Zweckbindung[590]. Richtigerweise kann eine zweckgebundene Forderung deshalb nicht durch richterlichen Gestaltungsakt entstehen[591]. Es verbleibt bei den Möglichkeiten einer gesetzlichen und vertraglichen Begründung, was bei Entscheidungen, die im einstweiligen Rechtsschutz ergehen, im Einzelfall zu prüfen ist[592].

IV. Pfändbarkeit zweckgebundener Forderungen

Bislang sind die Entstehungsvoraussetzungen sowohl einer gesetzlichen, als auch vertraglichen Zweckbindung herausgearbeitet worden. Die hierzu gefundenen Ergebnisse bilden nunmehr die Basis für das sich anschließende Problem der Pfändbarkeit zweckgebundener Forderungen.

Die Frage der Pfändbarkeit zweckgebundener Forderungen wird von einer ganz überwiegenden Ansicht mit Hilfe von § 851 ZPO i.V.m. § 399 BGB beantwortet, wobei im Rahmen dieser Vorschriften weitere Einzelheiten strittig sind. Entscheidend ist nach dem Gleichlaufprinzip in § 851 Abs. 1 ZPO, ob und inwieweit eine zweckgebundene Forderung übertragbar bzw. nicht übertragbar ist. Das Kernproblem der Zweckgebundenheit liegt mithin im materiellen Recht. Die sich auf dem Gebiet der Zwangsvollstreckung ergebenden Rechtsfolgen der Zweckgebundenheit sind nur sekundäre Auswirkungen[593].

Gleichwohl wird das Problem zweckgebundener Forderungen nicht von allen über §§ 851 ZPO, 399 BGB gelöst. Nach Auffassung von *Weitkemper* besteht bei zweckgebundenen Forderungen eine selbständige Unpfändbarkeitsregelung.

588 So auch *OLG Düsseldorf*, OLGE 66, S. 315 f.
589 Ähnlich *Lange*, LZ 1933, S. 218 (221).
590 Vgl. § 2 B II 2.
591 *Brox/Walker*, Rn. 522; *Stöber*, Rn. 14.
592 Zustimmend *Weitkemper*, S. 42: „Eine Zweckbindung kann sich nur aus der „Natur des Anspruchs" ergeben".
593 *Weitkemper*, S. 43.

1. Eigenständige Pfändungsregelung bei zweckgebundenen Forderungen

a) Die Ansicht Weitkempers

Weitkemper begründet die Unpfändbarkeit zweckgebundener Forderungen mit dem Schikaneverbot und einem fehlenden Rechtsschutzbedürfnis für die Zwangsvollstreckung[594]. Er setzt dabei wie die herrschende Ansicht bei der Frage der Übertragbarkeit an. Die Übertragung einer zweckgebundenen Forderung erachtet er unter Ablehnung des § 399 BGB in rechtlicher Hinsicht uneingeschränkt für zulässig. Diese Ansicht erklärt sich aus seiner Annahme, die Zweckgebundenheit stelle eine „Last" der Forderung dar, wonach der Drittschuldner erst dann an den Vollstreckungsschuldner zu leisten brauche, wenn die zweckentsprechende Verwendung der Valuta gesichert sei[595]. Auf diese Weise könne der Drittschuldner jederzeit die bestimmungsgemäße Verwendung kontrollieren. Derjenige, an den die Forderung abgetreten werde, erhalte ebenfalls nur eine inhaltlich beschränkte Forderung, die er nur nach Sicherstellung der zweckentsprechenden Verwendung geltend machen könne. Deshalb könne der Drittschuldner auch hier die bestimmungsgemäße Verwendung kontrollieren, so dass bei einer Übertragung keine Zweckvereitelung drohe[596].

Zu einer Einschränkung der Übertragbarkeit gelangt er allein aus wirtschaftlichen Erwägungen, da für einen Erwerber der Forderung nur dann ein wirtschaftliches Interesse an dem Erwerb bestehe, wenn er sich selbst durch die bestimmungsgemäße Verwendung des Geldes befriedigen könne. Er müsse aber „eine dem Bestimmungszweck entsprechende Leistung erbracht haben oder noch erbringen können". Das sei in der Praxis meist nicht der Fall, weshalb zweckgebundene Forderungen (praktisch) nur ausnahmsweise abtretbar seien (etwa an die Zweckbegünstigten).

Bei der Pfändung verneint *Weitkemper* entsprechend seinen Übertragungsgrundsätzen ebenfalls die Gefahr der Zweckvereitelung. Der Pfändungsgläubiger könne im Wege der Zwangsvollstreckung nur eine inhaltlich beschränkte Forderung pfänden und sich zur Einziehung überweisen lassen. Eine stärkere Rechtsposition als der Vollstreckungsschuldner könne er nicht erlangen. Wirtschaftlich mache die Pfändung einer zweckgebundenen Forderung gleichfalls nur Sinn, wenn eine zweckentsprechende Leistung vom Pfändungsgläubiger erbracht werden könne, was in der Praxis überwiegend nicht der Fall sei.

---

594 *Weitkemper*, S. 64 ff.

595 Dazu oben § 2 B III 1 a bb (2) und (3).

596 *Weitkemper*, S. 67 f.

Anders als bei der Übertragung soll sich *Weitkemper* zufolge der fehlende wirtschaftliche Sinn der Pfändung auf deren rechtliche Zulässigkeit auswirken, denn die Pfändung könne nie das eigentliche Ziel der Zwangsvollstreckung – die Befriedigung des Pfändungsgläubigers – herbeiführen, wenn er nicht zur zweckentsprechenden Verwendung der Leistung imstande sei. Deshalb müsse nach dem Gedanken des Schikaneverbots in § 226 BGB die Pfändung ausgeschlossen sein. Ferner fehle ein Rechtsschutzbedürfnis für das Tätigwerden des Vollstreckungsgerichts, denn das Gericht könne dem Pfändungsgläubiger nur den „unrichtigen Schein des Rechts ausstellen, die Forderung zur eigenen Befriedigung einziehen zu dürfen"[597]. Die Unzulässigkeit der Pfändung wurde neben *Weitkemper* auch vom *OLG Dresden* in der Fallgruppe der Baugeldforderungen mit Hilfe des Schikaneverbots begründet[598].

Die Übertragung einer zweckgebundenen Forderung ist nach dieser Ansicht also rechtlich möglich. Insofern schließt auch § 851 Abs. 1 ZPO die Pfändung rechtlich nicht aus. Wirtschaftlich gesehen sind Übertragung und Pfändung aber nur für die zweckbegünstigten Gläubiger (beispielsweise die Baugläubiger) sinnvoll. Das fehlende wirtschaftliche Interesse macht nicht die Übertragung, jedoch die Pfändung rechtlich unzulässig.

b) Stellungnahme

Im Ergebnis ist der Annahme einer eigenständigen Pfändungsregelung außerhalb von § 851 ZPO nicht zu folgen.

Der Ansicht *Weitkempers* ist zwar zuzugeben, dass der Schikaneverbotsgedanke auch im Zwangsvollstreckungsrecht Anwendung findet[599]. § 803 Abs. 2 ZPO, wonach die Pfändung zu unterbleiben hat, wenn die Verwertung der zu pfändenden Gegenstände einen Überschuss über die Kosten der Zwangsvollstreckung nicht erwarten lässt, ist eine gesetzliche Ausprägung dieses Gedankens[600]. Die isolierte Betrachtung der Pfändbarkeit widerspricht aber der gesetzlichen Systematik des § 851 Abs. 1 ZPO. Das Gleichlaufprinzip zwischen Unübertrag- und Unpfändbarkeit wird durchbrochen. Diese Ausnahme bedürfte einer besonderen Begründung, die *Weitkempers* Auffassung nicht liefern kann, da Erwerb und Pfändung von zweckgebundenen Forderungen wirtschaftlich auch für einen Gläubiger nicht sinnlos sind, der nicht zu den Zweckgläubigern gehört. Wie gesehen kommt *Weitkemper* zu dieser Schlussfolgerung auf Grund

---

597 *Weitkemper*, S. 72.

598 *OLG Dresden*, Seuffert's Archiv, Bd. 57, S. 343 f.

599 *OLG Frankfurt*, NJW 1979, S. 1613 m.w.N.

600 Vgl. *Baur/Stürner*, § 6.67.: "Fehlendes Vollstreckungsinteresse"; *Thomas/Putzo*, § 803, Rn. 17: "Nutzlose Pfändung".

der hier abgelehnten Einordnung der Zweckbindung als „Last". Zu einem anderen Ergebnis hinsichtlich der Übertragung und Pfändung muss man jedoch nach der hier vertretenen Einordnung der Zweckbindung als selbständige (gesetzliche oder vertragliche) Verwendungspflicht des Vollstreckungsschuldners gelangen.

Die Verwendungspflicht geht bei einer Übertragung der Forderung nicht auf den Erwerber über. Dies folgt für rechtsgeschäftliche Verwendungspflichten daraus, dass im Wege der Abtretung nur Aktivansprüche und keine Verpflichtungen übertragen werden[601]. Übertragen wird also nur die zu pfändende Forderung, aber nicht die selbständig daneben stehende Verpflichtung aus der Leistungszweckvereinbarung. Man könnte zwar überlegen, ob nicht im Abtretungsvertrag gleichzeitig eine Leistungszweckvereinbarung liegen könnte. Im dinglichen Abtretungsvertrag einigen sich die Parteien aber nur über den Übergang der Gläubigerstellung[602]. Die Annahme, der Abtretungsvertrag würde auch eine Leistungszweckvereinbarung enthalten, stellt daher eine bloße, nicht haltbare Fiktion dar[603]. Der Forderungserwerber erwirbt demnach das uneingeschränkte Forderungsrecht nicht aber die Verpflichtung zur zweckentsprechenden Verwendung. Der Forderungserwerb ist mithin für ihn wirtschaftlich sinnvoll. Entsprechend ist auch eine Pfändung nicht wirtschaftlich sinnlos.

Bei einer gesetzlichen Verwendungspflicht geht die Pflicht nicht auf den Forderungserwerber über, soweit die gesetzlichen Voraussetzungen der Verwendungspflicht auf ihn nicht zutreffen. Dies wird meist der Fall sein, da die gesetzlichen Verwendungspflichten sehr stark auf eine bestimmte Sachlage zugeschnitten sind. Verpflichtet wird etwa der „Baugeldempfänger" oder der „Antragssteller bezüglich einer Subvention", was grundsätzlich nicht auf einen Pfändungsgläubiger zutreffen wird[604]. Damit ist die Übertragung und folglich auch die Pfändung wirtschaftlich von Bedeutung.

Eine selbständige Unpfändbarkeitsregelung außerhalb von § 851 ZPO ist mithin abzulehnen.

---

601 Vgl. *Hagelberg*, JW 1909, S. 446 (448). Die Übertragung von einzelnen Verpflichtungen erfolgt durch Schuldübernahme §§ 414 ff. BGB. Dies verkannte insbesondere das *OLG Dresden*, Seuffert's Archiv, Bd. 57, S. 343 f., das von einer Verpflichtung des Zessionars ausging.

602 *Erman/Westermann*, 9. Auflage, § 398, Rn. 2 und 4: „Die Zwecksetzung der Übertragung gehört nicht zum Vertrag im Sinne von § 398"; *Palandt/Heinrichs*, § 398, Rn. 6.

603 Ebenso *Dornwald*, S. 66.

604 Sollten im Einzelfall die Voraussetzungen der gesetzlichen Verwendungspflicht auch auf den Pfändungsgläubiger zutreffen, so ist die Forderung übertrag- und pfändbar (Sog. relative Pfändbarkeit), vgl. § 2 B IV 2 a dd (3).

2. Unpfändbarkeit wegen Unübertragbarkeit

Ganz überwiegend wird eine Einschränkung der Übertragbarkeit zweckgebundener Forderungen angenommen, dogmatisch aber auf verschiedenen Wegen hergeleitet. Die Unübertragbarkeit ist für gesetzliche und vertragliche Zweckbindung unterschiedlich zu begründen.

a) Gesetzliche Zweckbindung

Nach der hier vertretenen Meinung liegen bei einer gesetzlichen Zweckbindung im Regelfall Verbotsgesetze gemäß § 134 BGB in Form von gesetzlichen Verwendungspflichten vor[605]. § 134 BGB verhindert in diesen Fällen als „Brücke ins BGB" eine wirksame Abtretung der Forderungen. Die Forderungen sind in Folge unübertragbar im Sinne von § 851 Abs. 1 ZPO, denn wie dargestellt wurde, richtet sich der Sinn und Zweck gesetzlicher Verwendungspflichten im Fall eines Verstoßes auch gegen die Wirksamkeit der Pfändung[606]. § 134 BGB als absolutes Verfügungsverbot wird daher in diesen Fällen von § 851 Abs. 1 ZPO erfasst[607]. Auf Grund dessen ist eine Pfändung ausgeschlossen. § 851 Abs. 2 ZPO gelangt nicht zur Anwendung[608].

Zu beachten ist, dass es zu dieser Rechtsfolge nur dann kommt, wenn gegen das Verbotsgesetz, d.h. die gesetzliche Verwendungspflicht verstoßen wird. Liegt kein Verstoß vor, so bleibt eine wirksame Abtretung und auch eine Pfändung möglich. Damit bestätigt sich – wenn auch mit unterschiedlicher Begründung – die These der herrschenden Meinung von einer relativen Pfändbarkeit gesetzlich zweckgebundener Forderungen. Eine relative Pfändbarkeit ist in zwei Sachverhaltskonstellationen zu bejahen:

- *Pfändung durch einen Zweckbegünstigten*

Kein Verstoß gegen die gesetzliche Verwendungspflicht liegt in den Fällen vor, in denen eine Person die Forderung pfändet, der der Leistungsgegenstand bestimmungsgemäß letztendlich zugekommen wäre. So ist dem Rechtsanwalt, der

---

605 Der Weg über § 399 Alternative 1 BGB ist aus den oben bei § 1 B III 1 a bb (1) aufgeführten Gründen abzulehnen.

606 Vgl. § 2 B III 1 a bb (5).

607 Eine noch weitergehende Ansicht vertritt *Baumann/Brehm*, § 11 II 2 a, der § 134 BGB uneingeschränkt auf § 851 Abs. 1 ZPO anwendet; Vgl. auch *Lackmann*, Rn. 355.

608 Im Ergebnis gleich, aber ohne die Einstufung unter § 134 BGB: *Stein/Jonas/Brehm*, 21. Auflage, § 851, Rn. 21.

die Ehefrau in dem Rechtsstreit über die persönliche Angelegenheit vertritt, die Pfändung des Vorschussanspruchs erlaubt, wenn er damit seine aus dem Rechtsstreit erwachsene Forderung befriedigen möchte. Nicht erlaubt wäre die Pfändung, wenn der Rechtsanwalt damit eine Honorarforderung aus einem anderen Prozess befriedigen will, denn § 1360a Abs. 4 BGB möchte nur die Rechtsverfolgungskosten des Rechtsstreits über die persönliche Angelegenheit decken. Die Forderung wegen der gepfändet wird, muss sich im Rahmen der Zweckbindung halten[609].

• *Pfändungsgläubiger unterliegt gesetzlicher Verwendungspflicht*

Ein Verstoß gegen das Verbotsgesetz ist ebenfalls dann zu verneinen, soweit der Pfändungsgläubiger ausnahmsweise die Voraussetzungen des zur Verwendung verpflichtenden Gesetzes selbst erfüllt. Dann gilt für ihn ebenso die gesetzliche Verwendungspflicht und eine Zweckvereitelung durch eine Übertragung oder Pfändung der Forderung droht nicht. Dieser Weg wurde zum ersten Mal durch die Ansicht von *Kiefe* zur Auslegung des Begriffs „Baugeldempfänger" deutlich. Nach *Kiefe* unterlag jeder Forderungserwerber und Pfändungsgläubiger der Verwendungspflicht aus § 1 Abs. 1 Satz 1 GSB, so dass die Gefahr der Zweckvereitelung nicht auftrat[610]. Eine mögliche „Fortgeltung" der gesetzlichen Verwendungspflicht ist demnach ein Fall der relativen Pfändbarkeit, deren Reichweite sich nach den tatbestandlichen Voraussetzungen der gesetzlichen Verwendungspflicht im Einzelfall richtet.

b) Vertragliche Zweckbindung

Die Ansichten zur Verkehrsfähigkeit vertraglich zweckgebundener Forderungen lassen sich in verschiedene Richtungen aufteilen. Eine nur vereinzelt vertretene Meinung möchte die Unübertragbarkeit – außerhalb von § 399 BGB – alleine

---

609 Zutreffend *LG Berlin*, FamRZ 1971, S. 173. Fraglich ist, ob sich eine Pfändung auch dann im Rahmen des gesetzlich vorgesehenen Zwecks hält, wenn das Gesetz mehrere Zweckbegünstigte (wie etwa die Gesamtheit der Baugläubiger in § 1 Abs. 1 GSB) vorsieht und einer der Gläubiger die ganze Forderung pfänden lässt, so dass die weiteren Gläubiger leer ausgehen. Auch in diesem Fall wird die Pfändung zulässig sein, sofern die Verwendungspflicht nicht im Einzelnen bestimmt, welchen Anteil jeder Zweckbegünstigte bekommt (Dann dürfte jeder Zweckbegünstigte nur in der ihm zustehenden Höhe pfänden). Dafür spricht, dass die Gläubigergleichbehandlung nur in der Insolvenz und nicht in der Einzelzwangsvollstreckung gewährleistet ist, *Stein/Jonas/Brehm*, 21. Auflage, § 851, Rn. 11.

610 *Kiefe*, JW 1909, S. 382 (383). Bei Baugeld umstritten, dort a.A.: *Hagelberg*, JW 1909, S. 446 (448); vgl. auch *BGH*, NJW 1982, S. 1037 (1038).

mit der Zweckbindung selbst begründen. Sie umgeht damit das Problem des § 851 Abs. 2 ZPO. Die herrschende Meinung siedelt die Lösung des Problems ausschließlich in § 399 BGB an. Innerhalb der herrschenden Meinung besteht Streit, welcher Alternative zweckgebundene Forderungen zuzuordnen sind[611]. Dieser Streit kommt im Hinblick auf die Übertragbarkeit grundsätzlich zu gleichen Ergebnissen[612], allerdings kann er im Hinblick auf § 851 Abs. 2 ZPO praktische Auswirkungen für die Pfändbarkeit der Forderung haben. Soweit man § 851 Abs. 2 ZPO bei zweckgebundenen Forderungen überhaupt zur Anwendung kommen lässt[613], entscheidet sich die Zulässigkeit der Pfändung danach, welche Alternativen des § 399 BGB man unter § 851 Abs. 2 ZPO fasst. Die Auffassungen im Einzelnen:

aa) Unübertragbarkeit allein auf Grund der Zweckbindung

Münzberg[614] ist der Ansicht, die Unübertragbarkeit gemäß § 851 Absatz 1 ZPO sollte unmittelbar mit der Zweckbindung und nicht mit § 399 BGB begründet werden. Auf diese Weise könne man die gesetzliche und vereinbarte Zweckbindung gleich behandeln. Zu dieser Ansicht gelangt er, da sich seiner Meinung zufolge die gesetzliche Zweckbindung nicht mit § 399 Alternative 2 BGB erklären lasse, denn in diesem Fall sei keine Vereinbarung eines Abtretungsverbots gegeben. Aber auch der Weg über § 399 Alternative 1 BGB sei dogmatisch verfehlt, denn die Annahme, dass die Änderung des Leistungszwecks eine Änderung des Leistungsinhalts bedeute, stelle eine unzulässige Analogie dar. Ähnlich entschied das *LG Würzburg* im Fall der Pfändung des Subventionsanspruchs eines Bäkkers[615]. Dem Gericht zufolge sollte man das Problem der zweckgebundenen Forderungen ohne § 399 BGB lösen. Die Zweckbindung allein führe zur Unübertragbarkeit und damit zur Unpfändbarkeit gemäß § 851 Abs. 1 ZPO.

bb) Fall des § 399 Alternative 1 BGB

Eine stark vertretene – bereits angesprochene – Ansicht ordnet zweckgebundene Forderungen § 399 Alternative 1 BGB zu[616], weil der Verwendungszweck als

---

611 Siehe dazu *BGH*, LM, § 851 ZPO Nr. 9 m.w.N.

612 Lässt man den im Einzelfall eingreifenden § 354a HGB außer Betracht.

613 Dazu § 2 B IV 2 b dd (4).

614 *Stein/Jonas/Münzberg*, 20. Auflage, § 851, Rn. 20.

615 *LG Würzburg*, MDR 1952, S. 172.

616 *BGH*, RPfl. 1978, S. 248 (249); *Rosenberg/Gaul/Schilken*, § 54 I 1 b bb; *MüKo/Smid*, § 851, Rn. 6; *Gaul*, KTS 1989, S. 3 (12 f.); *Hillebrand*, RPfl. 1986, S. 464 (466); *Bamberger/Roth/Rohe*, § 399, Rn. 6; *Baumbach/Lauterbach/Hart-*

Inhalt der Leistung angesehen wird und eine zweckwidrige Abtretung den Leistungsinhalt ändere[617]. Generell nimmt diese Meinung keine weitere Unterteilung in die Unterfälle des § 399 Alternative 1 BGB vor. Einzelstimmen plädieren dafür, vertraglich zweckgebundene Forderungen als höchstpersönliche[618] anzusehen bzw. eine Inhaltsänderung auf Grund der Natur des Anspruchs[619] anzunehmen. Vertreten wird zudem, zweckgebundene Forderungen als eigenen Unterfall des § 399 Alternative 1 BGB zu etablieren[620].

cc) Fall des § 399 Alternative 2 BGB

Eine andere Ansicht unterwirft Leistungszweckvereinbarungen als (stillschweigende[621]) Abtretungsausschlüsse § 399 Alternative 2 BGB[622], wonach die Pfändung wegen § 851 Abs. 2 ZPO grundsätzlich nicht ausgeschlossen ist. Ausnahmefall soll das Vorliegen einer (uneigennützigen) Treuhandabrede sein. In diesem Fall kommt diese Ansicht entweder zum Ergebnis der Unpfändbarkeit[623], oder gibt dem Drittschuldner ein Interventionsrecht nach § 771 ZPO bzw. eine Einwendung im Rahmen der Einziehungsklage[624].

dd) Stellungnahme

(1) Leistungszweckvereinbarungen als Fall des § 399 Alternative 2 BGB

Zunächst kann der Ansicht *Münzbergs* nicht gefolgt werden. Seine Meinung erscheint widersprüchlich, denn er wirft der § 399 Alternative 1 BGB vertretenen Ansicht eine unzulässige Analogie vor, nimmt aber seine Lösung kom-

---

mann, § 851, Rn. 3; *Baur/Stürner*, Rn. 25.6.; *Stöber*, Rn. 14; *Erman/Westermann*, § 399, Rn. 6; *Staudinger/Busche*, § 399, Rn. 42; Vgl. § 2 B III 1 a bb (1) und § 2 B III 2 a bb (1).

617 *Hillebrand*, RPfl. 1986, S. 464 (466).

618 *Rühling*, § 851, Anmerkung B; *Friedländer*, Seuffert's Bl. 69, S. 205; wohl auch *Rosenberg/Gaul/Schilken*, § 54 I 1 b bb, S. 836.

619 *Staudinger/Busche*, § 399, Rn. 42; *Palandt/Heinrichs*, § 399, Rn. 4.

620 *OLG Celle*, ZMR 1999, S. 697 ff. ; *Stöber*, Rn. 14.

621 *BGB-MüKo/Roth*, § 399, Rn. 14; *RGRK-Weber*, § 399, Rn. 31.

622 *Stein/Jonas/Brehm*, 21. Auflage, § 851, Rn. 20; *Musielak/Becker*, § 851, Rn. 6; *Blaum*, S. 62; *Dornwald*, S. 62 ff (71); *Stein/Jonas/Münzberg*, 19. Auflage, § 851 III 1; Unklar: *OLG Frankfurt*, Frankfurter Rundschau (1903), Bd. 3 (Nr. 35), S. 259 (262).

623 *Blaum*, S. 115; Unentschieden *BGH*, NJW 2000, S. 1270 (1271); ebenso aber *Smid*, Anmerkung zu diesem *BGH*-Urteil, LM, § 851 Nr. 9.

624 *Stein/Jonas/Brehm*, 21. Auflage, § 851, Rn. 20.

plett außerhalb des Gesetzes vor. Die Ansicht, die zweckgebundene Forderungen § 399 BGB unterwirft, ist dogmatisch überzeugender, denn sie zieht zur Lösung des Problems gesetzliche Wertungen heran. Die Begründung allein mit der Zweckbindung hat keine gesetzliche Stütze und kann deshalb eine Einschränkung der Verkehrsfähigkeit einer Forderung nicht rechtfertigen. Man kann die Ansicht *Münzbergs* auch nicht mit einer richterlichen Rechtsfortbildung begründen, da die höchstrichterliche Rechtsprechung des *BGH* den Weg über § 399 BGB wählt.

Vertraglich zweckgebundene Forderungen unterfallen aus mehreren Gründen auch nicht § 399 Alternative 1 BGB. Zum einen erfasst § 399 Alternative 1 BGB nicht die Natur der vertraglichen Zweckbindung als Verwendungspflicht, da sie allein auf den Verwendungszweck abstellt. Die vereinbarte Verwendungspflicht steht richtiger Ansicht nach neben der zu übertragenden Forderung[625]. Damit droht keine Gefahr, dass sich bei einer Übertragung der Forderung der Inhalt der Leistung ändert. Es liegt weder einer der beiden anerkannten Unterfälle des § 399 Alternative 1 BGB vor (Höchstpersönlichkeit bzw. eine Unübertragbarkeit auf Grund der besonderen Natur des Anspruchs), noch kann man bei zweckgebundenen Forderungen einen eigenen Unterfall bilden.

Eine höchstpersönliche Forderung wird durch eine Leistungszweckvereinbarung nicht begründet, denn die Person des Vollstreckungsschuldners ist im Hinblick auf die vereinbarte Verwendungspflicht nicht von wesentlicher Bedeutung[626]. Wichtig ist es aus Sicht des Drittschuldners allein, dass der sachliche Verwendungszweck erreicht wird. Eine andere Auffassung unterscheidet nicht hinreichend zwischen personenbedingten Forderungen, bei denen die Person des Empfängers wesentlich ist, und den echten zweckgebundenen Forderungen, bei denen die Zweckereichung das entscheidende Merkmal ausmacht[627].

Ferner wird die Abtretung vertraglich zweckgebundener Ansprüche nicht durch die besondere Natur des Anspruchs verhindert[628]. Eine Abtretung des Anspruchs erfasst die neben dem Anspruch stehende Verwendungspflicht nicht, da im Wege der Abtretung nur Rechte und keine Pflichten übertragen werden. Damit verbleibt die vertragliche Verwendungspflicht beim ursprünglichen Forderungsinhaber und geht nicht auf den Erwerber über. Der Inhalt der übertragenden Forderung wird insofern nicht berührt. Der Drittschuldner schuldet weiterhin den ursprünglichen Leistungsgegenstand, etwa die Zahlung einer bestimmten

625 Vgl. oben § 2 B III 2 a bb (5).
626 Vgl. § 2 B II 1.
627 Vgl. *Hagelberg*, JW 1909, S. 446 (447); *Weitkemper*, S. 61 und oben § 2 B II 1.
628 Ebenso *Weitkemper*, S. 62.

Geldsumme. Somit steht die Natur des Anspruchs einer Abtretung nicht entgegen.

Die Fälle der vertraglichen Zweckbindung stellen zudem keinen eigenen Unterfall des § 399 Alternative 1 BGB dar. Zwar könnte man überlegen, zur Begründung einer Inhaltsänderung die Änderung der Gesamtkonzeption des gegenseitigen Schuldverhältnisses heranzuziehen. Die Gesamtkonzeption sieht vor, dass das Forderungsrecht des Vollstreckungsschuldners von einer Verwendungspflicht begleitet wird. Die vertragliche Verwendungspflicht „prägt" gewissermaßen den Charakter des gegenseitigen Schuldverhältnisses und durch eine Übertragung der Forderung droht die Gefahr, dass der geschaffene Zusammenhang zwischen Forderung und Verwendungspflicht auseinandergerissen wird. Fraglich ist, wie dieser Zusammenhang dogmatisch erklärt werden kann. Man könnte in diesen Fällen von einem Zusammenhang zwischen Leistungspflicht und Verwendungspflicht nach dem Rechtsgedanken eines „einheitlichen Rechtsgeschäfts" gemäß § 139 BGB ausgehen[629]. Folge einer zweckwidrigen Abtretung wäre die Aufhebung der „Einheitlichkeit des Schuldverhältnisses", die von vornherein angelegte „Gesamtkonzeption"[630], wäre beeinträchtigt, was als Inhaltsänderung aufzufassen wäre.

Gleichwohl wird eben dieser Gedanke des „Zusammenhangs" von Verwendungspflicht und Forderung sachgerechter mittels § 399 Alternative 2 BGB erfasst[631]. Ein Abtretungsverbot bzw. eine Abtretungsbeschränkung wollen ebenfalls die Einheitlichkeit eines Rechtsverhältnisses wahren, indem dem Vollstreckungsschuldner durch rechtsgeschäftliche Vereinbarung die Möglichkeit entzogen wird, die Forderungsinhaberschaft auf eine fremde Person zu übertragen. Nimmt der Drittschuldner die Möglichkeit eines rechtsgeschäftlichen Abtretungsausschlusses nicht wahr, so ist es nicht die Aufgabe der Gerichte, ihm über § 399 Alternative 1 BGB nachträglich dazu zu verhelfen[632]. § 399 Alternative 2 BGB geht § 399 Alternative 1 BGB vor, soweit eine Vereinbarung über die Frage der Abtretbarkeit zu bejahen ist, denn § 399 Alternative 1 BGB ist ein gesetzlicher bestimmter Fall der Unübertragbarkeit, während § 399 Alternative 2

629 Dieses Konstrukt ist bislang von Literatur und Rechtsprechung nicht behandelt worden. Ein einheitliches Rechtsgeschäft wird von der ständigen Rechtsprechung des BGH nach einem Einheitlichkeitswillen der Beteiligten beurteilt. Zwei Rechtsgeschäfte sind einheitlich, wenn sie „miteinander stehen und fallen" sollen, *BGH*, NJW 1990, S. 1474; NJW 1976, S. 1931.

630 *Nörr/Scheyhing*, § 3 II 5.

631 Ebenso *Blaum*, S. 62: „Wertungskriterien und Konstruktion passen besser zusammen".

632 *Blaum*, S. 63.

BGB von Parteivereinbarungen ausgeht[633]. Entscheidend für eine Anwendung des § 399 Alternative 2 BGB ist es daher, ob man eine Leistungszweckvereinbarung als Beschränkung der Abtretung auslegen kann, nach der eine zweckwidrige Abtretung der Forderung verboten sein soll. Soweit dies der Fall ist, steht mit § 399 Alternative 2 BGB eine passende Norm bereit, so dass es sich dann verbietet, § 399 Alternative 1 BGB über den Rechtsgedanken des § 139 BGB heranzuziehen.

Bei der Auslegung einer Leistungszweckvereinbarung ist von der konkreten Parteivereinbarung im Einzelfall auszugehen. Haben die Parteien neben der Verwendungspflicht ausdrücklich eine zweckwidrige Abtretung der Forderung ausgeschlossen, kann kein Zweifel an der Anwendung des § 399 Alternative 2 BGB bestehen[634]. Der Weg über § 399 Alternative 1 BGB führt in diesem Fall zu einem Wertungswiderspruch. Selbst wenn man den Verwendungszweck als wesentlichen Bestandteil der Leistungspflicht des Drittschuldners ansieht und insofern eine Unübertrag – sowie Unpfändbarkeit gemäß § 399 Alternative 1 BGB, § 851 Abs. 1 ZPO annimmt, müsste man in dieser Situation zur Behandlung des ausdrücklichen Verbots zweckwidriger Abtretungen Stellung nehmen. Es würde sich die Frage stellen, ob die Forderung allein deshalb, weil die Parteien ausdrücklich noch eine Vereinbarung gemäß § 399 Alternative 2 BGB geschlossen haben, nun doch wegen § 851 Abs. 2 ZPO pfändbar ist. Es kann jedoch für die Verkehrsfähigkeit einer vertraglich zweckgebundenen Forderung keinen Unterschied machen, ob die Parteien neben der Leistungszweckvereinbarung noch ausdrücklich ein Verbot zweckwidriger Abtretung fixiert haben oder ob sie einvernehmlich aber stillschweigend von einem solchen Verbot ausgehen.

Maßgeblich ist das, was die Parteien mit einer Leistungszweckvereinbarung erreichen wollen. Die Vereinbarung beinhaltet die positive Pflicht des Leistungsempfängers zur zweckentsprechenden Verwendung des Leistungsgegenstandes. Darin erschöpft sich die Aussage der Vereinbarung jedoch nicht. Für den Drittschuldner ist es maßgeblich, dass der Vollstreckungsschuldner die beabsichtigte Zweckzuführung nicht durch eine zweckwidrige Abtretung des Anspruchs vereitelt. Im Umkehrschluss enthält eine Leistungszweckvereinbarung für den Vollstreckungsschuldner daher zusätzlich den Entzug der Möglichkeit, über den Anspruch zweckwidrig zu verfügen. Dieser Lösung kann nicht entgegen gehalten werden, sie beeinträchtige unangemessen die Interessen des Vollstreckungsschuldners und bevorzuge einseitig die Interessen des Drittschuldners, denn der Vollstreckungsschuldner ist auf Grund der treuhandartigen Zweckgebundenheit des Leistungsgegenstandes vertraglich verpflichtet, den Leistungsgegenstand

633 Vgl. oben § 2 A I 3 c cc.

634 Zutreffend *Dornwald*, S. 69, Rn. 1.

ausschließlich zu dem vereinbarten Zweck zu verwenden[635]. Handelt er dieser Verpflichtung zuwider, macht er sich aus §§ 280, 241 BGB schadensersatzpflichtig. Damit schränkt die Annahme einer Abtretungsbeschränkung keine schutzwürdigen Rechte des Vollstreckungsschuldners ein. Sie ergänzt nur seine sowieso bestehende Handlungspflicht. Eine Leistungszweckvereinbarung schließt die Abtretungsmöglichkeit des Vollstreckungsschuldners nicht gänzlich aus. Erlaubt ist die Abtretung an Zweckgläubiger, weshalb von einer „Abtretungsbeschränkung“ auszugehen ist.

Die Lösung passt auch mit der Wertung des § 137 Satz 1 BGB zusammen. Leistungszweckvereinbarungen machen die zu pfändende Forderung außerhalb des vorgesehenen Verwendungszwecks „unveräußerlich“ im Sinne von § 137 Satz 1 BGB. Gegen eine Einstufung der Leistungszweckvereinbarung als Abtretungsbeschränkung kann ferner nicht eingewendet werden, dass diese Lösung in Fällen der gesetzlichen Zweckbegründung scheitert. Eine gesetzliche Zweckbegründung kann zwar zutreffender weise nicht als privatrechtlicher Abtretungsausschluss im Sinne von § 399 Alternative 2 BGB angesehen werden[636]. Der Einwand geht aber nach der hier vertretenen Behandlung gesetzlich zweckgebundener Forderungen ins Leere, weil diese Fälle komplett außerhalb von § 399 BGB zu lösen sind. Der Weg über § 399 Alternative 1 BGB bringt insofern keinen Vorteil.

Damit sind treuhandartige Leistungszweckvereinbarungen als (stillschweigende) Abtretungsbeschränkungen unter § 399 Alternative 2 BGB einzuordnen[637].

(2) Wertung des § 354a HGB

Zu beachten ist, dass nach der hier vertretenen Lösung über § 399 Alternative 2 BGB die zweckwidrige Abtretung der Forderung trotz einer treuhandartigen Leistungszweckvereinbarung dann möglich ist, wenn § 354a Satz 1 HGB

635 *Dornwald*, S. 70.

636 Insofern richtig *Stein/Jonas/Münzberg*, 20. Auflage, § 851, Rn. 20.

637 Ebenso *Stein/Jonas/Brehm*, 21. Auflage, § 851, Rn. 20; *Blaum*, S. 62; *Dornwald*, S. 70 f. Zu beachten ist, dass der Vollstreckungsschuldner bei Einordnung unter § 399 Alternative 2 BGB nicht nur im Innenverhältnis zum Drittschuldner verpflichtet ist, zweckgemäß zu handeln, sondern er auch im Außenverhältnis nicht zweckwidrig verfügen „kann“. Das macht den Unterschied zu einer „normalen“ treuhänderischen Lage aus, bei der der Treuhänder nach außen uneingeschränkt verfügen kann und es nach innen nur nicht darf. Daher ist bei zweckgebundenen Forderungen nur von einer „treuhandartigen“ Lage sprechen.

eingreift[638]. Die Vorschrift versagt einer treuhandartigen Leistungszweckvereinbarung ihre abtretungsbeschränkende Wirkung, wenn die zugrunde liegende Forderung gegen den Drittschuldner für beide Teile ein Handelsgeschäft ist (§§ 343 – 345 HGB), was im Zweifel gesetzlich vermutet wird, wenn Kaufleute ein Rechtsgeschäft tätigen (§ 344 Abs. 1 HGB). Die Forderung bleibt in diesen Fällen gemäß § 354a Satz 1 HGB auch bei Zweckwidrigkeit abtretbar, so dass sich bereits aus § 851 Abs. 1 ZPO kein Pfändungsverbot ergibt[639]. Damit bleiben in der kaufmännischen Praxis vertraglich zweckgebundener Forderungen abtret- und pfändbar. Bei den *BGH* – Entscheidungen zum Architektenvorschuss sowie im Leasingfall kann es mangels genauerer Sachverhaltshinweise nur vermutet werden, dass Vollstreckungs- und Drittschuldner Kaufleute waren und deshalb die Leistungszweckvereinbarungen gemäß § 399 Alternative 2 BGB i.V.m. § 354a Satz 1 HGB i.V.m. § 851 Abs. 1 ZPO die Pfändungsmöglichkeiten nicht einschränken konnten.

Gleichwohl steht dieses Ergebnis der vorgenommenen Einordnung unter § 399 Alternative 2 BGB nicht entgegen, sondern bestärkt diese Einteilung vielmehr. Der zwingenden handelsrechtlichen Wertung des § 354a Satz 1 HGB[640] ist im Zwangsvollstreckungsrecht Geltung zu verschaffen, was allein über den Weg des § 399 Alternative 2 BGB gelingt. § 354a HGB bezweckt, Forderungen unter Kaufleuten verkehrsfähig zu halten (Verkehrsschutzzweck). Wer als Drittschuldner am Handelsverkehr teilnimmt, muss damit rechnen, dass die gegen ihn gerichtete Forderung Zugriffsobjekt weiterer Handelspartner des Vollstreckungsschuldners wird. § 354a HGB schützt den Drittschuldner nur über die gesetzliche Empfangszuständigkeit in Satz 2 und lässt ansonsten seine schutzwürdigen Interessen unberücksichtigt[641]. Der Vollstreckungsschuldner darf Geldforderungen aus Warenlieferungen und Dienstleistungen an Warenlieferanten, Kreditgeber bzw. an finanzierende Factoringinstitute trotz vereinbarten Abtretungsausschluss wirksam abgetreten[642]. Auf diese Weise wird die wirtschaftliche Bewegungsfreiheit besonders kleinerer Unternehmen gesichert[643]. Bei zweckgebundenen Forderungen muss § 354a Satz 1 HGB auch auf die die Abtretung be-

---

638 Vgl. *Wieczorek/Schütze/Lüke*, § 851, Rn. 35; *E. Wagner*, WM 1996, Sonderbeilage Nr. 1, S. 1 (20 ff.).

639 *Ebenroth/Boujong/Joost/Wagner*, § 354a, Rn. 24; *Wieczorek/Schütze/Lüke*, § 851, Rn. 36. Zur Frage, wie § 354a Satz 2 HGB und § 851 ZPO, insbesondere § 851 Abs. 2 ZPO, zueinander stehen, vgl. die Diskussion bei *E. Wagner*, WM 1996, Sonderbeilage Nr. 1, S. 1 (20 ff.).

640 Vgl. § 354a Satz 3 HGB: „Abweichende Vereinbarungen sind unwirksam“.

641 Ausführlich zur gesetzlichen Empfangszuständigkeit im Hinblick auf § 851 ZPO: *E. Wagner*, WM 1996, Sonderbeilage Nr. 1, S. 1 (20 – 23).

642 *Ebenroth/Boujong/Joost/Wagner*, § 354a, Rn. 2.

643 *Brox*, Rn. 325.

schränkende Leistungszweckvereinbarung anwendbar sein[644], denn wenn Dritt- und Vollstreckungsschuldner die Forderung schon mittels eines ausdrücklichen Abtretungsverbots nicht bei sich halten können, so darf dies erst recht nicht durch eine treuhandähnliche Leistungszweckabrede möglich sein, die als Abtretungsbeschränkung auszulegen ist. Die zur Unzulässigkeit der Zwangsvollstreckung führende treuhandartige Lage wird in diesen Fällen durch § 354a Satz 1 HGB „überlagert".

Uneingeschränkt pfändbar sind vertraglich zweckgebundene Forderungen jedoch nur im sachlichen und persönlichen Anwendungsbereich des § 354a HGB. Sachlich anwendbar ist die Vorschrift nur auf Geldforderungen, dagegen nicht auf Sachleistungen und Rechtsverschaffungsansprüche[645]. Daneben werden sämtliche Forderungen erfasst, die sich gegen eine juristische Person des öffentlichen Rechts oder ein öffentlich-rechtliches Sondervermögen richten. Persönlich greift § 354a HGB nur, wenn Vollstreckungs- und Drittschuldner Kaufleute gemäß §§ 1 ff. HGB sind. Außerhalb dieses Anwendungsbereichs – im nichtkaufmännischen Verkehr – besteht dagegen eine eingeschränkte Übertragbarkeit (§ 399 Alternative 2 BGB) und wie im folgenden gezeigt wird, eine eingeschränkte Pfändbarkeit.

(3) Relative Pfändbarkeit

Vor dem Hintergrund der Einordnung von Leistungszweckvereinbarungen zu § 399 Alternative 2 BGB bestätigt sich – ungeachtet der nachfolgenden Erörterung des § 851 Abs. 2 ZPO (*unten (4)*) – die These der relativen Pfändbarkeit vertraglich zweckgebundener Forderungen. Die treuhandartigen Leistungszweckvereinbarungen erlauben eine Abtretung der Forderung in zwei Fällen:

- Abtretung an einen Zweckgläubiger
- Abtretung an solche Erwerber bzw. Pfändungsgläubiger, die sich im Einzelfall mit der Abtretung oder Pfändung ebenfalls zur zweckgerechten Verwendung verpflichten.

Da in diesen Fällen keine Gefahr der Zweckvereitelung droht, liegt kein Übertragungshindernis gemäß § 399 Alternative 2 BGB und folglich auch kein Fall des § 851 Abs. 1 ZPO vor.

644 § 354a Satz 1 HGB erfasst ebenso Beschränkungsabreden, *Ebenroth/Boujong/Joost/Wagner*, § 354a, Rn. 6.

645 *Ebenroth/Boujong/Joost/Wagner*, § 354a, Rn. 8.

(4) Anwendbarkeit von § 851 Abs. 2 ZPO

Die Frage der Pfändbarkeit zweckgebundener Forderungen ist erst dann vollständig geklärt, wenn man die „Klippe" des § 851 Abs. 2 ZPO überwunden hat. Zu Frage der Anwendbarkeit des § 851 Abs. 2 ZPO bei zweckgebundenen Forderungen werden zwei verschiedene Meinungen vertreten:

(a) Streitstand

Einzelne Entscheidungen haben die Anwendung von § 851 Abs. 2 ZPO auf vertraglich zweckgebundene Forderungen bejaht. Es wird argumentiert, die gepfändeten Forderungen hätten Geld zum Leistungsgegenstand und Geld sei ein tauglicher Pfändungsgegenstand[646]. Auch einzelne Literaturstimmen halten § 851 Abs. 2 ZPO für einschlägig[647].

Unterschiedlich begründen die Vertreter einer Ablehnung von § 851 Abs. 2 ZPO ihre Ansichten. Der *BGH* hat teilweise ohne nähere Begründung und zudem im Zusammenhang mit § 399 Alternative 1 BGB vertreten, § 851 Abs. 2 ZPO gelte nicht für zweckgebundene Ansprüche[648]. *Breit* führt aus, § 851 Abs. 2 ZPO könne nicht in Frage kommen, denn Pfändungsgegenstand sei nicht Geld, sondern das mit einer Zweckbestimmung belastete Geld, welches nicht tauglicher Pfändungsgegenstand sei[649]. Das *Kammergericht* entschied zur Pfändung von Baugeldforderungen, dass § 851 Abs. 2 ZPO nicht eingreife, wenn eine Forderung ihrem Wesen nach in der Weise zweckgebunden sei, dass der Empfänger die Zahlungen gleichsam nur treuhänderisch für bestimmte Ausgaben verwenden dürfe[650]. Dem folgt vor allem *Brockmeyer*, der § 851 Abs. 2 ZPO zwar wegen der Einordnung von Leistungszweckvereinbarungen unter § 399 Alternative 2 BGB grundsätzlich für anwendbar hält, aber bei Vorliegen einer Treuhandabrede eine Ausnahme machen will[651].

---

646 *OLG Dresden*, OLGR 15, S. 14; *OLG Nürnberg*, OLGR 23, S. 217; vgl. auch *Kiefe*, JW 1909, S. 382; *Hagelberg*, JW 1909, S. 446 (448).

647 *Blaum*, S. 109, der dem Drittschuldner nur ein Leistungsverweigerungsrecht zubilligt.

648 *BGH*, NJW 1985, S. 2263 (2264).

649 *Breit*, JW 1909, S. 349 (353).

650 *Kammergericht*, JW 1937, S. 2232; Ebenso *Rühling*, § 851, B a, der meint, bei treugutartiger Zweckbindung „versage die Ausnahme des § 851 Abs. 2 ZPO". Vgl. auch *Sebode*, DR 1940, S. 429 (432).

651 *Klein/Brockmeyer*, § 319 AO, Nr. 13.

(b) Stellungnahme

Der ersten Meinung, die § 851 Abs. 2 ZPO auf Leistungszweckvereinbarungen anwenden will, ist zuzugeben, dass die Vorschrift allgemein die Fälle eines Abtretungsverbots bzw. einer Abtretungsbeschränkung erfassen will. Grund dafür ist die Missbrauchsgefahr, die von solchen Vereinbarungen zwischen Vollstreckungs- und Drittschuldner ausgehen kann[652]. Diese teleologischen Erwägungen treffen meines Erachtens bei treuhandartigen Leistungszweckvereinbarungen aber nicht zu, weshalb § 851 Abs. 2 ZPO in diesen Fällen nicht anzuwenden ist. Rechtstechnisch erfolgt die Umsetzung wie vom *Kammergericht*, *Rühling* und *Sebode* angedeutet durch eine teleologische Reduktion. Auch wenn der Wortlaut des § 851 Abs. 2 ZPO die Fälle einer Leistungszweckvereinbarung eindeutig erfasst, so ist die Norm bei einer vertraglichen Treuhandabrede ihrem Sinn und Zweck nach nicht einschlägig.

Der einzige Zweck des § 851 Abs. 2 ZPO ist es, zum Schutz des Vollstreckungsgläubigers einen missbräuchlichen Entzug von Schuldnervermögen zu verhindern[653]. Missbräuchlich kann der Entzug aber nur dann sein, wenn zum Nachteil des Pfändungsgläubigers gehandelt wird und deswegen die Interessen des Drittschuldners durch eine Pfändung nicht berührt werden[654]. Bei treuhandartigen Leistungszweckvereinbarungen ist kein Missbrauchsfall gegeben, weil sich die Parteien im Hinblick auf einen sachlichen Verwendungsgrund von vornherein darüber einigen, dass der Vollstreckungsschuldners nur Verwalter des wirtschaftlich dem Drittschuldner zustehenden Vermögens sein soll. Die treuhandartige Lage impliziert hier das schutzwürdige Interesse des Drittschuldners an einem Ausschluss zweckwidriger Pfändungen. Eine Pfändung durch einen außenstehenden Gläubiger würde zur Beeinträchtigung der Drittschuldnerinteressen führen und nicht berücksichtigen, dass kein Missbrauchsfall zu Lasten des Pfändungsgläubigers vorliegt, denn dem Gläubiger ist der Zugriff auf das wirtschaftliche Drittvermögen vollstreckungsrechtlich untersagt. Mithin ist der eigentliche Grund für die Anwendung von § 851 Abs. 2 ZPO bei treuhandartigen Leistungszweckvereinbarungen nicht erfüllt[655], der Normzweck „versagt" hier[656]. Da das treuhandartige Verhältnis ein notwendiges Element der vertraglichen Zweckbindung ist, greift der Zweck des § 851 Abs. 2 ZPO in diesen Fällen durchweg nicht ein.

---

652 Vgl. oben § 2 A II 2.
653 *BGHZ* 56, S. 228 (232).
654 *Sebode*, DR 1940, S. 429 (432).
655 Im Ergebnis ebenso *Sebode*, DR 1940, S. 429 (432).
656 *Rühling*, § 851, B a.

Gegen die Annahme einer teleologischen Reduktion spricht auch nicht der überwiegend vertretene Grundsatz, dass bei § 851 Abs. 2 ZPO eine Interessenabwägung zwischen Schuldner-, Drittschuldner- und Gläubigerinteresse nicht stattfinden dürfe[657]. Zum einen enthält der Wortlaut der Norm keinen Hinweis auf diesen Grundsatz, zum anderem entspricht er nicht dem eigentlichen Zweck von § 851 Abs. 2 ZPO, allein Missbrauchsfälle zu verhindern[658]. Dies erkennt auch die Ansicht, die eine Interessenabwägung ausschließen will[659]. Sie meint aber ohne weitere Begründung, dass eine Interessenabwägung bei § 851 Abs. 2 ZPO ausgeschlossen sei.

Das einzige Argument, welches generell diese Auffassung stützen kann, ist wie eingangs aufgezeigt das der Rechtsunsicherheit, welche entstehen würde, wenn jede Abrede auf ihre sachliche Rechtfertigung überprüft werden müsste. Für den Rechtspfleger, der die Voraussetzungen des § 851 Abs. 2 ZPO zu überprüfen hat, ist normalerweise eine solche Prüfung gar nicht möglich, denn wie soll er beurteilen können, ob ein Abtretungsverbot sachlich gerechtfertigt ist. Gleichwohl trifft dieses Argument auf vertraglich zweckgebundene Forderungen nicht zu. Es droht in diesen Fällen keine Rechtsunsicherheit. Wenn eine treuhandartige Leistungszweckvereinbarung anzunehmen ist, dann bedeutet dies gleichzeitig, dass das Interesse des Drittschuldners als vorrangig zu bewerten ist. Somit trägt die Vereinbarung die sachliche Rechtfertigung von vornherein in sich. Es ist demnach kein Grund ersichtlich, warum man von dem ursprünglichen Normzweck des § 851 Abs. 2 ZPO abweichen sollte. Eine teleologische Reduktion bei treuhandartigen Leistungszweckvereinbarungen führt nicht zum einem Charakter des § 851 Abs. 2 ZPO als Billigkeitsnorm[660].

V. Zusammenfassung

Das Problem der Zweckbindung bei Forderungen lässt sich insgesamt mit folgenden Kernaussagen skizzieren:

- Zweckgebundene Forderungen sind Forderungen, bei denen ein sachlicher Verwendungszweck existiert, dem der Leistungsgegenstand, meistens Geld,

657 Vgl. *BGH*, RPfl 1978, S. 247 (248); *Musielak/Becker*, § 851, Rn. 8.

658 Vgl. *BGHZ* 56, S. 228 (232).

659 *Schuschke*, § 851, Rn. 8: „Die Vorschrift ist [...] trotz ihres ursprünglichen Normzweckes unabhängig davon anzuwenden, ob dem Abtretungsverbot im Einzelfall nicht doch beachtliche sachliche Erwägungen zugrunde liegen".

660 Eine Interessenabwägung bei zweckgebundenen Forderungen nimmt ebenso, wenn auch im Rahmen des § 399 Alternative 1 BGB i.V.m. § 851 Abs. 2 ZPO *Erman* vor, Gedächtnisschrift für Rudolf Schmidt 1966, S. 261 (268/269).

ausschließlich zugeführt werden soll und bei denen insofern die freie Verfügungsbefugnis des Vollstreckungsschuldners eingeschränkt ist, weil die schutzwürdigen Interessen des Zweckbegünstigten an der Erreichung des Verwendungszwecks als vordringlich gegenüber der freien Verfügungsbefugnis des Vollstreckungsschuldners und als vordringlich gegenüber der Befriedigung des Vollstreckungsgläubigers angesehen werden.

- Geschützte Personen einer Zweckbindung können der Drittschuldner, an der Pfändung unbeteiligte Dritte oder die Allgemeinheit sein. Eine Zweckbindung will dagegen nicht Interessen des Vollstreckungsschuldners schützen.
- Die Zweckbindung einer Forderung kann entstehen durch Gesetz und treuhandartige Leistungszweckvereinbarung. Eine richterliche Zweckbindung im einstweiligen Rechtsschutz ist abzulehnen.
- Die gesetzliche Zweckbindung kommt überwiegend dort vor, wo die Interessen unbeteiligter Dritter bzw. Interessen der Allgemeinheit geschützt werden sollen. Die Verkehrsfähigkeit ist in der Regel auf Grund von § 134 BGB i.V.m. einer gesetzlichen Verwendungspflicht i.V.m. § 851 Abs. 1 ZPO eingeschränkt. Gesetzlich zweckgebundene Forderungen sind durch andere als Zweckgläubiger oder Gläubiger, die ebenfalls der gesetzlichen Verwendungspflicht unterliegen, nicht wirksam pfändbar. § 851 Abs. 2 ZPO findet keine Anwendung.
- Die vertragliche Zweckbindung dient vornehmlich dem Schutz der Drittschuldnerinteressen. Voraussetzung ist eine treuhandartige Leistungszweckvereinbarung. Treuhandartige Leistungszweckvereinbarungen sind als (stillschweigende) Abtretungsbeschränkungen gemäß § 399 Alternative 2 BGB auszulegen. Die zugrunde liegenden Forderungen sind damit außer an Zweckgläubiger nicht wirksam abtretbar und gemäß § 851 Abs. 1 ZPO nur durch Zweckgläubiger oder solche Personen pfändbar, die sich im Einzelfall zur zweckgerechten Verwendung verpflichten. § 851 Abs. 2 ZPO führt nicht zur Pfändbarkeit; die Vorschrift wird bei treuhandartigen Leistungszweckvereinbarungen teleologisch reduziert. Wegen § 354a Satz 1 HGB gibt es keine vertragliche Zweckbindung im beiderseitigen Handelsverkehr.
- Zweckgebundene Forderungen sind unabhängig von ihrem Entstehungsgrund im Rahmen ihrer Zweckbindung übertragbar und pfändbar (Relative Pfändbarkeit).

§ 3 – Pfändung anderer Vermögensrechte

I. Ausgangsposition

Nachdem das Problem der Zweckbindung für den Bereich der Forderungspfändung untersucht wurde, ist im folgenden die Anwendbarkeit der gefundenen Ergebnisse bei der Pfändung anderer Vermögensrechte zu überprüfen, die in der Zwangsvollstreckung ebenfalls Bestandteil des haftenden Schuldnervermögens sind (§§ 857 – 863 ZPO). Mit der Formulierung „andere" erfolgt eine Abgrenzung zu den weiteren Vollstreckungsarten, d.h. Pfändungsgegenstände der Rechtspfändung dürfen nicht Sachen, Geldforderungen, Herausgabeansprüche oder letztlich Rechte sein, die Gegenstand der Zwangsvollstreckung in unbewegliches Vermögen sind[661]. Unter „Vermögensrechten" versteht man

- Selbständige Rechte
- Mit eigenem (wirtschaftlichen[662]) Vermögenswert[663].

Die Eigenschaft der Selbständigkeit schließt die Pfändung akzessorischer Rechte wie das Pfandrecht, die Hypothek oder den Anspruch gegen den Bürgen aus[664]. Diese Rechte können nur zusammen mit der zugrunde liegenden Forderung im Wege der Forderungspfändung gepfändet werden[665]. Gleiches gilt für Gestaltungsrechte wie die Kündigung oder das Rücktrittsrecht[666]. Vermögensrechte sind zudem nicht wirtschaftlich wertvolle Positionen, die sich allein aus tatsächlichen Verhältnissen ergeben[667]. So begründet die bloße Erwartung einer Alleinerbschaft nach § 857 ZPO kein pfändbares Vermögensrecht[668]. Andere Vermögensrechte sind beispielsweise[669]: Sachenrechte wie Anwartschaftsrechte, Miteigentumsanteile an beweglichen Sachen, Grunddienstbarkeiten und Nieß-

---

661 *Musielak/Becker*, § 851, Rn. 2.

662 *Stein/Jonas/Brehm*, 21. Auflage, § 857, Rn. 7. Rechte, die nur einen ideellen Wert begründen, zählen nicht zu den Vermögensrechten im Sinne von § 857 ZPO.

663 *Rosenberg/Gaul/Schilken*, § 54 I 3; *Thomas/Putzo*, § 857, Rn. 1.

664 *Blomeyer*, § 60 I 1.

665 Vgl. § 837 ZPO für die Pfändung einer Forderung, für die eine Hypothek bestellt ist.

666 *Lackmann*, Rn. 295; *Stöber*, Rn. 1461.

667 *Baur/Stürner*, § 32.3., S. 390.

668 *MüKo/Smid*, § 857, Rn. 9. m.w.N.

669 Vgl. die Aufzählung bei *Rosenberg/Gaul/Schilken*, § 54 I 3, sowie *Baur/Stürner*, § 32.1., S. 388 f.

brauch; des weiteren Ansprüche, die auf andere Leistungen als Zahlung oder Herausgabe gerichtet sind, wie etwa der Anspruch auf Grundbuchberichtigung, oder das Nutzungsrecht des Leasingnehmers. Letztlich kommen auch Anteilsrechte an Gemeinschaften und gewerbliche Schutzrechte als Vermögensrechte in Betracht.

§ 857 ZPO ist der „Auffangtatbestand“[670] für die Pfändung solcher Vermögensrechte. Er erstreckt die Vorschriften über die Forderungspfändung auf die Pfändung anderer Vermögensrechte, wobei einige Sonderregelungen in den §§ 858 – 863 ZPO zu beachten sind. Auffangtatbestand im materiell-rechtlichen Bereich hinsichtlich der Übertragung „anderer Rechte“ ist § 413 BGB, der die Anwendung der §§ 398 ff. BGB für die Übertragung vorsieht.

Im Gegensatz zur Forderungspfändung ist bei der Pfändung anderer Vermögensrechte ein Drittschuldner manchmal gar nicht vorhanden oder nicht ohne weiteres auf Grund einer Leistungsbeziehung zu ermitteln. Der Begriff des Drittschuldners geht deshalb bei §§ 857 ff. ZPO weiter als bei der Forderungspfändung. Drittschuldner kann jede Person sein, die außer dem Vollstreckungsschuldner an dem Recht irgendwie rechtlich beteiligt ist[671]. Ist auch danach kein Drittschuldner erkennbar, so erfolgt die Pfändung des sog. drittschuldnerlosen Rechts[672] durch Zustellung des Verfügungsverbots an den Vollstreckungsschuldner (§ 857 Abs. 2 ZPO).

Besonderheiten bestehen auch bei der Verwertung gepfändeter Vermögensrechte. Zwar ist auch hier eine Überweisung des gepfändeten Rechts zur Einziehung möglich, doch kann diese für den Gläubiger unzweckmäßig oder nach der Art des Rechts nicht möglich sein[673]. Die jeweils beste Verwertungsmethode hängt von der Eigenart des Vermögensrechts ab. Beispielsweise kann es für den Gläubiger bei der Pfändung eines Nutzungsrechts sinnvoller sein, den Gebrauch der Sache fortzuführen und sich aus den damit erzielten Einkünften zu befriedigen[674]. Als andere Verwertungsarten kommen bei veräußerlichen Rechten die

---

670 *Blomeyer*, § 60 Vor. I; *Zimmermann*, § 857, Rn. 1.

671 *Rosenberg/Gaul/Schilken*, § 58 I 1; *MüKo/Smid*, § 857, Rn. 2 f. Beispiele: Eigentümer beim Nießbrauch, Miteigentümer, Verfasser bei der Pfändung von Verlegerrechten. Kein Drittschuldner ist vorhanden bei Patent-, Urheber-, Gebrauchs- und Geschmacksmusterrechten, *Zimmermann*, § 857, Rn. 10.

672 *Stöber*, Rn. 1463.

673 Beispiel: Die Überweisung eines gepfändeten GmbH-Anteils führt nicht zur Befriedigung des Gläubigers, weil die Pfändung ihm kein Recht auf Ausübung irgendwelcher Mitgliedschaftsrechte gibt (insbesondere kann er die GmbH nicht kündigen, weil eine § 135 HGB vergleichbare Norm im GmbHG nicht existiert.). Die Verwertung eines GmbH-Anteils erfolgt meist durch Verkauf (§ 844 ZPO), vgl. *Baur/Stürner*, § 32.10., S. 393 f.

674 So für das leasingvertragliche Nutzungsrecht *Borggräfe*, S. 134 f.

Versteigerung des gepfändeten Rechts, ein freihändiger Verkauf (§ 857 Abs. 5 ZPO), bei unveräußerlichen Rechten die Ausübung des Rechts durch einen anderen, insbesondere die Verwaltung oder Verpachtung des Rechts (§ 857 Abs. 4 ZPO) in Betracht. Das Vollstreckungsgericht kann eine andere Verwertungsart gemäß § 844 ZPO i.V.m. § 857 Abs. 4 und 5 ZPO anordnen[675].

II. Anwendbarkeit des § 851 ZPO

1. Besonderheiten der §§ 857 ff. ZPO

Die Verweisung in § 857 Absatz 1 ZPO umfasst auch § 851 ZPO. Es gilt danach bei der Pfändung anderer Vermögensrechte gemäß §§ 857 Abs. 1, 851 Abs. 1 ZPO ebenfalls der Grundsatz:

Unübertragbarkeit (Unveräußerlichkeit)
des Vermögensrechts = Unpfändbarkeit[676]

Nach §§ 413, 398 BGB sind andere Vermögensrechte frei übertragbar[677]. Die Unübertragbarkeit kann in Spezialvorschriften[678] angeordnet sein oder sich allgemein wie bei Forderungen aus § 399 Alternative 1 BGB ergeben, etwa wenn ein Recht wesentlich durch die Person seines Inhabers bestimmt ist. Der höchstpersönliche Charakter schließt dann eine Übertragung aus[679]. Die Höchstpersönlichkeit ist wie bei der Forderungspfändung vor einer möglichen Zweckbindung

675 Vgl. dazu *Stöber*, Rn. 1472 ff.

676 *Stein/Jonas/Brehm*, 21. Auflage, § 857, Rn. 12; *Seuffert/Walsmann*, § 851, Nr. 1; *J.B. Zimmermann*, S. 167; *Lackmann*, Rn. 296. § 857 ZPO bezeichnet diese Rechte als „unveräußerlich".

677 Der Anwendungsbereich des § 413 BGB ist gering, da überwiegend spezielle Vorschriften eingreifen, *RGRK/Weber*, § 413, Rn. 13; *Palandt/Heinrichs*, § 413, Rn. 2. So erfolgt die Übertragung von Sachenrechten spezialgesetzlich nach §§ 873, 929 ff. BGB.

678 Beispiele: Das Urheberrecht ist gemäß größtenteils nicht übertragbar, § 29 Satz 2 UrhG. § 719 Abs. 1 BGB sieht vor, dass ein BGB-Gesellschafter über seinen Anteil an der Gesellschaft nicht verfügen darf. Vgl. zur hier ausnahmsweise zulässigen Pfändung § 859 ZPO.

679 Personenbezogen sind etwa: Familienrechte wie das elterliche Sorgerecht (§ 1626 BGB) oder die Firma des Kaufmanns (§§ 17 ff. HGB), *Thomas/Putzo*, § 857, Rn. 6; *Baur/Stürner*, § 32.3.; *Zöller/Stöber*, § 857, Rn. 2. *Hartmann* ordnet ein Wohnrecht aus einem Altenteilsvertrag als höchstpersönliches Recht ein, *Baumbach/Lauterbach/Hartmann*, § 857, Rn. 14.

zu prüfen. Bei letzterer steht nicht die Person des Rechteinhabers, sondern das Erreichen eines festgelegten Verwendungszwecks im Vordergrund[680].

Umstritten ist, ob die Übertragbarkeit eines anderen Vermögensrechts durch Parteivereinbarung gemäß § 399 Alternative 2 BGB ausgeschlossen werden kann. Eine Meinung bejaht diese Möglichkeit, da § 413 BGB auch die entsprechende Anwendung des § 399 Alternative 2 BGB vorsehe[681]. Eine andere Ansicht hält dagegen ein pactum de non cedendo bei Rechten für unzulässig[682], weil § 399 Alternative 2 BGB nicht von der Verweisung in § 413 BGB erfasst sei. Es gelte § 137 Satz 1 BGB, der insofern „ein anderes" im Sinne von § 413 BGB vorschreibe. Folglich bleibe ein Recht trotz Abtretungsausschluss bzw. -beschränkung übertrag- und pfändbar.

Bei diesem Streit ist zunächst zu beachten, dass eine Anwendung von § 399 Alternative 2 BGB bei anderen Vermögensrechten in vielen Fällen schon am Wortlaut scheitern wird. Eine veräußerungsausschließende Abrede kann nur zwischen dem Gläubiger und dem Schuldner erfolgen, weshalb die Norm nicht eingreift, wenn der Rechtsinhaber eine Vereinbarung mit einem beliebigen Dritten trifft, der zu ihm nicht in einem Schuldverhältnis steht[683]. An einem Schuldverhältnis wird es bei anderen Vermögensrechten, insbesondere den drittschuldnerlosen Rechten häufig fehlen. Ausnahmen sind nur Rechte, kraft deren etwas anderes als Geld oder eine Sache gefordert werden kann[684].

Der ersten Ansicht ist zudem entgegen zu halten, dass sie den Zusatz in § 413 BGB „soweit nicht das Gesetz ein anderes vorschreibt" nicht hinreichend berücksichtigt. Für die Frage der Übertragbarkeit eines anderen Vermögensrechts schreibt das Gesetz etwas anderes vor, weil es den Parteien grundsätzlich nicht anheim stellt, über die Übertragbarkeit eines Rechts zu entscheiden[685]. Es bestehen vielmehr nur vereinzelte Vorschriften, in denen die Entscheidung über die Übertragbarkeit dem Parteiwillen überlassen ist. Ein Beispiel sind die §§ 38 Satz 1, 40 BGB, wonach eine Vereinssatzung festlegen kann, ob die Mitgliedschaftsrechte übertragbar sind oder nicht. Bei urheberrechtlichen Nutzungsrechten gilt

---

680 Vgl. § 2 B II 1.

681 *RGRK/Weber*, § 413, Rn. 3; *Soergel/Hefermehl*, § 137, Rn. 6; einschränkend *MüKo/Mayer-Maly*, § 137, Rn. 20; *J.B. Zimmermann*, S. 169 ff.

682 *MüKo/Smid*, § 857, Rn. 13: „Der rechtsgeschäftliche Ausschluss der Übertragbarkeit des Rechts bleibt außer Betracht, sofern mit der Übertragung keine Inhaltsänderung verbunden ist"; *Stein/Jonas/Brehm*, 21. Auflage, § 857, Rn. 14; *Raible*, S. 168 f.

683 *BGHZ* 56, S. 275 (279).

684 Etwa das Recht, Auskunft zu verlangen oder ein Grundbuchberichtigungsanspruch (§ 894 BGB).

685 *Raible*, S. 88 f.

gemäß § 34 UrhG entsprechendes[686] und im Recht der GmbH besteht hinsichtlich der Übertragung von GmbH-Anteilen in § 15 GmbHG eine Ausnahmevorschrift. Aus diesen Vorschriften darf man indes nicht darauf schließen, die Frage der Übertragbarkeit sei stets dem Parteiwillen überlassen[687]. Würde man dies annehmen, wären die genannten Vorschriften obsolet, denn bereits die §§ 399 Alternative 2, 413 BGB würden in allen diesen Fällen den Parteien die Möglichkeit eröffnen, über die Übertragbarkeit zu entscheiden. Es spricht vielmehr ein Umkehrschluss aus diesen Ausnahmevorschriften dafür, die Frage der Verkehrsfähigkeit grundsätzlich dem Gesetz zu überlassen.

Das Gesetz kann für einzelne Bereiche die Parteien ermächtigen, die Übertragungsfrage privat zu regeln. Wo keine gesetzliche Regelung vorliegt, ist es den Parteien verwehrt, über die Übertragbarkeit eines Rechts privatautonom zu entscheiden[688]. Die Wertung des § 137 Satz 1 BGB geht hier – im Gegensatz zu Forderungen[689] – § 399 Alternative 2 BGB vor. Für §§ 857 Abs. 1, 851 Abs. 1 ZPO bedeutet dies, dass nur § 399 Alternative 1 BGB die Unübertragbarkeit eines anderen Vermögensrechts begründen kann.

Des weiteren erfährt der Grundsatz Unübertragbarkeit = Unpfändbarkeit anders als bei der Forderungspfändung zwei spezielle Ausnahmen durch § 857 Abs. 3 ZPO (*unten a*) und § 859 ZPO (*unten b*). Daneben hat auch § 851 Abs. 2 ZPO eine andere Bedeutung als bei der Forderungspfändung (*unten c*).

a) § 857 Abs. 3 ZPO

Die erste „Auflockerung“ des Gleichlaufprinzips nach § 851 Abs. 1 ZPO kommt durch § 857 Abs. 3 ZPO zustande[690]. Danach ist ein unveräußerliches Recht in

---

686 Insbesondere § 34 Abs. 5 UrhG zeigt die Möglichkeit der Parteien vertragliche Regelungen über die Übertragbarkeit zu treffen. Zu Einzelheiten vgl. *Rehbinder*, Rn. 314.

687 So aber *J.B. Zimmermann*, S. 169.

688 *Raible*, S. 168 f.

689 *Raible*, S. 88 f. und 158 f. Bei Forderungen überlässt es das Gesetz den Parteien, diese zu begründen, so dass es folgerichtig ist, den Parteien auch die Frage der Übertragbarkeit anheim zu stellen. Dies betrifft selbst gesetzlich begründete Ansprüche (z.B. § 823 BGB). Dafür spricht bereits in systematischer Hinsicht, dass § 399 Alternative 2 BGB im allgemeinen Schuldrecht steht und deswegen auf sämtliche besonderen Schuldverhältnisse, also auch auf deliktische Ansprüche anzuwenden ist. *Raible* (S. 89) ist der Ansicht, es werde nicht die gesetzliche Forderungen unabtretbar gemacht, sondern eine mit der gesetzlichen Forderung inhaltsgleiche, rechtsgeschäftlich begründete Forderung, die durch Novation an die Stelle der gesetzlichen trete.

690 *Gottwald*, § 857, Rn. 5.

Ermangelung besonderer Vorschriften insoweit der Pfändung unterworfen, als die Ausübung einem anderen überlassen werden kann. Die Vorschrift betrifft Fälle, in denen die Inhaberschaft am Vermögensrecht zwar bei dem ursprünglichen Inhaber zu verbleiben hat, dieser aber die tatsächliche Ausübung des Rechts einem anderen überlassen kann. So kann das Recht des Mieters, vom Vermieter die Gebrauchsüberlassung zu fordern, nach § 399 Alternative 1 BGB nicht übertragen werden[691]. Gemäß § 540 BGB darf der Mieter mit Zustimmung des Vermieters die tatsächliche Nutzung der Mietsache aber einem Dritten überlassen. In diesem Fall ist das Recht auf Gebrauchsüberlassung nach § 857 Abs. 3 ZPO pfändbar. Die Überlassungsmöglichkeit ist der Grund für die Pfändbarkeit des Vermögensrechts, weil das Recht insofern als verkehrsfähig anzusehen ist, denn wenn es einem Dritten erlaubt ist, die Sache zu nutzen, so muss diese Position auch einem Pfändungsgläubiger zugänglich sein.

Das gepfändete Vermögensrecht bleibt jedoch auch in der Zwangsvollstreckung unveräußerlich[692]. Die ZPO gibt dem Pfändungsgläubiger folgerichtig mit § 857 Abs. 4 ZPO nur eine eingeschränkte Befriedigungsmöglichkeit, die die Unveräußerlichkeit beachtet. § 857 Abs. 4 ZPO sieht vor, dass das Vollstreckungsgericht bei der Pfändung von Nutzungsrechten eine Verwaltung des Gegenstandes anordnet, an dem das Nutzungsrecht besteht. Die Verwaltung führt dazu, dass der Gläubiger die Vorteile aus der tatsächlichen Nutzung ziehen darf. Ein weiterer Anwendungsfall ist beispielsweise der Nießbrauch gemäß §§ 1030 ff. BGB, der dem Berechtigten grundsätzlich alle Nutzungen des belasteten Gegenstandes gewährt[693]. § 1059 Satz 1 BGB bestimmt die Unübertragbarkeit des Nießbrauchs. Nach §§ 857 Abs. 1, 851 Abs. 1 ZPO wäre der Nießbrauch damit unpfändbar. Allerdings sieht das Gesetz in § 1059 Satz 2 BGB vor, dass die Ausübung einem anderem überlassen werden kann. Damit sind die Voraussetzungen der Ausnahmenorm § 857 Abs. 3 ZPO erfüllt. Folge ist die Pfändbarkeit des Nießbrauchs als dingliches Recht trotz dessen Unübertragbarkeit[694]. Im Rahmen der Verwaltung des belasteten Grundstücks (§ 857 Abs. 4 Satz 2 ZPO) setzt ein Verwalter die Grundstücksnutzung in Geld um und der Gläubiger

---

691 *Bamberger/Roth/Rohe*, § 399, Rn. 5.

692 *BGHZ* 62, S. 133 (136/137); *Borggräfe*, S. 119.

693 Eine parallele Problematik stellt sich bei einer beschränkten persönlichen Dienstbarkeit, §§ 1092 Abs. 1, 1093 BGB.

694 *Rosenberg/Gaul/Schilken*, § 54 I 3 m.w.N.; *Lackmann*, Rn. 296. Pfändbar ist der Nießbrauch selbst und nicht nur das schuldrechtliche Recht auf dessen Ausübung. Die früher vertretene Ansicht allein letzteres sei pfändbar (so *KG*, JW 1938, S. 675), ist abzulehnen, da sie bereits nicht mit dem Wortlaut von § 857 Abs. 3 ZPO (Gepfändet wird das „unveräußerliche Recht") vereinbar ist.

befriedigt sich aus den daraus erzielten Erlösen[695]. § 857 Absatz 3 ZPO greift mangels Zulässigkeit eines vertraglichen Übertragungsausschlusses nur bei der gesetzlich angeordneten Unveräußerlichkeit eines Vermögensrechts ein[696].

b) § 859 Abs. 1 ZPO[697]

Eine weitere Ausnahme zum Grundsatz Unübertragbarkeit = Unpfändbarkeit ist § 859 Abs. 1 Satz 1 ZPO. Danach ist der Anteil am Gesamtvermögen einer BGB-Gesellschaft pfändbar, obwohl er nicht übertragbar (§ 719 BGB) ist. Entsprechendes gilt für Gesellschaftsanteile an einer OHG und einer Kommanditgesellschaft[698]. § 859 Abs. 1 Satz 1 ZPO erlaubt damit den Zugriff des Gläubigers auf den in der Gesellschaft steckenden Vermögenswert. Pfändbar sind jedoch nur die Anteile am gesamten Gesellschaftsvermögen. Unpfändbar sind dagegen die Anteile des Gesellschafter an den einzelnen Gegenständen des Gesellschaftsvermögens (§ 859 Abs. 1 Satz 2 BGB). Grund für letzteres ist die gesamthänderische Bindung der einzelnen Vermögensgegenstände.

Durch eine Pfändung des Anteils am Gesamtvermögen der Gesellschaft setzt sich der Gläubiger praktisch „an den Platz des Vollstreckungsschuldners" und kann nun zu seiner Befriedigung das verlangen, was dem Schuldner als Gesellschafter bei Gewinnverteilung bzw. Auseinandersetzung zukommt[699].

c) Anwendung von § 851 Abs. 2 ZPO

Bei der Anwendung des § 851 Abs. 2 ZPO ist zwischen den beiden Alternativen des § 399 BGB zu differenzieren. In den Fällen des § 399 Alternative 1 BGB

---

695 Vgl. Sachverhalt in *BGHZ* 62, S. 133 (134).

696 *MüKo/Smid*, § 857, Rn. 14; *Stöber*, Rn. 1462a (Fn. 4).

697 § 859 Abs. 2 ZPO ist keine Ausnahme zum Gleichlaufgrundsatz, da das materielle Recht die Verfügung über den Anteil am Nachlass zulässt, eine Verfügung über einzelne Nachlassgegenstände jedoch verbietet (§ 2033 BGB). Aus § 859 Abs. 2 i.V.m. Abs. 1 ZPO ergibt sich gemäß dem Gleichlaufgrundsatz die Pfändbarkeit des Nachlassanteils und die Unpfändbarkeit des Anteils an den einzelnen Nachlassgegenständen.

698 Dies folgt aus den gesetzlichen Verweisen in das Recht der BGB-Gesellschaft: § 105 Abs. 3 HGB (OHG) und §§ 161 Abs. 2, 105 Abs. 3 HGB (Kommanditgesellschaft). Abgrenzung: Bei der Pfändung von Anteilen an einer GmbH stellt sich die Ausnahmesituation des § 859 Abs. 1 ZPO nicht, weil die Gesellschaftsanteile gemäß § 15 Abs. 1 GmbHG veräußerlich und damit auch uneingeschränkt pfändbar sind (§§ 857 Abs. 1, 829 ff. ZPO). Bei einer Aktiengesellschaft werden die Aktien im Wege der Zwangsvollstreckung in körperliche Sachen (§§ 808 ff. ZPO) gepfändet. Vgl. zu weiteren Einzelheiten, *Stöber*, Rn. 1605 ff.

699 Vgl. *Stöber*, Rn. 1556.

bleibt es bei der Unpfändbarkeit nach §§ 857 Abs. 1, 851 Abs. 1 ZPO, denn § 851 Abs. 2 ZPO findet wie bei der Forderungspfändung nach der hier vertretenen Auffassung keine Anwendung, weil keine Missbrauchsgefahr droht und die Vorschrift deswegen teleologisch zu reduzieren ist[700]. Die zur Unübertragbarkeit nach § 399 Alternative 1 BGB führenden Faktoren lassen sich nicht durch die Parteien manipulieren.

Einem rechtsgeschäftlichen Ausschluss der Übertragbarkeit nach §§ 399 Alternative 2, 413 BGB kommen – wie eben gesehen – bei anderen Vermögensrechten keine Auswirkungen zu, so dass es für die Ausnahmevorschrift § 851 Abs. 2 ZPO keinen Ansatzpunkt gibt. Vereinbaren die Parteien die Nichtübertragbarkeit ohne dass das Gesetz sie speziell ermächtigt, diese Frage zu entscheiden[701], so hat dies auf die Verkehrsfähigkeit des Rechts keine Auswirkungen[702]. Als Ergebnis ist mithin festzuhalten, dass für § 851 Abs. 2 ZPO in Bezug auf Übertragungsausschlüsse und – beschränkungen bei anderen Vermögensrechten kein Anwendungsbereich verbleibt. Der Verweis in § 857 Abs. 1 ZPO ist insofern ohne Bedeutung[703].

§ 851 Abs. 2 ZPO kann jedoch analoge Anwendung in dem Sonderfall erlangen, dass die Parteien nicht die Übertragbarkeit, sondern die Überlassungsbefugnis vertraglich ausschließen. Für einen rechtsgeschäftlichen Ausschluss der Überlassungsbefugnis gilt § 857 Abs. 1 und 3 ZPO i.V.m. § 851 Abs. 2 ZPO mit der Konsequenz, dass die Pfändung zulässig bleibt. Der *BGH* hat dies für den Nießbrauch wie folgt begründet[704]: § 857 Abs. 3 ZPO regele unmittelbar nicht, welche Folge ein vertraglicher Ausschluss der Überlassungsbefugnis auf die Pfändbarkeit habe. Diese Folge ergebe sich vielmehr aus der über § 857 Abs. 1 ZPO entsprechend anwendbaren Vorschrift des § 851 Abs. 2 ZPO, welche verhindern wolle, dass der Schuldner durch einfache Abreden mit dem Drittschuldner an sich verwertbare Bestandteile seines Vermögens jeglichem Gläubigerzugriff entziehen könne[705]. Dieser Gesetzeszweck rechtfertige die entsprechende Anwendung der Regelung auf den Fall, dass Eigentümer und Nießbraucher die Überlassungsbefugnis gemäß § 1059 Satz 2 BGB vertraglich abbedingen.

Der Auffassung des *BGH* ist im Hinblick auf den Zweck des § 851 Abs. 2 ZPO zuzustimmen. Wenn das Gesetz wie in § 1059 Satz 2 BGB dem Rechtsin-

---

700 Vgl. § 2 A II 2 c. A.A. *MüKo/Smid*, § 857, Rn. 13.

701 Sind spezielle Ermächtigungen vorhanden, greift § 851 Abs. 2 ZPO nicht, weil kein Fall des § 399 Alternative 2 BGB gegeben ist.

702 *Gottwald*, § 857, Rn. 4.

703 *Stein/Jonas/Brehm*, 21. Auflage, § 857, Rn. 14 spricht von einer „geringen" Bedeutung.

704 *BGHZ* 95, S. 99 ff.

705 *BGHZ* 95, S. 99 f.; Ebenso *Schüller*, S. 98 f.

haber die Möglichkeit gibt, den tatsächlichen Gebrauch einem Dritten zu überlassen, so steht das Recht auf den tatsächlichen Gebrauch auch dem Pfändungsgläubiger zum Zugriff offen. Mithin bewirkt ein Ausschluss des Überlassungsrechts einen Vermögensentzug zu seinen Lasten. Zu beachten ist aber, dass § 851 Abs. 2 ZPO nicht eingreift, wenn das Gesetz eine Überlassungsbefugnis grundsätzlich verneint. So ist dem Mieter nach § 540 BGB die Gebrauchsüberlassung ohne die Zustimmung des Vermieters verboten. Folglich geht das Gesetz im Normalfall von einer Lage aus, in der die Voraussetzungen des § 857 Abs. 3 ZPO nicht erfüllt sind. Würde der Vermieter der Gebrauchsüberlassung erst zustimmen und sie später per Vereinbarung mit dem Mieter wieder ausschließen, könnte § 851 Abs. 2 ZPO keine Anwendung finden, denn in diesem Fall würde lediglich der gesetzliche Normalfall wiederhergestellt, so dass kein missbräuchlicher Vermögensentzug vorläge.

2. Pfändung zweckgebundener Vermögensrechte?

Wie gesehen erfährt § 851 ZPO bei der Pfändung anderer Vermögensrechte verschiedene Modifikationen. Fraglich ist, ob vor diesem Hintergrund eine Pfändung zweckgebundener Vermögensrechte zulässig ist. Im Gegensatz zur Pfändung zweckgebundener Forderungen ist die Frage, ob es auch eine Zweckbindung bei anderen Vermögensrechten gibt, in Rechtsprechung und Literatur fast vollständig[706] unerörtert geblieben. Woraus resultiert diese geringe Praxisrelevanz? Ist eine Zweckbindung bei anderen Vermögensrechten überhaupt möglich? Die soweit ersichtlich einzige Gerichtsentscheidung zum Thema Zweckbindung bei anderen Vermögensrechten ist eine Entscheidung des *OLG Düsseldorf*[707].

a) Urteil des OLG Düsseldorf 1988

Das Urteil behandelt die Pfändbarkeit des Nutzungsrechts eines Leasingnehmers. Im zugrunde liegenden Fall hatte die Vollstreckungsschuldnerin mit der Drittschuldnerin einen Leasingvertrag über einen Pkw abgeschlossen. Der Leasingvertrag enthielt die Klausel, dass der Pkw ausschließlich als Geschäftswagen genutzt werden solle. Die Vollstreckungsgläubigerin ließ wegen eines Zahlungsanspruchs das Nutzungsrecht der Schuldnerin hinsichtlich des Pkws pfänden. Das

---

706 Neben dem sogleich diskutierten Urteil des *OLG Düsseldorf* erwähnt nur *J.B. Zimmermann*, S. 168, eine Zweckgebundenheit von Rechten, ohne allerdings Beispielsfälle zu nennen.

707 *OLG Düsseldorf*, NJW 1988, S. 1676 f.

OLG Düsseldorf hielt die Pfändung des Nutzungsrechts insbesondere wegen § 851 Abs. 1 ZPO für unwirksam, da das Recht zweckgebunden sei. Die Zweckbindung werde begründet durch die ausdrückliche Vereinbarung des Vertragszwecks („Nutzung als Geschäftswagen"). Ein zweckgebundener Anspruch sei grundsätzlich unpfändbar, er könne nur im Rahmen der Zweckbestimmung gepfändet werden. Möglich sei insofern eine Pfändung durch Personen, die in den Verwendungszweck des Leasingvertrages miteinbezogen seien. Zu diesen Personen gehöre die Vollstreckungsgläubigerin aber nicht.

Es erscheint fraglich, ob der Entscheidung des *OLG Düsseldorf* zugestimmt werden kann. §§ 857 Abs. 1, 851 Abs. 1 ZPO könnten der Pfändbarkeit des Nutzungsrechts entgegen stehen, wenn auf Grund einer vertraglichen Zweckbindung nur eine eingeschränkte Zugriffsmöglichkeit des Vollstreckungsgläubigers bestünde. Als erforderliches Element einer vertraglichen Zweckbindung wurde bei der Forderungspfändung eine treuhandartige Leistungszweckvereinbarung herausgearbeitet, nach der der Gegenstand der Forderung einem bestimmten Verwendungszweck zugeleitet werden muss. Dieses Element wird man auch für die vertragliche Zweckbindung eines anderen Vermögensrechts fordern müssen, denn zum einen verweist § 857 Abs. 1 ZPO auf die Regelungen der Forderungspfändung. Zum anderen ist die treuhandartige Lage zwischen Schuldner und Drittschuldner der eigentliche Grund, weshalb man rechtfertigen kann, die Interessen des Drittschuldners an der Zweckerreichung als schützenswert gegenüber dem Befriedigungsinteresse des Gläubigers anzusehen. Beim Schuldner, der nur formell rechtlich Rechtsinhaber ist, liegt wirtschaftlich betracht „Drittvermögen" vor, welches nicht Bestandteil des in der Zwangsvollstreckung haftenden Schuldnervermögens ist. Eine Zwangsvollstreckung in das wirtschaftliche Drittvermögen verbietet sich, weil das Vollstreckungsrecht die Vereinbarungen zwischen Schuldner und Drittschuldner über die wirtschaftliche Zugehörigkeit des Pfändungsgegenstandes nicht unberücksichtigt lassen darf. Gleiches muss bei der Pfändung anderer Vermögensrechte gelten.

An eben dieser treuhandartigen Lage fehlt es jedoch nicht nur im Fall des *OLG Düsseldorf*; in den meisten Fällen einer Pfändung anderer Vermögensrechte wird eine vertragliche Zweckbindung an diesem Punkt scheitern.

Selbst wenn man mit dem *OLG Düsseldorf* auf Grund der ausschließlichen Nutzung des Kfz als Geschäftswagen einen Verwendungszweck bejaht, lag mit der Vereinbarung, den Pkw als Geschäftswagen zu nutzen, keine treuhandartige Zweckabrede vor, weil die Nutzung des Kfz als Geschäftswagen kein „Sondervermögen" bei der Vollstreckungsschuldnerin begründete. Die Schuldnerin war weder bloße „Durchgangsstation" hinsichtlich des Nutzungsrechts, noch bloße Verwalterin des Rechts, denn die Verwendungspflicht war nicht auf eine Weiterleitung des Nutzungsrechts gerichtet. Die Vollstreckungsschuldnerin im Fall des *OLG Düsseldorf* hatte das endgültige Recht erworben, den Pkw während der Vertragslaufzeit zu gebrauchen. Die vertragliche Beschränkung auf die Nutzung als Geschäftswagen reicht zur Zweckbindung nicht aus, denn damit wurde lediglich der Umfang des Nutzungsrechts eingeschränkt. Das Recht wurde dadurch aber für die Vollstreckungsschuldnerin nicht zu einem bloß zeitweise vorhandenen Vermögenswert. Eine gemäß §§ 857 Abs. 1, 851 Abs. 1 ZPO zur Unpfändbarkeit führende vertragliche Zweckbindung ist damit entgegen dem *OLG Düsseldorf* abzulehnen.

Eine treuhandartige Lage ist generell bei anderen Vermögensrechten schwer vorstellbar, denn diese Fälle unterscheiden sich bereits im Ansatz von den Konstellationen zweckgebundener Forderungen. Eine Weiterleitungspflicht hinsichtlich eines anderen Vermögensrechts wird für den Drittschuldner (wenn es überhaupt einen gibt) in den meisten Fällen nicht von Interesse sein. Bei der Forderungspfändung brachte die Weiterleitung des Geldes dem Drittschuldner einen Vorteil, weil er das Geld an anderer Stelle sinnvoll einsetzen konnte. So konnte der Gutsherr die Lohnforderungen seiner Unterangestellten erfüllen; der Käufer konnte die auf der Kaufsache liegenden Sicherungsrechte Dritter ablösen; die Bank konnte mit der finanziellen Unterhaltung des Architektenbüros die Fortführung des Bauvorhabens sichern. Der Vorteil der Weiterleitung folgte letztlich aus der Funktion von Geld als vielseitig einsetzbarem Zahlungsmittel. Genau an dieser Eigenschaft wird es den meisten der anderen Vermögensrechte fehlen, weshalb bei Ihnen die Vereinbarung einer Weiterleitungspflicht nicht sinnvoll ist.

Überdies ist zweifelhaft, ob eine eventuell bestehende, treuhandartige Zweckvereinbarung bei anderen Vermögensrechten überhaupt Auswirkungen auf die Verkehrsfähigkeit hätte. Eine entsprechende Verwendungspflicht stünde – ausgehend von der dogmatischen Einordnung einer Leistungszweckabrede[708] – als eigenständige Pflicht neben dem Vermögensrecht. Bei einer Übertragung des Rechts würde insofern der Inhalt des Rechts durch die treuhandartige Abrede nicht berührt, weshalb § 399 Alternative 1 BGB nicht einschlägig wäre. Nach der hier vertretenen Einordnung von treuhandartigen Verwendungspflichten unter § 399 Alternative 2 BGB käme man im Bereich der Rechtspfändung ebenfalls nicht zu einer Einschränkung der Übertragbarkeit des Vermögensrechts, weil § 413 BGB nicht auf § 399 Alternative 2 BGB verweist. Daher gibt es bei anderen Vermögensrechten anders als bei der Forderungspfändung grundsätzlich keine vertragliche Zweckbindung.

Anders wird man allerdings bei Vermögensrechten entscheiden müssen, bei denen das Gesetz die Parteien dazu ermächtigt, selbst über die Frage der Über-

708 Vgl. § 2 B IV 2 b dd.

tragbarkeit zu entscheiden (Etwa §§ 38, 40 BGB). Die Spezialregelungen (nicht § 399 Alternative 2 BGB!) eröffnen es hier den Parteien, übertragungsbeschränkende Vereinbarungen zu treffen. Sie könnten daher auch übertragungsbeschränkende Zweckvereinbarungen mit treuhandartigen Charakter zu treffen. Ist dies ausnahmsweise[709] einmal der Fall, hindert die konkrete Zweckabrede i.V.m. der jeweiligen gesetzlichen Ermächtigungsgrundlage eine zweckwidrige Abtretung des Rechts. Dem zufolge wäre eine Pfändbarkeit nach §§ 857 Abs. 1, 851 Abs. 1 ZPO ausgeschlossen[710].

Das Problem der gesetzlichen Zweckbindung wurde soweit ersichtlich bislang weder praktisch relevant noch in der Literatur diskutiert. Es werden hier die gleichen Überlegungen wie zur vertraglichen Zweckbindung anderer Vermögensrechte zutreffen, wonach die Einrichtung einer Weiterleitungspflicht wie etwa in § 1 Abs. 1 Satz 1 GSB bzw. einer Vergaberichtlinie in der Regel keinen Sinn macht. Sollte dennoch eine gesetzliche Verwendungspflicht bei einem anderen Vermögensrecht in Betracht kommen, so würden die bei den gesetzlich zweckgebundenen Forderungen erarbeiteten Grundsätze[711] entsprechend Anwendung finden, wonach Vermögensrechte ebenfalls gemäß §§ 857 Abs. 1, 851 Abs. 1 ZPO, § 134 BGB i.V.m. einer gesetzlichen Verwendungspflicht relativ pfändbar wären[712].

b) Ergebnis

Die Frage der vertraglichen und insbesondere der gesetzlichen Zweckbindung anderer Vermögensrechte hat in der Praxis fast keine Bedeutung, da sich andere Vermögensrechte im Gegensatz zu Geld nicht eignen, weitergereicht zu werden, um einen bestimmten Verwendungszweck zu erreichen. Für eine vertragliche Zweckbindung wird es zudem in der Regel an der notwendigen treuhandartigen Lage fehlen. Rechtlich kann eine vertragliche Zweckbindung allenfalls bei Vermögensrechten begründet werden, bei denen die Parteien auf Grund gesetzlicher Ermächtigung selbst über die Übertragbarkeit entscheiden können.

---

709 Bei GmbH – Anteilen, urherbrechtlichen Nutzungsrechten oder Mitgliedschaftsrechten wird es wie gesehen meist an einer treuhandartigen Lage fehlen, weil die Weiterleitung des Rechts durch den Vollstreckungsschuldner für den Drittschuldner nicht von Interesse sein wird.

710 § 857 Abs. 3 ZPO findet keine Anwendung, weil kein gesetzlich unveräußerliches Recht vorliegt. § 851 Abs. 2 ZPO fände mangels Eingreifen von § 399 Alternative 2 BGB keine Anwendung.

711 Vgl. § 2 B III 1 b.

712 Relativ Pfändbar wäre das Recht auch im Fall des § 857 Abs. 3 ZPO.

§ 4 – Sonderfall: Pfändbarkeit von Ansprüchen aus einem Dispositionskredit

Umstritten war lange Zeit die Frage der Pfändbarkeit von Ansprüchen im Zusammenhang mit einem Dispositionskredit[713]. Als eines der Hauptargumente der Gegner einer Pfändbarkeit wurde die Zweckgebundenheit solcher Ansprüche vorgebracht. Ein *BGH* – Urteil vom 29. März 2001[714] hat erstmals höchstrichterlich zur Frage der Zweckbindung Stellung genommen. Der Entscheidung lag folgender Sachverhalt zugrunde:

Das Land Nordrhein-Westfalen ließ wegen einer Steuerforderung in Höhe von 30.000 € alle Ansprüche des Vollstreckungsschuldners aus dessen Girokonto bei der Sparkasse (Drittschuldnerin) pfänden[715]. Im Einzelnen sollten alle Ansprüche auf „Auszahlung, Gutschrift oder Überweisung von Kreditmitteln an den Schuldner oder Dritte aus bereits abgeschlossenen und künftigen Kreditverträgen (z.B. Überziehungskredit ohne besondere Zweckbindung ...)" gepfändet und dem Land zur Einziehung überwiesen werden. Zum Zeitpunkt der Pfändung bestand ein Sollsaldo auf dem Konto von ca. 16.000 €. Trotz des Saldos ließ die Sparkasse nach der Pfändung weitere Verfügungen des Schuldners zu, auf Grund derer rund 74.000 € abgebucht wurden. Die Sparkasse zahlte an das Land 10.000 €. Dieses verlangte im Klagewege die restlichen 20.000 € mit der Begründung, in dieser Höhe hätte die Drittschuldnerin auf Grund der erfolgten Pfändung keine Verfügungen über das Konto zulassen dürfen.

Bevor auf den Aspekt der Zweckbindung eingegangen wird (*unten III 2*), ist es zum Verständnis des rechtlichen Hintergrundes notwendig, aufzuzeigen, was unter einem Dispositionskredit zu verstehen ist und welche zeitlichen Abschnitte bei der Beurteilung der Pfändbarkeit auseinander zu halten sind.

713 Vgl. Streitdarstellung bei *Brandi-Dohrn*, BB 2001, S. 1115 (1116) m.w.N.

714 *BGH*, NJW 2001, S. 1938 ff.

715 Gemäß §§ 249 ff AO kann die Zwangsvollstreckung in Forderungen wegen Steuerschulden durch Verwaltungsakt von der Behörde festgesetzt werden. Es gelten für die Durchführung der Pfändung neben den §§ 249 ff. AO die zwangsvollstreckungsrechtlichen Regelungen, nach § 319 AO auch § 851 ZPO.

I. Begriff des Dispositionskredits

1. Dispositionskredit

Dispositionskredit bedeutet, dass Bank und Kunde einen Rahmenvertrag, den sog. Krediteröffnungsvertrag, schließen. Der Vertrag erlaubt es dem Kunden von vornherein, bis zu einem bestimmten vereinbarten Betrag sein Konto zu überziehen. Der Kunde kann frei entscheiden, ob er den Kredit in Anspruch nehmen will oder nicht, die Kreditaufnahme steht zu seiner Disposition. Der Begriff „offene Kreditlinie" wird synonym verwendet[716].

2. Abgrenzung zum Überziehungskredit

Von einem Dispositionskredit abzugrenzen, ist der Überziehungskredit, bei dem Bank und Kunde keinen konkreten Kreditrahmen bestimmen, sondern die Bank im Einzelfall Auszahlungen und Überweisungen durchführt, obwohl sie die fehlende Deckung des Kontos kennt, aber nur von einer vorübergehenden Liquiditätsschwäche ausgeht. In diesem Fall spricht man von „geduldeter Überziehung"[717]. Auch bei wiederholt geduldeter Überziehung ist kein stillschweigend vereinbarter Dispositionskredit anzunehmen, weil nicht ersichtlich ist, bis zu welchem Betrag die Bank dem Kunden weitere Verfügungen gestatten wird[718].

Wenn ein Überziehungskredit vorliegt, fehlt es für eine Pfändung schon an einem pfändbaren Anspruch. Dies resultiert daraus, dass bei einem Überziehungskredit Anspruchsentstehung und Erlöschen des Anspruchs zusammenfallen. Der Auszahlungsanspruch entsteht mit dem Verlangen des Bankkunden nach einer Auszahlung oder einer Überweisung. Der Kunde gibt damit konkludent ein Angebot auf Abschluss eines Darlehensvertrages ab. Dieses Angebot nimmt die Bank ebenfalls konkludent durch Auszahlung oder Vornahme der Überweisung an, denn erst in diesen Handlungen wird regelmäßig der rechtsgeschäftliche Bindungswille der Bank ersichtlich[719]. Da die Auszahlung zugleich die Erfüllung (§ 362 BGB) des Anspruchs bedeutet, kommt ein pfändbarer Anspruch auch nicht über die Fiktion einer „juristischen Sekunde"[720] zustande.

716 *Felke*, WM 2002, S. 1632 (1633).

717 *Felke*, WM 2002, S. 1632.

718 Dies übersieht *Brandi-Dohrn*, BB 2001, S. 1115 (1116), der einen Dispositionskredit annimmt.

719 Vgl. *BGHZ* 93, S. 315 (325).

720 So aber *Peckert*, ZIP 1986, S. 1232 (1234); *Gaul*, KTS 1989, S. 3 (6 f.); *OLG Köln*, WM 1983, S. 1049; *Schmies*, S. 134 ff.

Damit liegt beim Überziehungskredit kein pfändbarer Auszahlungsanspruch vor[721].

Im *BGH*-Fall war in tatsächlicher Hinsicht umstritten, ob ein Dispositionskredit vereinbart oder lediglich weitere Verfügungen des Schuldners über das Konto geduldet wurden. Aus diesem Grund erfolgte eine Zurückweisung der Sache an das Berufungsgericht[722]. Der *BGH* machte seine Ausführungen zur Unpfändbarkeit für den vom Berufungsgericht angenommen Sachverhalt, nach dem ein vereinbarter Dispositionskredit vorlag.

II. Pfändung vor Abruf des Kredits

Die Pfändbarkeit von Ansprüchen aus einem Dispositionskredit beurteilt sich des weiteren danach, ob der Kredit durch den Kunden bereits abgerufen wurde oder nicht. Vor Abruf des Kredits besteht kein pfändbarer Anspruch des Bankkunden, auf den der Vollstreckungsgläubiger zugreifen könnte, denn ein pfändbarer Anspruch wird durch den Abruf seitens des Kunden bedingt. Für den Gläubiger wäre es in dieser Situation am komfortabelsten, wenn er selbst anstelle des Bankkunden, dessen Abrufrecht ausüben und sich so eine zu pfändende Forderung schaffen könnte. Wäre dies möglich, so könnte der Pfändungsgläubiger den Schuldner zwingen, zur Befriedigung der titulierten Forderung Schulden bei der Bank zu machen (Sog. „Umschuldungseffekt“[723]). Dieses Ergebnis erscheint sowohl aus Sicht der Privatautonomie, als auch aus dem vollstreckungsrechtlichen Grundsatz zweifelhaft, nach dem nur das existierende Vermögen des Schuldners haftet[724]. Der *BGH* hat die Frage letztlich offengelassen, aber angedeutet, dass viel dafür spreche, vor dem jeweiligen Abruf noch keinen Auszahlungsanspruch gegen die Bank anzunehmen, der einem Abtretungsempfänger oder einem Pfandgläubiger das Recht geben könne, sich ohne Mitwirkung des Kontoinhabers die für diesen bereitgestellten Kreditmittel auszahlen zu lassen[725].

Dieser Ansicht ist zuzustimmen. Es sind verschiedene rechtliche Konstruktionen denkbar, auf Grund derer der Gläubiger an das Abrufrecht gelangen kann. Sämtliche dieser Konstruktionen sind im Ergebnis abzulehnen. Zunächst ist das

---

721 Vgl. *BGHZ* 93, S. 315 (325).

722 *BGH*, NJW 2001, S. 1938 (1940).

723 *Werner/Machunsky*, BB 1984, S. 1581 (1584); *Nassall*, NJW 1986, S. 168.

724 *Baur/Stürner*, § 22.5., S. 244. Dem entspricht, dass künftige Forderungen nur dann pfändbar sind, wenn zwischen Schuldner und Drittschuldner ein Rechtsverhältnis *besteht*, aus dem sich genügend bestimmt bezeichnete oder bestimmbare Forderungsrechte des Schuldners ergeben können, vgl. *Baur/Stürner*, a.a.O.

725 *BGH*, NJW 2001, S. 1938.

Abrufrecht kein selbständiges Recht, welches nach § 857 ZPO der Pfändung unterliegt. Wie bereits dargestellt, unterliegen höchstpersönliche Rechte gemäß §§ 857 Abs. 1, 851 Abs. 1 ZPO, 399 Alternative 1 BGB nicht der Pfändung. Das Abrufrecht des Schuldners ist ein höchstpersönliches Recht[726]. Der Schuldner kann sich frei entscheiden, eine Kreditverbindlichkeit einzugehen. Das Abrufrecht ist Ausdruck seiner Privatautonomie. *Gaul* führt dazu zutreffend aus, dass das Abrufrecht (allein) dem Schuldner das Recht gibt, das „Ob" und „Wann" sowie den Umfang der Kreditinanspruchnahme und somit auch den Umfang der Rückzahlungspflicht frei zu bestimmen[727]. Mithin ist das Abrufrecht wesentlich an die Person des Schuldners gebunden. Dafür spricht insbesondere auch das Vertrauensverhältnis, welches die Bank im Hinblick auf den Krediteröffnungsvertrag nur mit dem Schuldner eingehen wollte[728].

Des weiteren kann das Abrufrecht auch nicht als unselbständiges Gestaltungsrecht mit der Pfändung und Überweisung des (künftigen) Auszahlungsanspruchs nach §§ 835, 836 ZPO „mitgepfändet" werden. Das Abrufrecht ist in seinem Wesen von anderen akzessorischen Gestaltungsrechten wie etwa einer Kündigung eines Darlehens zu unterscheiden. Solche Gestaltungsrechte ermöglichen es dem Gläubiger, auf eine Forderung zugreifen zu können, deren Umfang bereits feststeht. Anderes ist dies beim Abrufrecht. Gegen eine Akzessorietät des Abrufrechts spricht hier, dass nicht dass Recht von dem Auszahlungsanspruch abhängt, sondern umgekehrt der Auszahlungsanspruch von der Ausübung des Rechts[729]. Könnte der Gläubiger das Abrufrecht ausüben, so hätte er die Möglichkeit, eine Rückzahlungsverpflichtung des Schuldners überhaupt erst zu begründen[730]. Es entstünde eine dem Zivilrecht systemfremde Verpflichtungsermächtigung des Gläubigers[731].

Letztlich scheitert auch die Annahme einer persönlichen Pflicht des Schuldners zur Kreditaufnahme, die nach § 888 ZPO zu vollstrecken wäre[732]. Es besteht bereits materiell-rechtlich keine Pflicht des Schuldners, sich pfändbares

726 *OLG Schleswig*, NJW 1992, S. 580; *Lwowski/Weber*, ZIP 1980, S. 609 (611); *Schmies*, S. 106; *Peckert*, ZIP 1986, S. 1232 (1239); *Gaul*, KTS 1989, S. 3 (18); *Nassall*, NJW 1986, S. 168; *Felke*, WM 2002, S. 1632 (1636) m.w.N.; *Stöber*, Rn. 116.

727 *Gaul*, KTS 1989, S. 3 (18).

728 Vgl. *Peckert*, ZIP 1986, S. 1232 (1239).

729 Zutreffend *BGH*, NJW 2003, S. 1858 ff. (Pfändbarkeit des Rechts, die Rückauflassung eines Grundstücks zu verlangen).

730 *Nassall*, NJW 1986, S. 168.

731 *Gaul*, KTS 1989, S. 3 (18).

732 Eine solche Pflicht bejaht *Grunsky*, ZZP 95 (1982), S. 264 (268 ff.): „Zwang zur Kreditaufnahme" gemäß § 279 BGB a.F. (§ 276 Abs. 1 BGB n.F.)

Vermögen zu beschaffen[733]. Selbst bei Bestehen einer Beschaffungspflicht würde eine Vollstreckung gemäß § 888 ZPO scheitern, da die Vorschrift ausschließlich bei der Vollstreckung wegen eines Anspruchs auf eine Handlung und nicht bei der hier in Frage stehenden Vollstreckung wegen eines Geldanspruchs Anwendung findet. In diesem Bereich fehlen persönliche Zwangsmittel[734].

Als Ergebnis ist festzuhalten, dass vor Abruf des Dispositionskredits durch den Vollstreckungsschuldner eine Pfändung an der fehlenden Existenz eines pfändbaren Auszahlungsanspruchs scheitert. Der Vollstreckungsgläubiger kann sich diesen Anspruch weder selbst schaffen, noch ist er rechtlich in der Lage, den Vollstreckungsschuldner zur Ausnutzung des Dispositionskredits zu zwingen.

III. Pfändung nach Abruf des Kredits

Anders könnte sich die Situation nach Abruf des Dispositionskredits darstellen. Hier könnte ein pfändbarer Auszahlungsanspruch bestehen.

1. Vorliegen eines Auszahlungsanspruchs

Ein Auszahlungsanspruch besteht dann, wenn Abruf und Erfüllung nicht zeitgleich zusammenfallen. Soweit die Abhebung am Geldautomaten erfolgt, ist dies meines Erachtens jedoch der Fall; ein pfändbarer Anspruch liegt hier nicht vor. *Lwowski/Weber* nehmen sogar an, dass infolge dieser tatsächlichen Abwicklungsvorgänge ein pfändbarer Anspruch kaum je existieren werde[735]. Im *BGH*-Fall sind die tatsächlichen Umstände der Abhebung von rund 74.000 € unklar. Es ist allerdings bei höheren Beträgen anzunehmen, dass eine gewisse Zeitspanne zwischen Abruf und Auszahlung liegt, weil die Bank den Betrag erst bereitstellen muss. Insofern kann ein zu pfändender Auszahlungsanspruch vermutet werden. In der Praxis wird ein solcher Auszahlungsanspruch als zukünftige Forderung gepfändet. Dies ist möglich, wenn im Zeitpunkt der Pfändung und Überweisung bereits eine Rechtsbeziehung zwischen Schuldner und Drittschuldner besteht, aus der die spätere Forderung ihrem Inhalt und der Person des Drittschuldners bestimmt werden kann[736].

---

733 *Felke*, WM 2002, S. 1632 (1636). A.A. wohl *Schmies*, der ebenfalls eine Beschaffungspflicht aus § 279 BGB a.F. annimmt, S. 108.

734 *Felke*, WM 2002, S. 1632 (1636); *Schmies*, S. 107 – 111.

735 *Lwowski/Weber*, ZIP 1980, S. 609 (612).

736 *BGHZ* 53, S. 29 (32). Im zu entscheidenden Fall hatte das vollstreckende Land NRW „alle gegenwärtigen und künftigen" Auszahlungsansprüche gepfändet.

2. *Ausschluss der Pfändung wegen vertraglicher Zweckbindung*

a) *Momentaner Streitstand*

Kontrovers diskutiert wird – auch nach Erlass des *BGH* – Urteils – die Frage der Zweckbindung bei Zahlungsansprüchen auf einen Dispositionskredit. Die überwiegende Meinung verneint eine Zweckbindung, während einzelne Stimmen an der Zweckgebundenheit festhalten.

aa) *Zweckbindung gegeben*

Bitter bejaht die Zweckbindung, da der Dispositionskredit dem Vollstreckungsschuldner bei kurzfristigen Liquiditätsproblemen eine finanzielle Überbrückung der notwenigsten Ausgaben eröffnen solle, die durch die Pfändung und eine daran anschließende Kontensperrung zunichte gemacht werde[737]. Der Auszahlungsanspruch auf den Dispositionskredit sei daher außerhalb seiner Zweckbindung unpfändbar. *Erman* ist ebenfalls der Ansicht, bei Kreditzusagen sei oft eine Zweckbindung anzunehmen, die der Pfändung durch einen zweckfremden Gläubiger nach §§ 851 Abs. 1 ZPO, 399 Alternative 1 BGB entgegen stehe. Zur Zweckbindung würden neben exakten Zweckvereinbarungen (etwa ein Kredit für spezielle Investitionen) auch allgemeine Interessen der Bank ausreichen. Die Bank wolle „im Zweifel dem Kunden das Geld nicht schlechthin, sondern nur unter der verständlichen Voraussetzung zur Verfügung stellen, dass der Kunde seine wirtschaftliche Position durch die Nutzung des Kredits stärke und damit zugleich die Chancen der Bank auf Rückerhalt des Kredits verbessere“[738]. Andere Stimmen sehen vor allem bei Geschäftskonten eine Kreditzusage als zu Geschäftszwecken gebunden und damit nach §§ 851 Abs. 1 ZPO, 399 Alternative 1 BGB als unpfändbar an[739]. *Rosenberg/Gaul/Schilken* sprechen von einer „personengebundenen Zweckbindung“ des Auszahlungsanspruchs[740].

---

737 *Bitter*, WM 2001, S. 889 (892 und 895).

738 *Erman*, Gedächtnisschrift für Rudolf Schmidt 1966, S. 261 (267/268); noch weitergehender *Schönle*, § 12 II 4, der eine Pfändung mit dem „wirtschaftlichen Zweck der Kredithingabe für unvereinbar“ hält und meint, § 851 ZPO wolle die überwiegenden Interessen des Kreditgebers schützen, die Vorrang vor den Sicherungsinteressen der Gläubiger des Kreditnehmers hätten.

739 *Nassall*, NJW 1986, S. 168 f.; auch *Erman*, Gedächtnisschrift für Rudolf Schmidt 1966, S. 261 (268); ebenso *Schmies*, S. 142 f., vgl. auch *Baur/Stürner*, § 25.6., Rn. 13, S. 282; *Werner/Machunsky*, BB 1982, S. 1581 (1583 f.).

740 *Rosenberg/Gaul/Schilken*, § 54 I 1 a bb.

bb) Zweckbindung fehlt

Der *BGH* hat in seiner Entscheidung ausgeführt, von einer treuhänderischen Bindung könne bei einem bankgeschäftlichen Dispositionskredit nicht ohne weiteres die Rede sein. Darüber hinaus fehle es bei ihm überhaupt an einer vereinbarten Zweckbindung, wenn die Bank dem Kontoinhaber das Kapital zur freien Verfügung überlasse[741]. Die Entscheidung des *BGH* bestätigt eine bis zu diesem Zeitpunkt bereits im Schrifttum überwiegende Ansicht[742].

b) Eigene Stellungnahme

aa) Ablehnung einer vertraglichen Zweckbindung

Zu überlegen ist im Ausgangsfall vorab, ob nicht das ganze Problem der Zweckgebundenheit aus zwei Gründen vollständig hätte dahinstehen können. Erstens ist untersuchen, ob die Auszahlungsforderung bereits wegen Höchstpersönlichkeit gemäß § 399 Alternative 1 BGB unabtretbar ist, worauf *Schilkens* Formulierung einer „personengebundenen Zweckbindung" des Auszahlungsanspruchs hindeutet. Für die Bank ist die Person des Kreditnehmers regelmäßig von großer Bedeutung, denn es kommt für die Einräumung eines Darlehens auf persönliche Faktoren wie die Kreditwürdigkeit an. Daher wird man grundsätzlich eine „Personenbestimmtheit" des Auszahlungsanspruchs annehmen können[743]. Zweitens könnte sich die Pfändung auf Grund einer Steuerschuld auch bei Bejahung einer Zweckbindung im Rahmen eines möglichen Zwecks gehalten haben (relative Pfändbarkeit). Die Ansicht *Bitters*, die eine Zweckbindung mit der Begründung annimmt, beim Schuldner sollten mittels des Dispositionskredits lebensnotwendige Zahlungen sichergestellt werden, muss sich fragen, ob nicht die Begleichung einer Steuerschuld zu diesem Ausgabenkreis gehört. Wenn bereits Zahlungen für Strom, Wasser und Telefon als lebensnotwendig angesehen wer-

741 *BGH*, NJW 2001, S. 1938.

742 *Thomas/Putzo*, § 829, Rn. 49; *Wagner*, ZIP 1985, S. 849 (855); weitere Nachweise bei *Felke*, WM 2002, Rn. 1635 (1637).

743 *Rosenberg/Gaul/Schilken*, § 54 I 1 b bb, S. 836; *Koch*, JW 1933, S. 2757. A.A. bei Baugelddarlehen: *Weitkemper*, S. 62, Fn. 8a. A.A. zudem *Wagner*, JZ 1985, S. 718 (723 f.), der das Kreditverhältnis in Bezug auf die Höchstpersönlichkeit gesondert von den aus ihm resultierenden Ansprüchen betrachten will.

den[744], so wird man dies bei Steuerschulden im Zweifel ebenso annehmen müssen[745].

Gleichwohl ist auch bei einer Pfändung außerhalb der angeführten Zwecke im Ergebnis dem Urteil des *BGH* zuzustimmen. Der Anspruch auf Auszahlung eines Dispositionskredits ist nicht wegen vertraglicher Zweckbindung nach § 851 Abs. 1 ZPO eingeschränkt. Nicht zu folgen ist dem *BGH* in seiner dogmatischen Begründung, denn es greift für eine treuhandartige Leistungszweckvereinbarung nicht § 399 Alternative 1 BGB, sondern § 399 Alternative 2 BGB ein[746]. Es ist die Frage zu beantworten, ob Bank und Kunde eine treuhandartige Leistungszweckvereinbarung getroffen haben, die als Abtretungsbeschränkung auszulegen ist.

Eine solche Vereinbarung ist grundsätzlich auch bei Dispositionskrediten denkbar. *Erman* ist zuzugeben, dass Bank und Kunde ausdrücklich einen „präzisen" Verwendungszweck des Kredits festlegen können[747]. Soll der Kredit ganz bestimmten Investitionen dienen und treffen die Parteien darüber eine Vereinbarung, so darf die Valuta und damit auch der Auszahlungsanspruch nicht zweckwidrig, etwa zur Finanzierung einer größeren privaten Reise[748] verwendet werden. Es ist in diesem Fall eine treuhandartige Leistungszweckvereinbarung anzunehmen, wenn die Bank sich nur im Hinblick auf die zweckgerechte Verwendung zeitgleich zur Kreditauszahlung verpflichtet hat. § 851 Abs. 1 ZPO i.V.m. § 399 Alternative 2 BGB stehen dann der Pfändbarkeit entgegen, § 851 Abs. 2 ZPO ist nicht anwendbar. Im zugrunde liegenden *BGH*-Fall sind die Umstände jedoch anders zu beurteilen. Ob der Kunde mit seiner Bank eine ausdrückliche Leistungszweckvereinbarung getroffen hat ist nach dem mitgeteilten Sachverhalt unklar. Ebenso fehlen aber Hinweise für die Annahme einer konkludenten Leistungszweckvereinbarung. Mitgeteilt wird nur, dass der Betrag von 74.000 € vom Konto des Schuldners abgebucht wurde. Es fehlt bereits an einem konkreten Verwendungszweck. Der diesbezüglich insbesondere von *Erman* vertretenen Ansicht, ein Dispositionskredit diene dem Interesse der Bank an einer allgemeinen Stärkung der wirtschaftlichen Position durch Nutzung des Kapitals kann nicht gefolgt werden. Das Interesse der Bank stellt nur eine vage Erwartung an das Verhalten ihres Kunden, jedoch keinen konkreten Verwendungs-

744 *Bitter*, WM 2001, S. 889 (895).

745 Ähnlich *Bauer*, DStR 1982, S. 280 (281), der einen Geschäftskredit wegen betrieblicher Steuerschulden für pfändbar hält.

746 Vgl. oben § 2 B IV 2 b.

747 Beispielsweise wird bei Baugeldforderungen als konkreter Zweck die Verwendung für ein bestimmtes Bauvorhaben vereinbart (Bau einer Elektrizitätsanlage, *RG*, JW 1909, S. 309 (Nr. 4).

748 So *Erman*, Gedächtnisschrift für Rudolf Schmidt 1966, S. 261 (267).

zweck dar. Eine andere Auffassung hätte zur Folge, dass praktisch jeder Dispositionskredit zweckgebunden wäre. Der Pfändungszugriff würde damit vereitelt[749].

Ein Dispositionskredit ohne präzise Zweckbindungsabrede würde zudem aus der Definition zweckgebundener Forderungen herausfallen, weil hier die freie Verfügungsbefugnis gerade gewährleistet werden soll. Das von den Kreditparteien beabsichtigte Ziel geht bei einem Dispositionskredit dahin, dem Kunden ein flexibles Instrument für (bargeldlose) Zahlungen an die Hand zu geben[750]. Die Bank mag zwar für sich die Hoffnung haben, dass der Kunde die Darlehensvaluta wirtschaftlich sinnvoll anlegt, um so seinen Rückzahlungspflichten nachkommen zu können. Durch einseitige Bestimmung kann die Bank mit Rücksicht auf § 399 Alternative 2 BGB eine zur eingeschränkten Verfügungsbefugnis führende Zweckbindung jedoch nicht herbeiführen. Schützenswert ist die Bank nur dann, wenn sie eine rechtlich bindende Vereinbarung mit dem Kunden über ein genau bestimmtes Verwendungsziel des Geldes trifft[751]. So könnte der Dispositionskredit etwa vereinbarungsgemäß ausschließlich für die Anschaffung bestimmter Betriebsmittel oder zur Durchführung konkreter Sanierungsmaßnahmen zur Verfügung gestellt werden[752]. Bleibt die Bank unter diesen Anforderungen, muss sie das Risiko der Pfändung beim Kunden hinnehmen[753].

Im Hinblick auf einen konkreten Verwendungszweck gewichtiger ist das Argument *Bitters*[754], der Dispositionskredit solle dem Vollstreckungsschuldner eine Überbrückungsmöglichkeit bei zeitweiligen Liquiditätsengpässen geben. Hier ist zumindest ein konkreter Verwendungszweck erkennbar, nämlich die Nutzung des Geldes für bestimmte existenzerhaltende Maßnahmen. Möglich erscheint auch, einen Verwendungszweck in der ausschließlichen Nutzung des Kredits für geschäftliche Zwecke zu erkennen. Eine Einigung der Parteien darüber, den Kunden zum Erreichen einer dieser Zwecke zu verpflichten, ist im *BGH*-Fall gleichwohl nicht erkennbar. Objektive Umstände, die dafür sprechen, dass die Bank den Dispositionskredit nur zur Überbrückung oder zu Geschäftszwecken gewährt, sind weder auf Seiten der Bank, noch auf Seiten des Kunden ersichtlich. Vereinzelt werden die aus der Pfändung resultierenden Schwierigkeiten der Bank, insbesondere die Gefahr der Doppelzahlung angeführt[755]. Dieses Argument kann aus zwei Gründen nicht durchgreifen. Zum einen dürfen nur die Um-

---

749 Vgl. *Gaul*, KTS 1989, S. 3 (14/15).
750 *Wagner*, ZIP 1985, S. 849 (855).
751 So auch *Schmies*, S. 57 ff.
752 Zutreffend *Prütting/Stickelbrock*, EwiR 2001, S. 599 (600).
753 *Gaul*, KTS 1989, S. 3 (15).
754 *Bitter*, WM 2001, S. 889 (895).
755 *Bitter*, WM 2001, S. 889 (892).

stände im Zeitpunkt der Auszahlung berücksichtigt werden. Es ist für die Annahme einer Leistungszweckvereinbarung unbeachtlich, dass nachträglich ungünstige Umstände für die Bank eintreten. Zudem ist die Gefahr der doppelten Zahlung, d.h. einmal an den Kunden und einmal an den Pfändungsgläubiger, ein Scheinproblem. Denn die Bank weiß auf Grund des ihr zugestellten Pfändungs- und Überweisungsbeschlusses bereits im Zeitpunkt der ersten Zahlung an ihren Kunden, dass sie nur an den Pfändungsgläubiger leisten darf (§ 829 Abs. 1 Satz 1 ZPO). Zahlt sie trotzdem an den Kunden, so tut sie das auf eigenes Risiko. Das Argument der Zweckbindung kann sie vor diesem Risiko nicht schützen.

Auch auf Seiten des Vollstreckungsschuldners zeigt der Sachverhalt keine objektiven Umstände auf, die zu einer vertraglichen Verwendungspflicht führen. Vorgebracht wird zu seinen Gunsten, die einer Pfändung folgende Sperrung des Kontos, sei es eine „faktische[756]“ oder eine rechtliche[757], sei nicht mehr mit dem Zweck der Zwangsvollstreckung vereinbar[758]. Dieses Vorbringen ist indes ungeeignet, eine vertragliche Zweckbindungsabrede anzunehmen. Der Pfändungsgläubiger hat das Recht, dort zu vollstrecken, wo Vermögen des Schuldners vorhanden ist. Das Konto ist die „Drehscheibe des Zahlungsverkehrs“ und gerade deshalb muss es dem Gläubiger möglich sein, auf das Konto zuzugreifen[759]. Der Schuldner wird dadurch zwar belastet, aber nicht in unangemessener Weise, denn er kann eine eventuelle Kontenblockade wieder beseitigen, indem er den Kredit zur Befriedigung des pfändenden Gläubigers nutzt. Der Schuldner kann nach Treu und Glauben nicht erwarten, dass er den Kredit frei und ohne Zugriffsgefahr ausschließlich dort einsetzen kann, wo er es für sinnvoll hält[760]. Der Auszahlungsanspruch steht ihm zur freien Verfügung und ist endgültiger Teil seines in der Zwangsvollstreckung haftenden Vermögens. Dem Pfändungsgläubiger kann dieser Teil des Vermögens nicht allein deshalb entzogen werden, weil die Pfändung dem Schuldner Nachteile bringt, ansonsten würde die Kontenpfändung als eine der wirksamsten „Waffen“ des Vollstreckungsgläubigers ihre Wirkung verlieren[761].

---

756 *OLG Schleswig*, NJW 1992, S. 579 (580), das meinte, der Schuldner werde in Kenntnis der ausgebrachten Pfändung Kreditmittel, insbesondere durch Erteilung von Überweisungsaufträgen, nicht mehr abrufen, so dass die Pfändung mangels Abrufs des Schuldners ins Leere ginge, ihm wiederum keine liquiden Mittel mehr zur Verfügung stünden.

757 Der Bank bzw. Sparkasse kann im Pfändungsfall ein außerordentliches Kündigungsrecht zustehen, Nr. 19 Abs. 3 AGB-Banken bzw. Nr. 26 Abs. 2 d AGB-Sparkassen.

758 So *OLG Schleswig*, NJW 1992, S. 579 (580).

759 So zu Recht *BGH*, NJW 2001, S. 1938 (1939).

760 *Wagner*, WM 1998, S. 1657 (1664).

761 So *Brandi-Dohrn*, BB 2001, S. 1115; *Wagner*, WM 1998, S. 1657 (1664).

Ebenso wird eine Zweckbindung nicht durch den Abruf des Dispositionskredits begründet, auch wenn der Schuldner dabei ein ganz bestimmtes Verwendungsziel vor Augen hat. Hier ist nur ein Motiv beim Schuldner, aber keine Vereinbarung gegeben[762]. Der Auszahlungsanspruch ist nur dann „pfändungsfestes" Sondervermögen des Schuldners, wenn von vornherein der Auszahlungsanspruch nur im Hinblick auf einen konkrete Verwendung des Kredits begründet wurde, wonach der Kredit wirtschaftlich nicht in das Schuldnervermögen übergehen sollte. Wiederum wäre eine treuhandartige Leistungszweckvereinbarung notwendig. Dafür lässt der zugrunde liegende Sachverhalt keine Anhaltspunkte erkennen. Es können nur Motive der Parteien angeführt werden, aber keine konkreten, objektiven Umstände, die auf eine Leistungszweckvereinbarung schließen lassen. Im vorliegenden Fall eine vertragliche Zweckbindung anzunehmen würde den Begriff der Zweckbindung zu einem „elastischen" Rechtsbegriff degradieren, der zur Begründung eines erwünschten Ergebnisses genutzt werden kann. Dies würde wie ausgeführt dem vorrangigen Befriedigungsinteresse des Vollstreckungsgläubigers und dem System der Zwangsvollstreckung widersprechen[763].

Natürlich müssen auch die Argumente der Gegenansicht Berücksichtigung in der Zwangsvollstreckung finden können. Allein der Weg über die Zweckbindung ist der falsche. Im folgenden werden Möglichkeiten angedacht, den Vollstreckungsschuldner in Fällen der Pfändung eines Auszahlungsanspruchs aus einem Dispositionskredits anderweitig zu schützen[764].

bb) Andere Möglichkeiten des Schuldnerschutzes

Die Ausnahmevorschrift des § 765a ZPO[765] bietet eine Möglichkeit, unbillige Härten der Pfändung in die offene Kreditlinie zu verhindern. Die Pfändung muss dafür unter voller Würdigung des Schutzbedürfnisses des Gläubigers wegen ganz besonderer Umstände eine Härte bedeuten, die mit den guten Sitten unvereinbar ist. § 765 a ZPO kann nur im Einzelfall die Unzulässigkeit der Pfändung ausmachen. Ein generelles Pfändungsverbot für Auszahlungsansprüche folgt aus der Norm nicht.

Weitere Einschränkungen der Pfändbarkeit könnten aus dem Gedanken des Rechtsmissbrauchs bzw. dem Schikaneverbot (§ 226 BGB analog) folgen. Voraussetzung dafür ist es, dass die Pfändung des Auszahlungsanspruchs des

762 *Prütting/Stickelbrock*, EwiR 2001, S. 599 (600).
763 Vgl. *BGH*, NJW 2001, S. 1938 (1939).
764 Vgl. dazu *Felke*, WM 2002, S. 1939 ff.
765 Vgl. *Lackmann*, Rn. 475 ff.; *Thomas/Putzo*, § 765 a, Rn. 2.

Schuldner im Einzelfall unverhältnismäßig belastet. Grundsätzlich ist aber den Durchsetzungsinteressen des Gläubigers Vorrang zu gewähren. Ein Rechtsmissbrauch kann nur ausnahmsweise bejaht werden[766]. Man wird fordern müssen, dass eine für den Gläubiger erkennbare Existenzbedrohung bei Pfändung des Auszahlungsanspruchs vorliegt. Nicht ausreichend erscheint die Auffassung des *OLG Schleswig*, die Pfändung in den Dispositionskredit sei für den Gläubiger nutzlos, weil eine Schwebesituation entstünde, in der der Schuldner den Kredit nicht abrufe, um dem Gläubiger keinen Zugriff zu eröffnen[767]. Für den Gläubiger ist ein solches Verhalten des Schuldner keineswegs sicher, so dass seine Pfändung nicht als nutzlos (§ 803 Abs. 2 ZPO) bezeichnet werden kann.

IV. Zusammenfassung

Der Anspruch auf Auszahlung eines Dispositionskredits ist ohne konkrete Leistungszweckvereinbarung nicht vertraglich zweckgebunden. §§ 851 Abs. 1 ZPO, 399 Alternative 2 BGB stehen im dargestellten *BGH*-Fall der Abtretung sowie der Pfändung nicht entgegen.

766 *Felke*, WM 2002, S. 1635 (1640).
767 *OLG Schleswig*, NJW 1992, S. 579 (580).

§ 5 – Arrest- und Vorpfändung

Forderungen und andere Vermögensrechte können nicht nur im „normalen" Vollstreckungsverfahren gepfändet werden. Das Gesetz stellt mit der Arrest- und Vorpfändung zwei besondere Vollstreckungsarten zur Verfügung. Gegenstand der folgenden Untersuchung ist es herauszufinden, ob die gefundenen Grundsätze der Zweckbindung auch bei diesen Sonderformen der Pfändung gelten.

I. Wesen und Voraussetzungen

Arrest- und Vorpfändung dienen beide dem Interesse des Gläubigers an einer wirksamen Durchsetzung seiner Ansprüche; sie setzen jedoch zu unterschiedlichen Zeitpunkten an. Die Erlangung eines Arrestbefehls bietet sich an, wenn der Gläubiger noch keinen Titel hat und die Gefahr droht, dass der Schuldner sein Vermögen verschleudert und so dem Zugriff des Gläubigers entzieht. Der Arrest hat in dieser Situation die Aufgabe, die spätere Zwangsvollstreckung aus dem noch zu erlangenden Titel zu sichern (§ 916 Abs.1 ZPO). Eine Vorpfändung setzt dagegen voraus, dass der Gläubiger bereits einen Titel errungen hat, aber noch keine Klausel erteilt wurde und die Zustellung des Titels nicht bewirkt ist. Sie hat ebenso wie der Arrest die Aufgabe, die (nun nah bevorstehende) Zwangsvollstreckung zu sichern.

1. Arrestpfändung

Soweit ein Arrestbefehl erlassen wurde[768], erfolgt dessen Durchsetzung durch Vollziehung (§§ 928 ff. ZPO). Die Vollziehung ist eine besondere Art der Zwangsvollstreckung, die berücksichtigt, dass der Arrest nicht wie die normale Zwangsvollstreckung der Befriedigung, sondern allein der Sicherung des Gläubigers dient. Vollziehung heißt, dass die Forderung, ein anderes Vermögensrecht oder ein Herausgabeanspruch (§ 846 ZPO) gepfändet werden. Es erfolgt eine Verstrickung und es entsteht ein Arrestpfandrecht (§ 930 Abs. 1 ZPO i.V.m. § 804 ZPO). Eine Verwertung, also etwa eine Überweisung der Forderung unterbleibt aber auf Grund des Sicherungscharakters. Der eigentliche Vorteil der

768 Zu den Voraussetzungen siehe etwa *Baur/Stürner*, §§ 51 f.; *Jauernig*, § 35.

Arrestpfändung zeigt sich in §§ 930 Abs. 1 Satz 2, 804 Abs. 3 ZPO. Das Arrestpfandrecht gewährt dem Gläubiger Vorrang gegenüber später hinzutretenden Pfändungspfandrechten. Siegt der Gläubiger in der Hauptsache, so muss keine erneute Pfändung mehr erfolgen, sondern das Arrestpfandrecht wird zum normalen Vollstreckungspfandrecht und zwar unter Beibehaltung des früheren Ranges[769]. Zur Sicherungsfunktion tritt nun die Verwertungsfunktion der Zwangsvollstreckung hinzu[770].

2. Vorpfändung

Die Vorpfändung (§ 845 ZPO) ermöglicht es dem Vollstreckungsgläubiger, das Risiko zu minimieren, dass die Vollstreckung in der Zeit bis zur Erwirkung eines Pfändungs- und Überweisungsbeschlusses und dessen Zustellung dadurch vereitelt wird, dass der Drittschuldner an den Schuldner zahlt, der Schuldner zu Lasten des Gläubigers über die Forderung verfügt oder andere Gläubiger vorher auf die Forderung zugreifen. Die Vorpfändung findet neben der Forderungspfändung auch bei der Pfändung von Herausgabeansprüchen sowie anderen Vermögensrechten (dort: § 857 Abs. 1, 7 ZPO) Anwendung. Die Vorpfändung ist die Zustellung einer privaten Benachrichtigung von der bevorstehenden Pfändung an den Schuldner und evtl. Drittschuldner mit der Aufforderung an den Schuldner, sich jeder Verfügung über die Forderung zu enthalten und der Aufforderung an den Drittschuldner, nicht an den Schuldner zu leisten. Die Benachrichtigungen überbringt der Gerichtsvollzieher auf Veranlassung des Gläubigers. Die Benachrichtigung des Drittschuldners hat die Wirkung eines (auflösend bedingten[771]) Arrests (§ 930 Abs. 2 ZPO). Das Arrestpfandrecht bleibt nur bestehen, wenn nachfolgend eine gerichtliche Pfändung binnen eines Monats erfolgt. Das Vollstreckungspfandrecht entsteht dann nach dem Zeitpunkt der Vorpfändung[772]. Somit sichert die Vorpfändung ebenso eine vorteilhafte Rangstelle des Gläubigers. Werden diese Voraussetzungen nicht erfüllt, so entfällt das bis dahin bestehende auflösend bedingte Arrestpfandrecht.

---

769 *Bruns/Peters*, § 49, V 4, S. 334 m.w.N.; *Zöller/Vollkommer*, § 930, Rn. 5.
770 *Jauernig*, § 36 II 1; *Zöller/Vollkommer*, § 930, Rn. 5.
771 *Rosenberg/Gaul/Schilken*, § 54 III 3.
772 *Baur/Stürner*, § 30.37., S. 376 m.w.N.; *BGHZ* 87, S. 166 (168).

II. Anwendbarkeit von § 851 ZPO auf Arrest- und Vorpfändung

1. Arrestpfändung

Der Umfang der Arrestvollziehung bemisst sich nach den gleichen Regeln wie eine normale Vollstreckung. Damit wird allgemein angenommen, bei der Arrestpfändung seien die Pfändungsbeschränkungen der §§ 850 ff. ZPO zu beachten[773]. Folglich müsste auch die Übertragbarkeit des gepfändeten Anspruchs nach den gleichen Grundsätzen wie bei der normalen Vollstreckung geprüft werden. Auch die aufgestellten Regeln zur eingeschränkten Übertrag- und Pfändbarkeit von zweckgebundenen Forderungen wären dann bei der Arrestpfändung anwendbar.

Das *OLG Nürnberg* vertrat allerdings die Auffassung, eine Arrestpfändung bedrohe die Zweckerreichung nicht so sehr wie ein normaler Pfändungs- und Überweisungsbeschluss, weil bei der Arrestpfändung nicht auch eine Überweisung in Frage stehe[774]. Nach dieser Ansicht wird die Zweckerreichung nicht bereits mit der Pfändung durch einen Dritten, sondern erst durch die Überweisung an den Dritten gefährdet. Dieser Meinung ist zuzugeben, dass in der Tat der Gleichlaufgrundsatz des § 851 Abs. 1 ZPO erst bei der Überweisung relevant wird, denn erst hier werden Gläubigerbefugnisse übertragen (§§ 835, 836 ZPO), die dem materiellen Recht unerwünscht sein können. Die Pfändung selbst ruft diese Wirkungen noch nicht hervor. Bei einer normalen Vollstreckung nach den §§ 829 ff. ZPO fallen in der Regel Pfändungs- und Überweisungsbeschluss zusammen, so dass es praktisch keinen Unterschied macht, dass § 851 ZPO erst bei der Überweisung wichtig wird. Bei der Arrestpfändung besteht jedoch ein Sonderfall, weil hier die Pfändung einzige Vollstreckungshandlung bleibt. Insofern könnte man ausgehend von der Ansicht des *OLG Nürnberg* vertreten, dass § 851 ZPO bei der Arrestpfändung generell nicht zu beachten ist.

Dagegen spricht aber, dass der Gläubiger, der einen endgültigen Titel in der Hauptsache erringt, keine weitere Pfändung vornehmen muss. Ihm obliegt es allein, eine Vollstreckungsklausel beizubringen und den Titel dem Schuldner zustellen zu lassen. Tut er das, so wandelt sich das Arrestpfandrecht automatisch in ein Vollstreckungspfandrecht um, welches nun auch die Überweisung bzw. eine andere Verwertung erlaubt. Eine nochmalige Prüfung der Pfändungsbeschränkungen findet nicht mehr statt. Die Anordnung der Arrestpfändung ist damit letzte Vorstufe vor der endgültigen Vollstreckung und Verwertung. Daher ist die vorgelagerte Arrestpfändung der einzige Zeitpunkt, an dem die Prüfung des

773 *Baur/Stürner*, § 52.1., S. 594; *Jauernig*, § 36 II 1.
774 *OLG Nürnberg*, OLGR 23, S. 217 (218); vgl. unten § 2 B I 2 b bb.

§ 851 ZPO durch das Arrestgericht (§§ 919, 930 Abs. 1 Satz 3 ZPO) erfolgen kann. Mithin ist entgegen dem *OLG Nürnberg* anzunehmen, dass die Arrestpfändung hinsichtlich der Anwendbarkeit von § 851 ZPO keine Sonderstellung einnimmt. Eine mögliche Unübertragbarkeit einer Forderung ist bereits vor Anordnung der Arrestpfändung zu überprüfen. Folglich gelten hier auch entsprechend die Grundsätze zur Pfändung zweckgebundener Forderungen und anderer Vermögensrechte.

2. *Vorpfändung*

a) Akt der Zwangsvollstreckung?

Für die hier zu erörternde Frage, ob § 851 ZPO bei der Vorpfändung Anwendung finden kann, ist es zunächst entscheidend, dass die Vorpfändung überhaupt ein Akt der Zwangsvollstreckung ist.

aa) Vorpfändung keine Zwangsvollstreckungshandlung

Eine früher vom *Kammergericht* vertretene Auffassung, sah die Vorpfändung nicht als Akt der Zwangsvollstreckung an[775]. Dafür angeführt wurde der Wortlaut des § 845 ZPO, nachdem der Gläubiger schon „vor der Pfändung ... die Benachrichtigung, dass die Pfändung bevorstehe, zustellen lassen könne". Die Vollstreckung erfolge nach § 803 ZPO durch Pfändung, so dass eine Handlung, die vor der Pfändung liegt, keine Vollstreckungshandlung darstelle. Vollstreckungshandlungen seien ein in äußerer Erscheinung tretender staatlicher Zwang, was bei der Vorpfändung nicht zutreffe. Sie sei nur ein Mittel, den mit der Pfändung später eintretenden staatlichen Zwang in seinen Wirkungen auf einen früheren Zeitpunkt zurückzuverlegen. Ohne den nachfolgenden gerichtlichen Akt, sei die Vorpfändung aber bedeutungslos. § 845 ZPO stelle mithin nur eine Sicherungshandlung des Gläubigers dar.

bb) Vorpfändung ist ein Akt der Zwangsvollstreckung

Die herrschende Ansicht sieht in der Vorpfändung ihrem Wesen und Wirkung nach einen Akt der Zwangsvollstreckung, obgleich nicht alle formellen Voraussetzungen der Zwangsvollstreckung erfüllt sein müssten[776]. Einschränkend ver-

775 *KG*, Seuffert's Archiv 1906, S. 162 ff.

776 *Stein/Jonas/Brehm*, 21. Auflage, § 845, Rn. 10; *Stöber*, Rn. 811; *Thomas/Putzo*, § 845, Rn. 1.

tritt *Smid* die Ansicht, es handele sich bei der Vorpfändung zwar nur um einen Akt zur Vorbereitung der staatlichen Zwangsvollstreckung, der aber alle für die Zwangsvollstreckung erforderlichen Umstände voraussetze[777].

cc) Stellungnahme

Der früheren Ansicht ist zuzugeben, dass der Wortlaut des § 845 ZPO auf eine die eigentliche Zwangsvollstreckung vorbereitende Maßnahme hindeutet, denn die Zwangsvollstreckung beginnt grundsätzlich mit der ersten Vollstreckungshandlung eines Vollstreckungsorgans[778]. Das wäre bei der Zwangsvollstreckung in Forderungen und andere Vermögensrechte frühestens der „Erlass" eines Pfändungsbeschlusses durch den Rechtspfleger[779]. Ferner kann die Mindermeinung auch nicht allein mit dem Verweis auf die Stellung des § 845 ZPO im achten Buch „Zwangsvollstreckung" abgelehnt werden. Das achte Buch der ZPO enthält neben dem Zwangsvollstreckungsverfahren ebenso das davon zu trennende Klauselerteilungsverfahren. So ist etwa die Klauselerteilung gemäß § 724 ZPO kein Akt der Zwangsvollstreckung, sondern schafft nur deren Voraussetzung[780]. Allerdings spricht die genaue systematische Stellung des § 845 ZPO für die herrschende Meinung. Die Norm steht im zweiten Abschnitt, erster Titel, drittes Kapitel, d.h. der Zwangsvollstreckung wegen Geldforderungen in Forderungen und andere Vermögensrechte. Für die herrschende Ansicht ist vor allem aber die Wirkungsweise der Vorpfändung anzuführen. Das auflösend bedingte Arrestpfandrecht, welches durch die Benachrichtigung an den Drittschuldner entsteht (§ 930 Abs. 2 ZPO), entfaltet entgegen der Ansicht des *Kammergerichts* von Beginn an Wirkung, wenn nachfolgend die Vollpfändung fristgerecht durchgeführt wird. Ohne Unterbrechung setzt sich das Vollstreckungspfandrecht an der Forderung oder einem anderen Vermögensrecht fort. Die Vorpfändung verlagert mithin den zeitlichen Beginn der Zwangsvollstreckung nach vorne. Die „Pfändungsvorbenachrichtigung des Gläubigers" markiert den Beginn des Zwangsvollstreckungsverfahrens[781]. Diesen Zusammenhang verkennt die frühere Ansicht. Die Vorpfändung ist folglich mit der herrschenden Ansicht als Akt der Zwangsvollstreckung anzusehen.

---

777 *MüKo/Smid*, § 845, Rn. 8.
778 *Blomeyer*, § 22 I.
779 *Blomeyer*, § 22 I 2.
780 *Lackmann*, Vor. Rn. 721. § 724 ZPO steht im ersten Abschnitt des achten Buchs: „Allgemeine Vorschriften".
781 *Blomeyer*, § 22 I 5.

b) Beachtung von § 851 ZPO durch den Vollstreckungsgläubiger

Da die Vorpfändung ein Akt der Zwangsvollstreckung darstellt, wird überwiegend ohne nähere Differenzierung allgemein angenommen, dass der Vollstreckungsgläubiger (nicht der Gerichtsvollzieher[782]) bei der Vorpfändung sämtliche Pfändungsschutzvorschriften zu beachten habe[783]. Davon erfasst wäre auch § 851 ZPO[784]. Es obläge dem Gläubiger, die Übertragbarkeit der Forderung festzustellen. Folglich müsste der Gläubiger ebenso prüfen, ob eine zur Unübertragbarkeit führende Zweckbindung gegeben ist.

Es erscheint fraglich, ob dem Gläubiger eine solche Prüfung zugemutet werden kann. Die Vorpfändung soll zu einer schnellen Sicherung der Zwangsvollstreckung führen. Dieses Ziel könnte durch ein umfangreiches, § 851 ZPO umfassendes Prüfungsprogramm konterkariert werden. Das Problem bei § 851 ZPO resultiert daraus, dass die Unübertragbarkeit der Forderung nicht nach außen hin anhaftet, sondern materiell-rechtlicher Natur ist. Der Gläubiger kann zwar erkennen, dass die zu pfändende monatliche Forderung gegen den Arbeitgeber eine Lohnforderung ist und insoweit die §§ 850 ff. ZPO gelten. Er ist aber in der Regel nicht in der Lage, die Umstände für eine zur Zweckbindung führende treuhandartige Leistungszweckvereinbarung zu überblicken. Sofern er § 851 ZPO bei der Vorpfändung beachten muss, aber die dafür erhebliche tatsächliche Situation nicht kennt, geht er mit der Vorpfändung ein hohes Risiko der späteren Aufhebung ein. *Stöber* nennt entgegen der herrschenden Ansicht auch nur die §§ 850a, 850c, d und f Abs. 2 ZPO als zu beachtende Pfändungsbeschränkungen[785].

Das „Aufhebungsrisiko“ des Gläubigers wird man gleichwohl als angemessen bezeichnen können, denn die Vorteile, die ihm die Vorpfändung bringt, überwiegen diesen Nachteil. Wenn der Gläubiger bei Vorliegen eines vollstreckungsfähigen Titels eigenständig die Zwangsvollstreckung initiieren darf, so muss es ihm zugemutet werden, sämtliche der geltenden Pfändungsbeschränkungen zu beachten. Kann er die tatsächliche Lage nicht überblicken, muss er das Aufhebungsrisiko eingehen, wenn er pfänden will. Es benachteiligt den Gläubiger nicht unangemessen, wenn die Zweckbindung über § 851 ZPO bereits auf die Wirksamkeit der Vorpfändung selbst Einfluss nimmt.

782 *Stein/Jonas/Brehm*, 21. Auflage, § 845, Rn. 10.
783 *Rosenberg/Gaul/Schilken*, § 54 III 3.
784 *Thomas/Putzo*, § 851, Rn. 10. i.V.m. § 829, Rn. 13.
785 *Stöber*, Rn. 948.

III. Ergebnis

Zusammenfassend gilt § 851 ZPO sowohl bei der Arrest-, als auch bei der Vorpfändung. Bei der Arrestpfändung hat das Arrestgericht, bei der Vorpfändung der Gläubiger selbst die Grundsätze des § 851 ZPO zu beachten. Insofern gelten auch bei Arrest- und Vorpfändung die unveränderten Regeln zur eingeschränkten Pfändbarkeit zweckgebundener Forderungen[786].

786 Als Rechtsbehelfe gegen eine Vorpfändung stehen dem Drittschuldner die Erinnerung gemäß § 766 ZPO und die Drittwiderspruchsklage nach § 771 ZPO zur Verfügung, *Rosenberg/Gaul/Schilken*, § 54 III 3.

§ 6 – Rechtsbehelfe gegen eine unzulässige Pfändung zweckgebundener Forderungen

Ergibt sich aus den in §§ 2 und 3 dargestellten Grundsätzen eine Unpfändbarkeit nach § 851 ZPO (§ 857 ZPO), so ist die Pfändung vom Rechtspfleger (§ 20 Nr. 17 RPflG) abzulehnen, denn § 851 ZPO ist eine von Amts wegen zu beachtende Vorschrift[787]. Was aber kann gegen eine die Zweckbindung missachtende Pfändung und Überweisung unternommen werden? Ein Verstoß gegen § 851 ZPO bewirkt nicht die Nichtigkeit der Pfändung, sondern deren Anfechtbarkeit[788]. Nichtig und ohne Wirkung sind Vollstreckungshandlungen nach heute herrschender Auffassung nur ausnahmsweise, nämlich bei grundlegend schweren Mängeln[789], der bei einem Verstoß gegen § 851 ZPO verneint wird. Anfechtbarkeit bedeutet, dass zwar eine wirksame Verstrickung gegeben ist, aber kein Pfändungspfandrecht entsteht, welches den Vollstreckungsgläubiger zur Einziehung der Forderung ermächtigt[790]. Bei einer gemäß § 851 ZPO fehlerhaften Pfändung haben grundsätzlich der Schuldner und der Drittschuldner ein Interesse an der Aufhebung der staatlichen Vollstreckungsakte. Zudem wurde oben nachgewiesen, dass eine Zweckbindung auch im Interesse von Personen erfolgen kann, die nicht Partei des Zwangsvollstreckungsverfahren sind[791]. Fraglich ist, ob auch sie einen Verstoß gegen § 851 ZPO gerichtlich geltend machen können. Letztlich ist zu überprüfen, ob und wie ein Gläubiger gegen die Ablehnung der Pfändung unter Hinweis auf §§ 851 ZPO, 399 BGB vorgehen kann. Insofern ist im folgenden zwischen den Rechtsbehelfen des Schuldners, des Drittschuldners sowie denen von unbeteiligten Dritten und denen des Gläubigers zu unterscheiden.

I. Rechtsbehelfe des Schuldners

Der Vollstreckungsschuldner, dessen Forderung unter Verstoß gegen § 851 ZPO gepfändet wurde, hat generell die Möglichkeit, mittels einer Erinnerung (§ 766

787 *Wieczorek/Schütze/Lüke*, § 851, Rn. 37.
788 *Baur/Stürner*, § 25.19.
789 *BGH*, NJW 1979, S. 2045 f.; NJW 1993, S. 735 ff.; *OLG Koblenz*, NJW-RR 1999, S. 508.
790 *Schuschke*, § 851, Rn. 12; *Musielak/Becker*, § 851, Rn. 9.
791 Vgl. oben § 2 B II 3.

ZPO)[792], gegen den Pfändungs- und Überweisungsbeschluss vorzugehen, denn § 851 ZPO stellt als Pfändungsverbot einen verfahrensrechtlichen Einwand gegen die Zulässigkeit der Pfändung dar. Hat der Schuldner mit seiner Erinnerung Erfolg, so entfällt die Einziehungsbefugnis des Gläubigers, die der Pfändungs- und Überweisungsbeschluss ihm gab[793]. Die Erinnerung ist für den Schuldner auch der statthafte Rechtsbehelf bei der unzulässigen Pfändung einer zweckgebundenen Forderung[794]. Der Schuldner hat hierbei im Bestreitensfalle die Umstände einer gesetzlichen bzw. vertraglichen Zweckbindung zu beweisen[795]. Gegen die Zurückweisung der Erinnerung ist die sofortige Beschwerde nach § 793 ZPO möglich. Die Möglichkeit einer Klage besteht für den Schuldner nicht[796].

II. Rechtsbehelfe des Drittschuldners

Problematischer sind die Rechtsbehelfe des Drittschuldners. Diskutiert werden die Erinnerung, die Geltendmachung von Einwendungen im Rahmen der Einziehungsklage sowie eine Drittwiderspruchsklage.

1. § 766 ZPO

Überwiegend wird dem Drittschuldner ebenfalls die Erinnerungsbefugnis zugesprochen[797]. *Sebode* bejaht die Möglichkeit der Erinnerung ausdrücklich auch für die Fälle der Zweckbindung[798]. *Pohle* und *Schuschke* vertreten die Auffassung, dem Drittschuldner stünde ausschließlich die Erinnerung als statthafter Rechtsbehelf offen, da eine Wahl zwischen den Rechtsbehelfen nach der Lage des Einzelfalles zur Rechtsunsicherheit führen würde[799].

---

792 *Thomas/Putzo*, § 851, Rn. 5; *Baur/Stürner*, § 25.19.

793 *Lackmann*, Rn. 347.

794 Vgl. *MüKo/Smid*, § 851, Rn. 14; *Sebode*, DR 1940, S. 429 (433/434); *KG*, JW 1936, S. 519 f.

795 *Baumbach/Lauterbach/Hartmann*, Einf. §§ 850 – 852, Rn. 8.

796 *RGZ* 16, S. 317 (319 f.); 40, S. 365 f.

797 *Musielak/Becker*, § 851, Rn. 9; *Lackmann*, Rn. 347; Vgl. auch *Weitkemper*, S. 77 f.; *Wieczorek/Schütze/Lüke* hält § 766 ZPO nur für anwendbar, wenn eigene Interessen betroffen sind, § 851, Rn. 37. Dies ist bei dem Drittschuldner als Verfahrensbeteiligter aber immer der Fall, so dass die Einschränkung ins Leere geht.

798 *Sebode*, DR 1940, S. 429 (433/434).

799 *Pohle*, JZ 1962, S. 344 (346). Allerdings hält *Pohle* diesen Grundsatz nicht durch. Der Einwand des § 850 h ZPO soll auf Grund des untrennbaren sachlichen Zusammenhanges zum Anspruch im Rahmen der Einziehungsklage geltend gemacht werden können.; *Schuschke*, § 851, Rn. 12; Ebenso *Thomas/Putzo*, § 851, Rn. 4.

2. *Einwendungen im Rahmen einer Einziehungsklage*

Noch immer umstritten ist die Frage, wie bei zweckgebundenen Forderungen Erinnerung und Einwendungen im Rahmen einer Einziehungsklage zueinander stehen. Der *BGH* hat diese Frage nicht abschließend geklärt. Er tendiert anscheinend dazu, dem Verfahren der Einziehungsklage den Vorzug zu geben und dem gegenüber einer Erinnerung bei zweckgebundenen Forderungen das Rechtsschutzbedürfnis zu versagen[800]. Die mit der Unpfändbarkeit gemäß §§ 851 ZPO, 399 BGB zusammenhängenden Rechtsfragen gehörten seiner Ansicht nach auf Grund ihrer materiell-rechtlichen Natur in das Klageverfahren. Die Zweckbindung einer Forderung könne allein hier einredeweise geltend gemacht werden, weil dies für den Drittschuldner der sicherere und sachdienlichere Weg sei. Der Streit passe nicht in das vereinfachte Erinnerungsverfahren nach § 766 ZPO.

Die herrschende Ansicht billigt dagegen dem Drittschuldner ein Wahlrecht zwischen Erinnerung und Einwendung gegen die Einziehungsklage zu[801].

3. *§ 771 ZPO*

a) *Ältere Rechtsprechung*

Verstärkt wurde in früherer Rechtsprechung die Ansicht vertreten, der Drittschuldner könne gegen eine zweckwidrige Pfändung auch die Interventionsklage erheben, weil ihm ein die Veräußerung hinderndes Recht im Sinne von § 771 ZPO zustehe[802]. Das Interventionsrecht könne mit der treuhänderischen Zweckgebundenheit begründet werden, denn die Forderung stehe wirtschaftlich gesehen noch dem Drittschuldner zu, der deshalb der Pfändung widersprechen könnte.

---

800 *BGH*, RPfl 1978, S. 248 (249).

801 *Baur/Stürner*, § 25.19., S. 286; *Hillebrand*, RPfl 1986, S. 464 (466); *Weitkemper*, S. 80; *Sebode*, DR 1940, S. 429 (434); *Stein/Jonas/Brehm*, 21. Auflage, § 850, Rn. 19.

802 *RGZ* 79, S. 122 ff.; *OLG Frankfurt*, NJW 1953, S. 1597 (1598); *RArbG*, Höchstrichterliche Rechtsprechung 1931, Nr. 604; *Sebode*, DR 1940, S. 429 (434); diskutiert auch von *RGZ* 84, S. 214 ff.

b) Heutige Ansicht

Die heutige herrschende Ansicht verneint ein Widerspruchsrecht des Drittschuldners auf Grund der treuhandartigen Zweckgebundenheit der Forderung[803] bzw. diskutiert die Frage überhaupt nicht mehr[804].

4. Stellungnahme

Abzulehnen ist zunächst die Möglichkeit des Drittschuldners, Interventionsklage zu erheben. Zweifelhaft ist schon, ob ein die Veräußerung hinderndes Recht des Drittschuldners besteht. Ein solches ist gegeben, wenn der Vollstreckungsschuldner selbst, veräußerte er den Vollstreckungsgegenstand, in den Rechtskreis des Dritten eingreifen würde und deshalb der Dritte den Schuldner hindern könnte, zu veräußern[805]. Legt man diese Definition zugrunde, so ist die Zweckbindung kein die Veräußerung hinderndes Recht, denn der Vollstreckungsschuldner ist formell rechtlich betrachtet Inhaber der Forderung. Rechtlich betrachtet, wird der Drittschuldner durch eine Pfändung daher nicht in seinen geschützten Rechten beeinträchtigt. Bei der vertraglichen Zweckbindung könnte für ein Widerspruchsrecht jedoch die treuhandartige Lage herangezogen werden. Wirtschaftlich gesehen gehören Forderung und Leistungsgegenstand zum Vermögen des Drittschuldners, sein Rechtskreis wird – soweit man die wirtschaftliche Zuordnung mit einbezieht – beeinträchtigt. Für diese Ansicht spricht ein Vergleich mit der Lage bei einer echten treuhänderisch zur Verwaltung übertragenen Forderung. Der Treugeber soll hier ebenfalls der Pfändung durch Gläubiger des Treuhänders nach § 771 ZPO widersprechen können[806].

Eine Entscheidung dieser Frage kann aber letztendlich dahinstehen, weil die Klage nach § 771 ZPO aus anderen Gründen scheitert. Der Drittschuldner ist nicht als Dritter im Sinne von § 771 Abs. 1 ZPO anzusehen, denn er ist Beteiligter des Vollstreckungsverfahrens. In dieser Rolle stehen ihm zur Wahrung seiner Rechte die Erinnerung und wie noch zu diskutieren ist, die Einwände im Rahmen der Einziehungsklage zur Verfügung. Der Interventionsklage bedarf er insofern nicht. Eine Drittwiderspruchsklage wäre folglich wegen fehlenden Rechtsschutzbedürfnisses unzulässig[807].

---

803 *Weitkemper*, S. 73 ff.

804 *Stöber*, Rn. 750 ff.; *BGH*, RPfl 1978, S. 248 (249); *Baur/Stürner*, § 25.19., S. 286.

805 *BGHZ* 72, S. 141 (145); *BGHZ* 55, S. 20 (26); ähnlich bereits das *Reichsgericht*, *RGZ* 116, S. 363 (366).

806 Vgl. *Blomeyer*, § 36 III 1 a.

807 Ebenso *Weitkemper*, S. 76.

Das Erinnerungsverfahren steht dem Drittschuldner ebenso wie dem Schuldner zu, weil die Nichtbeachtung der Pfändungsbeschränkung in § 851 ZPO stets auch ihn beschwert und seine berechtigten Interessen als Schuldner der gepfändeten Forderungen berührt[808]. Anders als der Schuldner ist der Drittschuldner aber unter Umständen auch der Einziehungsklage des Gläubigers ausgesetzt. Die Einziehungsklage ist begründet, wenn der gepfändete Anspruch nach materiellem Recht wirklich besteht und der Gläubiger mittels wirksamer Pfändung- und Überweisung ein Einziehungsrecht erhalten hat[809]. § 851 ZPO ist als Pfändungsverbot bei letzterem relevant und damit eigentlich ein Problem des Pfändungsverfahrens, welches gemäß § 766 ZPO geltend zu machen wäre. Die Erinnerung ist aber nur dann der ausschließlich statthafte Rechtsbehelf, wenn lediglich vollstreckungsrechtliche Verfahrensrügen gegen die Pfändung vorgebracht werden[810], denn in diesem Fall ist das Vollstreckungsgericht das sachnähere Gericht. Bei § 851 ZPO darf man jedoch nicht verkennen, dass mit der Zweckbindung einer Forderung ggf. schwierige materiell-rechtliche Rechtsfragen einher gehen können, denn wie gesehen, liegt das Hauptproblem des § 851 ZPO im Bereich des materiellen Rechts. Für die Auslegung einer gesetzlichen Verwendungspflicht als Verbotsgesetz bzw. der Auslegung einer Leistungszweckvereinbarung als Abtretungsverbot erscheint das Klageverfahren sogar besser geeignet, als das Erinnerungsverfahren. Das Klageverfahren als normales Erkenntnisverfahren ist darauf angelegt, materiell-rechtliche Probleme zu lösen, bei denen unter Umständen umfangreichere Beweiserhebungen notwendig werden können.

Die Tendenz des *BGH*, angesichts der materiell-rechtlichen Natur der Zweckbindungsregeln den Drittschuldner allein auf Einwendungen gegen die Einziehungsklage zu verweisen, überzeugt jedoch nicht. § 766 ZPO und die Einziehungsklage haben zwei unterschiedliche Rechtsschutzziele vor Augen und können deshalb getrennt nebeneinander stehen. Mit § 766 ZPO wird die Aufhebung eines unzulässigen Pfändungs- und Überweisungsbeschluss erreicht. Bei der Einziehungsklage führen dagegen berechtigte Einwendungen des Drittschuldners nicht zur Aufhebung des Beschlusses, sondern bewirken nur eine Abweisung des Zahlungsbegehrens des Gläubigers[811]. Der Pfändungs- und Überweisungsbeschluss bleibt in der Welt. Umgekehrt schließt die rechtskräftige Verurteilung des Drittschuldners eine nachträgliche Aufhebung der Pfändung nicht aus; obsiegt der Drittschuldner mit einer späteren Erinnerung, so kann er

808 *Stein/Jonas/Münzberg*, 21. Auflage, § 766, Rn. 32 m.w.N.; *Weitkemper*, S. 79.

809 Vgl. dazu im Einzelnen: *Lackmann*, Rn. 344 ff.

810 *Stein/Jonas/Brehm*, 21. Auflage, § 829, Rn. 107.

811 Entsprechend nahm der *BGH* im Grundstücksfall an, dass der Drittschuldner die Einrede der Zweckbindung ungeachtet der Wirksamkeit der Pfändung geltend machen könne, NJW 1998, S. 746.

mittels einer Vollstreckungsgegenklage (§ 767 ZPO) gegen das Zahlungsurteil des Gläubigers vorgehen[812].

Beide Verfahren können also nebeneinander bestehen, so dass folglich ein Wahlrecht des Drittschuldners zwischen Erinnerung und Einwendungen im Rahmen der Einziehungsklage gegeben ist.

III. Rechtsbehelfe anderer Dritter

Insbesondere bei der gesetzlichen Zweckbindung schützt die Zweckbindung Interessen von Drittpersonen, die nicht Partei des Vollstreckungsverfahrens sind (z.B. Baugläubiger). Für sie könnten als Rechtsbehelfe die Erinnerung bzw. die Drittwiderspruchsklage in Betracht kommen.

Andere Dritte sind nach § 766 ZPO erinnerungsbefugt, wenn und soweit gegen Vollstreckungsnormen verstoßen wird, die (auch) ihrem Schutz dienen[813]. Ob § 851 ZPO drittschützend ist, wurde bislang noch nicht entschieden. Es muss daher ein Vergleich zu den anerkannten, drittschützenden Verfahrensvorschriften gezogen werden. Anerkannt sind etwa § 809 ZPO, der ausdrücklich den zur Herausgabe bereiten Dritten anspricht oder §§ 811 Nr. 1 und 5 ZPO, die ihrem Sinn und Zweck nach Sachen von der Pfändung ausnehmen, die ebenfalls den Familienangehörigen des Schuldners zugute kommen sollen[814]. § 851 ZPO stellt für sich betrachtet weder nach seinem Wortlaut, noch nach seinem Sinn und Zweck eine drittschützende Vorschrift dar, denn die zu schützenden Interessen ergeben sich nicht aus § 851 ZPO selbst, sondern aus den zur Unübertragbarkeit führenden Vorschriften. Bei gesetzlichen Zweckbindungen, die die Interessen von anderen Dritten schützen, erfolgt die Einschränkung der Übertragbarkeit zu Gunsten der Dritten. Eine zweckwidrige Pfändung vereitelt hier den Schutzzweck der Unübertragbarkeitsregelungen. Weil § 851 Abs. 1 ZPO dieser Wertung vollstreckungsrechtliche Wirkung verleiht, erscheint es sachgerecht, § 851 Abs. 1 ZPO insofern als drittschützend anzusehen und den an der Zwangsvollstreckung ansonsten unbeteiligten Dritten die Erinnerungsbefugnis zuzusprechen soweit sie vom Schutzzweck der gesetzlichen Verwendungspflicht erfasst sind. Voraussetzung ist dabei, dass die Zweckbindungsvorschrift einen identifizierbaren Dritten schützt. Wird wie etwa bei Subventionsansprüchen mit der Zweckbindung das Interesse der Allgemeinheit an einer zweckgerechten Verwendung öffentlicher Mittel gesichert, so kommt kein konkret Beeinträchtigter als Erinne-

812 *Stein/Jonas/Brehm*, 21. Auflage, § 829, Rn. 108.
813 *Stein/Jonas/Münzberg*, 21. Auflage, § 766, Rn. 33.
814 Vgl. die Aufzählung bei *Lackmann*, Rn. 205.

rungsführer in Betracht. Bei Baugeldern dagegen sind die an der Bauausführung mit eigenen Leistungen beteiligten Bauhandwerker wegen § 1 GSB erinnerungsbefugte Dritte. Die Vorschrift schützt zwar der Gesamtheit der Bauhandwerker[815]. Dem einzelnen Handwerker muss es aber ausgehend von einer weiten Auslegung des Schutzzwecks möglich sein, einen fehlerhaften Pfändung- und Überweisungsbeschluss anzugreifen, ohne dabei auf die Zustimmung aller restlichen, ihm unter Umständen unbekannten Mithandwerker angewiesen zu sein.

Ein weiterer kumulativ[816] zur Erinnerung einzulegender Rechtsbehelf ist möglicherweise die Drittwiderspruchsklage. Beispielsweise Bauhandwerker sind nicht in das Vollstreckungsverfahren beim Bauherrn eingebunden. Sie sind „Dritte" im Sinne von § 771 ZPO. Zweifelhaft ist, ob sie zum Drittwiderspruch geeignete Rechte innehaben. Diese Frage wird wiederum in der Regel nur bei gesetzlicher Zweckbindung relevant werden und es kommt hier entscheidend darauf an, ob die gesetzlichen Verwendungspflichten Drittrechte begründen. *Weitkemper* verneint dies generell mit dem Verweis auf die Situation der Bauhandwerker, denen nach § 1 GSB kein Anspruch auf Befriedigung aus dem Baugeld zustehe, weil die Zweckbindung allein durch die strafrechtliche Sanktion in § 5 GSB gesichert werde[817]. *Weitkemper* verkennt damit aber, dass die Rechte nach § 771 ZPO nicht nach formaljuristischen Gesichtspunkten bestimmt werden, sondern nach der wirtschaftlichen Zugehörigkeit zum Vermögen des Widersprechenden[818]. Über die wirtschaftliche Zuordnung kann man bei Bauhandwerkern zu einem Widerspruchsrecht gelangen, denn letztlich ist das Geld auf Grund § 1 Abs. 1 GSB zur Befriedigung ihrer Werklohnansprüche gedacht. Der Vollstreckungsschuldner ist nur übergangsweise Inhaber der Darlehensforderung. Insofern besteht die Möglichkeit, im Einzelfall ein Widerspruchsrecht anzunehmen. Wie bei der Erinnerung ist zugleich aber Voraussetzung, dass die Dritten identifizierbar sind.

IV. Rechtsbehelfe des Gläubigers

Soweit der Rechtspfleger die Pfändung auf Grund der Zweckgebundenheit der Forderung ablehnt, ist der Gläubiger davon betroffen und kann Erinnerung einlegen, wenn er der Meinung ist, eine Zweckgebundenheit läge nicht vor[819].

---

815 *RGZ* 84, S. 188 (193).
816 *MüKo/Schmidt*, § 771, Rn. 9. m.w.N.
817 *Weitkemper*, S. 77.
818 Die wirtschaftliche Zuordnung wird vor allem bei Treuhandverhältnissen vertreten, *Blomeyer*, § 36 III, *Thomas/Putzo*, § 771, Rn. 19.
819 *Baumbach/Lauterbach/Hartmann*, Einf. §§ 850 – 852, Rn. 8.

V. Zusammenfassung

Die einzelnen Rechtsbehelfe der Parteien lassen sich überblicksartig wie folgt zusammenfassen:

	§ 766 ZPO	**Einwendungen gegen die Einziehungsklage**	**§ 771 ZPO**
Schuldner	+	-	-
Drittschuldner	+	+	-
Andere Dritte (soweit identifizierbar)	+	-	+
Gläubiger	+	-	-

§ 7 – Pfändungsbeschränkungen bei Zugriff auf den Leistungsgegenstand

I. Ausgangslage

Bisher wurde der Einfluss der Zweckbindung auf eine Forderung sowie ein anderes Vermögensrecht erörtert. Ungeklärt bleibt noch die Frage, **wie lange** eine entsprechende Zweckbindung anhält. Der absolute Endpunkt steht zwar fest, denn die Zweckbindung endet spätestens mit Zweckerreichung[820]. Beispielsweise entfällt bei einer zweckwidrigen Übertragung die Pfändungsbeschränkung nach § 851 ZPO dann, wenn der Vollstreckungsschuldner den Zweck statt mit dem ursprünglich vorgesehenen Leistungsgegenstand mit eigenen Leistungen erfüllt[821]. Auch für die hier vertretene dogmatische Einordnung von gesetzlicher und vertraglicher Zweckbindung ergibt sich nichts anders. Sowohl die gesetzliche, als auch die vertragliche Verwendungspflicht erlöschen durch Zweckerreichung, weil nun ein Verstoß weder gegen das Verbotsgesetz, noch gegen die vertragliche Verwendungspflicht möglich ist.

Umstritten ist aber die rechtliche Beurteilung des Zeitraums zwischen Erlangung des Leistungsgegenstandes und endgültiger Zweckerreichung. Fraglich ist, ob und wie sich die Zweckbindung an dem Leistungsgegenstand fortsetzt. Klar ist dabei, dass § 851 ZPO nicht mehr eingreift, weil keine Forderung mehr als Pfändungsgegenstand vorliegt, sondern eine Sache (§§ 808 – 827 ZPO). Eine analoge Anwendung ist nicht möglich, denn eine Pfändung, die in den Leistungsgegenstand erfolgt, ist eine Zwangsvollstreckungsmaßnahme aus dem Bereich der Vollstreckung in körperliche Sachen, für die gänzlich andere Regelungen bestehen als die §§ 829 ff. ZPO. Angesichts der speziellen Pfändungsvorschriften bei körperlichen Sachen, scheitert eine analoge Anwendung des § 851 ZPO an einer planwidrigen Regelungslücke.

820 *MüKo/Smid*, § 851, Rn. 7; *Stöber*, Rn. 81.

821 *Stein/Jonas/Brehm*, 21. Auflage, § 851, Rn. 24; vgl. dazu auch Rn. 96: „Sind Dritte lediglich in Vorlage getreten, so bleibt die Zweckbindung zu ihren Gunsten bestehen".; *Bauer*, Das juristische Büro 1963, S. 66; vgl. auch § 1 Abs. 1 Satz 2 GSB.

II. Streitstand

1. Keine Pfändungsbeschränkung auf Grund einer Zweckbindung

Vereinzelt wird vertreten, die Unpfändbarkeit bzw. beschränkte Pfändbarkeit ende mit der Leistung des Drittschuldners an den Schuldner; sie setze sich nicht an dem vom Schuldner mit der Erfüllung erworbenen Gegenstand fort[822].

2. „Fortwirkung der Zweckbindung"

Lent nimmt eine Fortwirkung der Zweckbindung auf Grund der „praktischen Lage" an[823]. Er nennt dabei das Beispiel von Lohn- und Gehaltsforderungen. Bei ihnen sei nach der Lebenserfahrung davon auszugehen, dass der Vollstreckungsschuldner diese Forderungen, die seine einzige oder hauptsächliche Einnahme darstellten, für die Lebenshaltung verwenden werde, weil er es müsse. Dieselbe praktische Lage bestünde fort, nachdem der Schuldner die Forderung „einkassiert und nun den Geldbetrag in der Tasche habe". Der Schuldner werde den Betrag unter dem Zwang der Notwendigkeit für die ihm zugebilligte Lebenshaltung verwenden. *Sebode* ist der Auffassung, die Zweckbindung werde durch § 811 ZPO fortgesetzt[824]. Bei Sachen als Leistungsgegenstand ergebe sich die Zweckbindung etwa aus § 811 Abs. 1 Nr. 1, 4, 5, 7 und 9 ZPO bei Geldleistungen aus § 811 Abs. 1 Nr. 2 ZPO.

Der *BGH* ging im Leasingfall ohne nähere Begründung davon aus, dass zunächst der Kaufpreisanspruch und nach dessen Erfüllung der Kaufpreis selbst einer vereinbarten Zweckbindung zu Gunsten der Banken unterlag[825]. Unklar ist, welche Konsequenzen für die Pfändbarkeit des Kaufpreises daraus gezogen wurden. Auch *Weitkemper* bejaht eine Fortwirkung der Zweckbindung[826]. Er meint, das treugutartige Verhältnis zwischen Drittschuldner und Schuldner bewirke eine Unzulässigkeit der Pfändung des geleisteten Gegenstandes, denn dieses Verhältnis, das sich nach Übergabe des Leistungsgegenstandes fortsetze, dür-

822 *Stöber*, Rn. 81 hinsichtlich Baugeldforderungen; ebenso *MüKo/Smid*, § 851, Rn. 7.
823 *Lent*, DJ 1936, S. 513.
824 *Sebode*, DR 1940, S. 429.
825 *BGH*, LM, § 851 Nr. 9 = NJW 2000, S. 1270 (rechte Spalte Mitte).
826 *Weitkemper*, S. 56 ff. und 95 ff. im Hinblick auf Baugeldforderungen. Er nimmt an, der Vollstreckungsschuldner verpflichte sich mit Hingabe des Geldes zur zweckentsprechenden Verwendung des Geldes. Diese Konstruktion begegnet Bedenken hinsichtlich der Begründung der Pflicht, denn es erscheint zweifelhaft, ob sich die Parteien beim Realakt der Geldhingabe rechtsverbindlich einigen.

fe nicht durch die staatliche Zwangsgewalt einer Pfändung beeinträchtigt werden.

III. Stellungnahme

Abzulehnen ist zunächst die Ansicht *Sebodes*, eine Zweckbindung ergebe sich hinsichtlich des Leistungsgegenstandes aus § 811 ZPO. § 811 ZPO ist insgesamt keine gesetzliche Ausprägung der Zweckbindung in dem hier vertretenen Sinne. Es mag zutreffen, dass der Schuldner in den Fällen des § 811 ZPO faktisch gezwungen ist, die dort aufgeführten Sachen zur Bestreitung des Lebensunterhalts zu verwenden. Eine bindende Verwendungspflicht, die Voraussetzung einer Zweckbindung der Sache wäre, fehlt aber bei § 811 ZPO. Zudem ist die Lösung *Sebodes* allein auf die in § 811 ZPO vorgesehenen Fallgruppen zugeschnitten und kann die Fortwirkung der Zweckgebundenheit in anderen Konstellationen nicht erklären. Den gleichen Argumenten sieht sich die Meinung von *Lent* ausgesetzt. Freilich ist es denkbar, dass § 811 ZPO im Einzelfall als Pfändungsbeschränkung in Betracht kommen mag. Nur ist dies dann keine Beschränkung auf Grund einer Zweckbindung.

Dagegen hat *Weitkemper* im Ergebnis Recht, wenn er auf Grund der fortbestehenden treuhandartigen Lage zwischen Schuldner und Drittschuldner zu einer eingeschränkten Pfändbarkeit gelangt. Zu unterscheiden ist dabei gleichwohl zwischen gesetzlicher und vertraglicher Zweckbindung. Beiden Entstehungstatbeständen ist das Vorliegen einer treuhandartigen Bindung des Leistungsgegenstandes eigen; bei der gesetzlichen Zweckbindung werden treuhandartige Situationen in der Regel durch die gesetzlichen Verwendungspflichten hervorgerufen, bei der vertraglichen Zweckbindung ist eine treuhandartige Leistungszweckvereinbarung notwendige Voraussetzung[827]. Die treuhandartige Lage endet nicht mit Erfüllung der Forderung, sondern setzt sich bis zur endgültigen Zweckerreichung fort. Der Leistungsgegenstand stellt weiterhin wirtschaftlich betrachtet Drittvermögen beim Schuldner dar, das nicht für den endgültigen Verbleib bei ihm bestimmt ist. Die Interessen des jeweiligen Zweckbegünstigten können auch in dieser Situation beeinträchtigt werden, wobei sich in diesem Punkt die materiell- und vollstreckungsrechtliche Bewertung unterscheidet.

Materiell-rechtlich betrachtet kann der Vollstreckungsschuldner durch eigene Verfügungen die Interessen des Zweckbegünstigten nur in Fällen der vertraglichen Zweckbindung beeinträchtigen, dagegen nicht bei der gesetzlichen Zweckbindung. Dort besteht die gesetzliche Verwendungspflicht nach Erlangung des

827 Vgl. oben § 2 B III 1 a bb (5) und § 2 B III 2 a cc (3).

Leistungsgegenstandes bis zur endgültigen Zweckerreichung weiter, so dass weiterhin Verstöße gemäß § 134 BGB möglich sind. Diese sind nun in zweckwidrigen Übereignungen des Leistungsgegenstandes zu sehen. Tilgt der Vollstreckungsschuldner mit dem empfangenen Geld zweckwidrig eigene Verbindlichkeiten, so ist die Übereignung des Geldes gemäß § 134 BGB i.V.m. der gesetzlichen Verwendungspflicht nichtig. Ein gutgläubiger Erwerb gemäß §§ 135 Abs. 2 i.V.m. §§ 932 ff. BGB ist nicht möglich[828]. Das Eigentum am Leistungsgegenstand verbleibt beim Vollstreckungsschuldner und kann dem eigentlich vorgesehenen Verwendungszweck zugeführt werden.

Bei treuhandartigen Leistungszweckvereinbarungen besteht die vertragliche Verwendungspflicht ebenfalls noch nach Erlangung des Leistungsgegenstandes. Erfüllt wird sie erst durch die tatsächliche zweckentsprechende Verwendung. Im Gegensatz zur gesetzlichen Verwendungspflicht ist aber eine zweckwidrige Verfügung über den Gegenstand hier möglich. § 399 Alternative 2 BGB greift mangels Forderung nicht mehr. Die vertragliche Verwendungspflicht besteht zwar fort, sie kann die freie Verfügungsbefugnis des Vollstreckungsschuldners aber wegen § 137 Satz 1 BGB nicht einschränken. Verfügt der Vollstreckungsschuldner nach diesem Zeitpunkt zweckwidrig über den Gegenstand, so ist die Übereignung gemäß §§ 929 ff BGB wirksam und zieht allein eine Schadensersatzpflicht gemäß § 280 BGB nach sich. Die zweckgerechte Weiterleitung des Leistungsgegenstandes ist dem Vollstreckungsschuldner dagegen unmöglich geworden.

Anders ist die Lage auf Vollstreckungsebene; hier sind in sämtlichen Fällen, in denen eine treuhandartige Konstellation gegeben ist, Beeinträchtigungen der Interessen der Zweckbegünstigten möglich. Die gleichen Gründe, aus denen bei Forderungen ein schutzwürdiges Interesse des Zweckbegünstigten an einer Verhinderung zweckwidriger Pfändungen resultierte, greifen auch nach Leistung des geschuldeten Gegenstandes ein. Eine Vollstreckung in den Leistungsgegenstand, der nur zeitweilig beim Schuldner vorhanden und wirtschaftlich dem Zweckbegünstigten zuzuordnen ist, widerspricht dem vollstreckungsrechtlichen Grundsatz, dass nur das Schuldnervermögen haftet. Eine zweckwidrige Pfändung des Gegenstandes missachtet den Schutzzweck gesetzlicher Verwendungspflichten bzw. den rechtsgeschäftlichen Willen von Schuldner und Drittschuldner. Eine zweckwidrige Vollstreckung durch den Staat in den zweckgebundenen Leistungsgegenstand muss als rechtsmissbräuchlich und daher als unzulässig angesehen werden[829].

---

828 *Erman/Brox*, 9. Auflage, § 134, Rn. 2; *Palandt/Heinrichs*, § 135, Rn. 2.
829 *Weitkemper*, S. 96 f.

Der betroffene Zweckbegünstigte kann sich gegen eine Pfändung mittels einer Drittwiderspruchsklage zur Wehr setzen. Dafür spricht ein Vergleich mit anderen Treuhandverhältnissen, bei denen dem betroffenen Dritten als Treugeber allgemein ein Interventionsrecht gemäß § 771 Abs. 1 ZPO zugebilligt wird, wenn Gläubiger des Treuhänders in den Gegenstand vollstrecken, es sei denn die Vollstreckung erfolgt im Rahmen des treuhänderischen Zwecks[830]. Bei treuhandartig zweckgebundenen Leistungsgegenständen wird man angesichts der wirtschaftlichen Zuordnung zu einem Dritten ebenso verfahren müssen[831]. Pfändet ein außerhalb des Verwendungszwecks stehender Dritter den Leistungsgegenstand, so hat der betroffene Dritte ein Interventionsrecht. Dritter ist in der jetzigen Phase auch der frühere Drittschuldner, da er nach Erlöschen der Forderung nicht mehr Beteiligter des Vollstreckungsverfahrens ist[832].

Insgesamt setzt sich also die Zweckbindung am Leistungsgegenstand fort und führt zu dessen relativer Pfändbarkeit.

---

830 *BGH*, NJW 1959, S. 1223 ff.; *BGH*, NJW 1993, S. 2622; *Baur/Stürner*, § 46.7., S. 526; *Thomas/Putzo*, § 771, Rn. 19 a.E.; *Blomeyer*, § 36 III.

831 *Weitkemper*, S. 96 f.

832 Zutreffend *Weitkemper*, S. 97.

§ 8 – Schlussbetrachtung

I. Gesamtzusammenfassung der Ergebnisse

- *Die Pfändung zweckgebundener Forderungen nach § 851 ZPO*

§ 851 ZPO ist ein besonderes Pfändungsverbot, das der materiell-rechtlichen Wertung der Unübertragbarkeit einer Forderung vollstreckungsrechtliche Wirkung verleiht. Das Problem der Pfändung zweckgebundener Forderungen ist in § 851 ZPO anzusiedeln. Ausgangspunkt ist die materiell-rechtliche Übertragbarkeit einer Forderung. Zweckgebundene Forderungen sind Forderungen, bei denen ein sachlicher Verwendungszweck existiert, dem der Leistungsgegenstand, meistens Geld, ausschließlich zugeführt werden soll. Insofern ist die freie Verfügungsbefugnis des Vollstreckungsschuldners über die Forderung eingeschränkt, denn die schutzwürdigen Interessen einer Person an der Erreichung des Verwendungszwecks werden als vordringlich gegenüber der freien Verfügungsbefugnis des Vollstreckungsschuldners und als vordringlich gegenüber der Befriedigung des Vollstreckungsgläubigers angesehen. Die Zweckbindung kann durch Gesetz und Vertrag entstehen, jedoch nicht durch richterliche Anordnung im Wege des einstweiligen Rechtsschutzes.

Bei gesetzlichen Zweckbindungen kann die Verkehrsfähigkeit einer Forderung durch § 134 BGB i.V.m. einer gesetzlichen Verwendungspflicht sowie § 851 Abs. 1 ZPO eingeschränkt werden. Geschützt werden damit die durch die gesetzliche Verwendungspflicht begünstigten Personengruppen, insbesondere unbeteiligte Dritte sowie die Allgemeinheit. Die vertragliche Zweckbindung setzt eine als Abtretungsbeschränkung auszulegende treuhandartige Leistungszweckvereinbarung voraus, bei der sich die Einschränkung der Verkehrsfähigkeit aus §§ 399 Alternative 2 BGB, 851 Abs. 1 ZPO ableitet. Die vertragliche Zweckbindung schützt die Interessen des Drittschuldners, wenn ein treuhandartiges Verhältnis von vornherein im zeitlichen und sachlichen Zusammenhang mit der gepfändeten Forderung entstanden ist. § 851 Abs. 2 ZPO ist bei vertraglich zweckgebundenen Forderungen seinem Sinn und Zweck nach nicht anwendbar. Im gegenseitigen Handelsverkehr bleibt eine Leistungszweckvereinbarung wegen § 354a Satz 1 HGB ohne Auswirkung auf die Verkehrsfähigkeit der Forderung. Über § 851 Abs. 1 ZPO erlaubt, ist bei beiden Entstehungsgründen eine relative Pfändbarkeit im Rahmen der Zweckbindung.

Der Anspruch auf Auszahlung eines Dispositionskredits ist nach den hier vertretenen Grundsätzen nicht vertraglich zweckgebunden, die Pfändung durch Gläubiger des Bankkunden kann aber aus anderen Gründen scheitern.

- *Das Zweckbindungsproblem bei der Pfändung anderer Vermögensrechte*

Bei der Pfändung anderer Vermögensrechte gemäß §§ 857, 851 ZPO ist eine Zweckbindung auf Grund struktureller Unterschiede zu Forderungen kein praxisrelevantes Problem. Zudem ist eine vertragliche Zweckbindung nur in den seltenen Fällen rechtlich möglich, in denen das Gesetz die Parteien ermächtigt, die Frage der Übertragbarkeit des Rechts selbst zu entscheiden.

- *Das Zweckbindungsproblem in besonderen Pfändungskonstellationen*

§ 851 ZPO gilt sowohl bei der Arrest-, als auch bei der Vorpfändung. Bei der Arrestpfändung hat das Arrestgericht, bei der Vorpfändung der Gläubiger selbst die Grundsätze des § 851 ZPO zu beachten. Dies umfasst auch die Beachtung der Regeln zur eingeschränkten Pfändbarkeit zweckgebundener Forderungen.

- *Die Rechtsbehelfe*

Ein Pfändung unter Verstoß gegen die Zweckbindung kann von sämtlichen Beteiligten mit der Erinnerung (§ 766 ZPO) angegriffen werden. Der Drittschuldner hat zusätzlich die Möglichkeit, die Zweckbindung der Forderung dem Gläubiger im Rahmen einer Einziehungsklage entgegen zu halten. Für andere Dritte kommt zusätzlich eine Drittwiderspruchsklage in Betracht.

- *Die Zweckbindung des Leistungsgegenstandes*

Nach Erbringung des Leistungsgegenstandes setzt sich die Zweckbindung am Leistungsgegenstand fort. Möglich ist eine relative Pfändbarkeit im Rahmen des vorgesehenen Verwendungszwecks. Der betroffene Dritte kann einer zweckwidrigen Pfändung widersprechen (§ 771 ZPO).

II. Leitlinien für die Praxis

Das Problem der Übertrag- und Pfändbarkeit zweckgebundener Forderungen ist nicht durch den Gesetzgeber, sondern durch die rechtsanwendenden Stellen zu lösen. §§ 851 ZPO, 134 BGB, 399 Alternative 2 BGB stellen das dazu notwendige gesetzliche Instrumentarium dar. Folgende Leitlinien sollen den Rechtsanwendern eine Orientierung bei der Behandlung zweckgebundener Forderungen geben.

1. Rechtspfleger und Gerichte

Rechtspfleger und Gerichte, die eine mögliche Zweckbindung des Pfändungsgegenstandes zu überprüfen haben, sollten sich folgende Fragen stellen:

Gesetzliche Zweckbindung

- Ist ein zwingendes Gesetz gegeben, das eine Verwendungspflicht hinsichtlich des Leistungsgegenstandes vorsieht?
- Schützt die Verwendungspflicht die Interessen von unbeteiligten Dritten bzw. der Allgemeinheit?
- Würde eine zweckwidrige Pfändung die Verwendungspflicht verletzen und den Gesetzeszweck vereiteln?
- Liegt im konkreten Fall ein Verstoß gegen die gesetzliche Verwendungspflicht vor?

Können diese Fragen positiv beantwortet werden, ist von einem Pfändungshindernis wegen Zweckbindung auszugehen

Vertragliche Zweckbindung

Für die Annahme einer vertraglichen Zweckbindung sind folgende – positiv zu beantwortende – Fragen zu beachten:

- Haben sich die Parteien bindend darüber geeinigt, dass der Vollstreckungsschuldner den Leistungsgegenstand einer bestimmten Verwendung zuführen soll?
- Wurde die vertragliche Verwendungspflicht zeitgleich mit der Begründung der zu pfändenden Forderung geschaffen?
- Hängt die Verwendungspflicht sachlich mit dem Forderungsrecht des Vollstreckungsschuldners zusammen? Hat sich der Drittschuldner nur im Zusammenhang mit der vertraglichen Verwendungspflicht auf das Geschäft eingelassen?
- Kann die Leistungszweckvereinbarung so verstanden werden, dass zweckwidrige Abtretungen der Forderung ausgeschlossen sein sollen?
- Ist ein beiderseitiges Handelsgeschäft ausgeschlossen?

2. *Beratende Praxis*

Für den Fall der Rechtsberatung von Schuldner bzw. Drittschuldner ist neben einschlägigen gesetzlichen Verwendungspflichten (§§ 1 GSB, § 1360a Abs. 4 BGB, Vergaberichtlinien) darauf hinzuweisen, dass eine Leistungszweckvereinbarung ausdrücklich und schriftlich getroffen werden sollte, weil einerseits die Zulässigkeit einer stillschweigenden Abrede umstritten ist und des weiteren Beweisschwierigkeiten hinsichtlich der Zweckbindung in einem späteren Rechtsstreit minimiert werden können[833]. Von einer nachträglichen Leistungszweckvereinbarung sollte abgeraten werden, weil hier der zeitliche Zusammenhang zur Forderung fehlt und deswegen ein treuhandartiges Verhältnis abzulehnen ist.

Als sachlicher Zusammenhang bislang anerkannt sind:

- Die Ablösung von Sicherungsrechten durch den Leistungsgegenstand, meistens Geld (*BGH*-Fälle). Dabei ist es gleichgültig, ob:
  - das Geld von dem Vollstreckungsschuldner selbst an den abzulösenden Dritten weitergeleitet wird.
  - eine Zahlung auf ein Notaranderkonto vereinbart ist.
  - der Schuldner für eine Verrechnungsmöglichkeit sorgen muss.
- Erfüllung eigener Verbindlichkeiten des Drittschuldners mittels des Leistungsgegenstandes (*RArbG*; Mietnebenkosten).

Daneben wäre beispielsweise auch ein sachlicher Zusammenhang zu bejahen:

- Dispositionskredit: Wenn eine bestimmte Verwendungspflicht des Kunden begründet wird, weil sich die Bank aus der <u>konkreten</u> Verwendung des Geldes eine hohe Chance auf Rückzahlung ihres Kredits ausrechnet.
- Handelsvertreterfälle: Die zweckgerechte Verwendung des Geldes sichert bzw. fördert das Geschäft des Drittschuldners (Unternehmers).

III. Ausblick

Die bisherige Tendenz der Rechtsprechung, eine Zweckbindung relativ leicht zu bejahen, ist kritisch zu bewerten. Nicht zuletzt die (pauschale) rechtliche Zuordnung zu § 399 Alternative 1 BGB hat diese Entwicklung gefördert. Die damit verbundene zunehmende Einschränkung der Zugriffsmöglichkeiten des Gläubigers widerspricht dem Grundgedanken eines effektiven Gläubigerschutzes im heutigen Recht der Zwangsvollstreckung. Es wäre wünschenswert, dass sich die zukünftige Behandlung zweckgebundener Forderungen an der Unterteilung in gesetzlich und vertraglich begründete Zweckbindung und den dort geltenden

---

833 *Albrecht*, DNotZ 1998, S. 634.

Grundsätzen ausrichtet. Zu hoffen ist, dass der *BGH* zukünftig Gelegenheit erhält, zur dogmatischen Einordnung der vertraglich begründeten Zweckbindung Stellung zu nehmen. Die auch im Hinblick auf eine erhöhte Rechtssicherheit überzeugenderen Argumente weisen in Richtung § 399 Alternative 2 BGB.

Im Rahmen dieser Arbeit nur angedeutet werden kann letztlich die insolvenzrechtliche Problematik zweckgebundener Forderungen[834]. Fallen sie in die Insolvenzmasse oder macht eine Zweckbindung die Forderung insolvenzfest? § 36 Abs. 1 Satz 1 InsO stellt den Grundsatz auf, dass unpfändbares Vermögens des Schuldners der Insolvenzmasse entzogen ist. Im Hinblick auf den weit gefassten Wortlaut der Norm gilt dies auch für Fälle des § 851 Abs. 1 ZPO[835]. § 36 Abs. 2 InsO sieht insofern keine Ausnahme vor. Dem zufolge könnte der Insolvenzverwalter eine zweckgebundene Forderung nur im Rahmen der Zweckbindung verwenden[836]. So könnte er bei Baugeldansprüchen oder Versicherungsleistungen mit Wiederherstellungsklausel die Zweckbindung durch Errichtung oder Fertigstellung des Bauvorhabens erfüllen[837].

Der *BGH* hat jedoch in einer neueren Entscheidung zweckgebundene Forderungen grundsätzlich als Masse zugehörig angesehen[838]. Ein infolge der Wirkung des § 851 Abs. 1 ZPO nicht allgemein, sondern nur im Rahmen seiner Zweckbestimmung pfändbarer Anspruch bleibe lediglich dann massefrei, wenn die Unpfändbarkeit gerade dem Gemeinschuldner diene". Inwieweit eine solche abweichende Behandlung zweckgebundener Forderungen von den Grundsätzen der Einzelzwangsvollstreckung sowie vom Wortlaut des § 36 Abs. 1 Satz 1 InsO gerechtfertigt werden kann, ist der Erörterung an anderer Stelle vorbehalten.

---

834 Vgl. dazu *Uhlenbruck*, § 36, Rn. 3; *HK-InsO/Eickmann*, § 36, Rn. 6; *Weitkemper*, S. 84 ff.

835 *Meller-Hanich*, KTS 2000, S. 37 (54); *Uhlenbruck*, § 36, Rn. 3.

836 *Meller-Hanich*, KTS 2000, S. 37 (54 f.).

837 *HK-InsO/Eickmann*, § 36, Rn. 6.

838 *BGH* vom 7. Juni 2001, DNotZ 2001, S. 851 ff.

Schriften zum Wirtschafts- und Medienrecht, Steuerrecht und Zivilprozeßrecht

Herausgegeben von Jürgen Costede und Gerald Spindler

Band 1 Reiner Fu: Die stille Gesellschaft im internationalen Steuerrecht aus deutscher Sicht. 1997.

Band 2 Kirsten Forsblad: Restschuldbefreiung und Verbraucherinsolvenz im künftigen deutschen Insolvenzrecht. 1997.

Band 3 Vassilios Tountopoulos: Die Reichweite der registerrechtlichen Gründungsprüfung einer AG. Eine Untersuchung unter rechtsvergleichendem Aspekt. 1998.

Band 4 Franc Pfahl: Die Maßgeblichkeit der Handelsbilanz, ein dem Steuerbilanzrecht vorgegebenes Grundprinzip? Von der Notwendigkeit einer steuerrechtlichen Begründung der durch § 5 Abs. 1 EStG in das Steuerrecht übernommenen handelsrechtlichen Vorschriften der Gewinnermittlung. 1999.

Band 5 Michael Schröder: Die Wertpapierhandelsaufsicht nach dem Zweiten Finanzmarktförderungsgesetz. 1998.

Band 6 Daniela Hasche: Die Sachgründung der GmbH. 1999.

Band 7 Oliver Wendt: Die rechtliche Problematik von Strahlenschäden. Rechtliche und rechtstatsächliche Aspekte der Haftung für Strahlenschäden unter Einbeziehung der Vorfälle in der strahlentherapeutischen Abteilung des Universitäts-Krankenhauses Eppendorf. 2000.

Band 8 Susanne Matussek: Zum Werbungskostenbegriff im Einkommensteuerrecht. 2000.

Band 9 Klaas Ziervogel: Rufausbeutung im Rahmen vergleichender Werbung. Veränderungen im Zuge der gesetzlichen Regelung vergleichender Werbung. 2002.

Band 10 Sven Wortberg: Lösungsklauseln und Insolvenz. 2003.

Band 11 Eva Ullrich: Die Zurechnung von Buchgutschriften. Zufluß und Leistungsfähigkeit im Einkommensteuerrecht. 2004.

Band 12 Carmen Werner: Einkommensteuerrechtliche Zurechnungen bei mittelbaren Beteiligungen an Personengesellschaften. 2003.

Band 13 Ulf Andreas Nissen: Die Online-Videokonferenz im Zivilprozess. 2004.

Band 14 Oliver Wiegmann: Grund, Grenzen und Wirkungsweise des § 105 InsO. 2004.

Band 15 Holger Seidler: Eigene Aktien. Eine Analyse des Aktien-, Handelsbilanz- und Kapitalmarktrechts zur Ermittlung von Deregulierungspotential und Regulierungsbedarf. 2004.

Band 16 Stefan Eck: Providerhaftung von Konzernunternehmen. Rechtliche Zusammenschau von Konzernunternehmen bei der Verbreitung rechtsverletzender Informationen im Internet. 2004.

Band 17 Frauke Fasold: Die einkommensteuerliche Problematik der Buchwertfortführung. Übertragung stiller Reserven und Gewinnrealisierung im Einkommensteuerrecht. 2005.

Band 18 Thomas Linke: Selbstregulierte Streitlösung für Deutsche Domains. 2005.

Band 19 Malte Abel: Pfändungsschutz nach § 851 ZPO. Speziell die Pfändung zweckgebundener Forderungen. 2005.

www.peterlang.de

FSC
www.fsc.org
MIX
Papier | Fördert gute Waldnutzung
FSC® C083411

Kolibri 360 GmbH
Ferdinand-Jühlke-Straße 7
99095 Erfurt, Deutschland
produktsicherheit@kolibri360.de

Druck:
CPI Druckdienstleistungen GmbH
im Auftrag der
Kolibri 360 GmbH
Ferdinand-Jühlke-Str. 7
99095 Erfurt